JOACHIM NEANDER

„Hat in Europa kein annäherndes Beispiel"

Landeszentrale für politische Bildung Thüringen

Joachim Neander

„Hat in Europa kein annäherndes Beispiel"

Mittelbau-Dora – ein KZ für Hitlers Krieg

METROPOL

Die Deutsche Bibliothek – CIP-Einheitsaufnahme

Neander, Joachim:

„Hat in Europa kein annäherndes Beispiel" : Mittelbau-Dora – ein KZ für
Hitlers Krieg / Joachim Neander – Berlin : Metropol, 2000
ISBN 3-932482-31-X

© 2000 Landeszentrale für
politische Bildung Thüringen

Metropol Verlag
Kurfürstenstraße 135
D–10785 Berlin
Alle Rechte vorbehalten
Druck: Unze, Teltow

Inhalt

1. Nur jeder fünfte blieb am Leben

Der Todesmarsch des KZ Artern:
5. April bis 8. Mai 1945

Man schrieb Anfang April 1945. Amerikanische Truppen hatten die Weser erreicht, die Fulda bei Kassel überschritten. Binnen weniger Tage würden sie auch vor den Toren der nordthüringischen Konzentrationslager stehen. SS, Partei und Zivilbehörden trafen fieberhaft Vorbereitungen, Spuren zu verwischen: Vernichtung sämtlicher belastenden Dokumente, vor allem aber Abtransport der Häftlinge in noch von Deutschen kontrolliertes Gebiet. Allein aus den KZ im südlichen Harzvorland wurden über 40 000 Häftlinge „evakuiert". Gut 10 000 von ihnen kamen dabei in den vier Wochen bis Kriegsende noch ums Leben.

Eines der vielen kleinen KZ am Südrande des Harzes war das KZ „Adorf" – Ende September 1944 als Außenkommando des KZ Mittelbau auf einem freien Gelände dicht neben der Arterner Malzfabrik eingerichtet. Die Häftlinge, etwa 300 Mann, unter ihnen viele Franzosen und Polen, allesamt „Politische", mußten Zwangsarbeit bei der Firma „Geyer & Sohn" verrichten. Hier wurde die elektrische Ausrüstung in die fahrbaren Abschußrampen der Rakete „V 2" eingebaut. Vermutlich am 3., spätestens jedoch am 4. April 1945 kam auch für das KZ Artern der Befehl zur Evakuierung.

Als gesichert kann gelten, daß die etwa 230 Häftlinge, die „Adorf" am Abend des 4. April 1945 zählte, am Morgen des folgenden Tages unter dem Kommando ihres Lagerführers, SS-Oberscharführer Karl Schmidt, das Lagergelände auf Nimmerwiedersehen verließen.[1] Beim letzten Appell vor ihrem Abmarsch hatten die Häftlinge die bei KZ-Evakuierungen übliche, für eine mehrtägige Reise völlig unzureichende Verpflegungsration

---

[1] Grundlage für die folgenden Ausführungen sind in erster Linie Berichte Überlebender, Dokumente aus dem Ermittlungsverfahren 101 UJs 268/86 der Staatsanwaltschaft Koblenz. Ausdrücklich sei an dieser Stelle Herrn Dr. Uli Jungbluth, Nauort, gedankt, der den Verfasser auf dieses Material aufmerksam und es ihm zugänglich gemacht hat.

erhalten: ein Pfund Kommißbrot, einen Klecks Margarine und ein Häppchen fettes, salziges Büchsenfleisch, sogenannte „Wurst". Das ganze Gepäck eines Häftlings bestand aus Eßnapf, Beutel und Decke. Was er am Leibe trug, wurde von jetzt ab weder gewaschen noch gewechselt. In zwei Kolonnen von je etwa 125 Mann marschierten die Häftlinge gegen 6 Uhr morgens in Richtung Südosten ab.

Der Weg ging von Artern über Bottendorf, Roßleben, Wangen, Nebra, Laucha, Naumburg, Stössen und Zeitz ins Sächsische. Jeden Tag wurden etwa fünfundzwanzig Kilometer zurückgelegt. Die Nächte verbrachten die Häftlinge in Feldscheunen, leerstehenden Fabriken und ähnlichen Behelfsquartieren. Die beim Abmarsch ausgegebene Verpflegung war schon bald aufgebraucht, so daß die Häftlinge am Straßenrand Gras und Kräuter rupften, die sie bei Rastpausen in leeren Konservenbüchsen abkochten, um sie etwas genießbarer zu machen.

Wer von den Häftlingen vor Schwäche nicht mehr weiter konnte, wurde von der SS erbarmungslos durch Genickschuß ermordet. Den Befehl hierzu soll Lagerführer Schmidt persönlich gegeben haben. Tötungen von Häftlingen sind schon für den ersten Marschtag belegt, und zwar zwischen Artern und Bottendorf sowie bei Wendelstein, kurz hinter Roßleben. Drei nicht identifizierte KZ-Tote, Teilnehmer dieses Todesmarsches, ruhen auf dem Roßlebener Friedhof als „Unbekannte". Aktenkundig ist ferner die Ermordung eines französischen Häftlings am 6. April 1945 bei Wangen, zwischen Wendelstein und Nebra. Ein Gedenkstein markiert heute die Stätte des Verbrechens. Zwangsarbeiter aus der jeweiligen Nachbarschaft mußten die Toten notdürftig beerdigen, in den Straßengräben, auf den Feldern, im Wald. Ein Überlebender schätzte fünf Wochen später, daß für diese erste Etappe der Evakuierung die Zahl von 20 Opfern nicht übertrieben sei.

Am Nachmittag des 8. April 1945, nach etwa einhundert Kilometern Fußmarsch, kam das Kommando Artern in Rehmsdorf an. Hier befand sich ein Außenlager des KZ Buchenwald, das „Außenkommando Tröglitz". Seine Insassen mußten Zwangsarbeit in einer Fabrik der „Braunkohlebenzin-Aktiengesellschaft" („BRABAG") verrichten, in der synthetischer Treibstoff hergestellt wurde. Die von Artern her in keiner Weise verwöhnten Häftlinge waren entsetzt über die „furchtbaren Zustände", die sie hier vorfanden. Das ganze Lager starrte vor Schmutz , in den Baracken wimmelte es von Ungeziefer.

„Hunderte von Kranken waren in einem sogenannten Krankenrevier in einer großen Holzbaracke untergebracht. Sie waren zu Skeletten abgemagert und litten hauptsächlich an eitrigen Geschwüren, Ruhr und Phlegmonen. Die Ernährung war miserabel; sie bestand aus einer Wassersuppe, in der Rübenstücke herumschwammen."[2]

Das war die berüchtigte „Judensuppe". In Rehmsdorf befanden sich nämlich überwiegend Juden, und für „Judenlager" galten Verpflegungssätze, die gegenüber den ohnehin unzureichenden KZ-Rationen noch einmal gekürzt waren. Auch die hygienischen und sanitären Verhältnisse hielt die SS in „Judenlagern" bewußt noch unterhalb der menschenunwürdigen Standards „normaler" Konzentrationslager.

In Rehmsdorf verblieben die Häftlinge aus Artern drei Tage, bis auch dieses Lager evakuiert wurde. In der Nacht vom 11. auf den 12. April 1945, um ein Uhr morgens, marschierten sie zur Bahnstation, wo man sie zu je 80 Mann auf offene Güterwaggons verlud. Zusammen mit den anderen Rehmsdorfer Häftlingen traten sie gegen 11 Uhr vormittags die Reise in Richtung Sudetenland an, über Meuselwitz, Altenburg, Chemnitz, Flöha, Pockau-Lengenfeld und Marienberg. Der Transport dürfte etwa 2200 Mann umfaßt haben, davon ca. 200 ehemalige Arterner. Diese blieben während des ganzen, noch mehrere Wochen dauernden Evakuierungstransports immer zusammen, unter dem Kommando ihres Lagerführers Schmidt und unter Bewachung ihrer aus Artern mitgekommenen SS-Leute.

Auf dem Bahnhof Gelobtland, wenige Kilometer südlich von Marienberg, der am 13. April 1945 erreicht wurde, blieb der Transportzug drei Tage lang ohne Lokomotive stehen. Für die in ihren Waggons eingeschlossenen Häftlinge gab es weder Nahrung noch ärztliche Hilfe. Nach Kriegsende grub man die Leichen von 154 Häftlingen, verhungert, erschlagen, erschossen und nur provisorisch verscharrt, in den Wäldern um den Bahnhof Gelobtland aus und setzte sie würdig bei.

Am Morgen des 16. April 1945 wurde der Transportzug für die Fahrt über das Gebirge mit zwei Lokomotiven bespannt und fuhr gegen 10 Uhr wieder in Richtung Süden ab. Er kam jedoch kaum zehn Kilometer weit bis Reitzenhain, der letzten sächsische Station vor der Grenze zum Sudetenland. Hier geriet er kurz vor Mittag in einen alliierten Jagdbomberangriff. Bewacher und Häftlinge flohen panikartig in alle Richtungen. Es gab Tote am

2 Ebenda, Bl. 196.

Zug, vor allem aber bei der Menschenjagd, die „Volkssturm", Hitlerjugend und SS-Wachmannschaften nach dem Abdrehen der Flugzeuge auf die entwichenen Häftlinge eröffneten.

Einigen wenigen gelang die Flucht; die meisten wurden aber aufgespürt und entweder an Ort und Stelle oder gruppenweise an Sammelplätzen durch Genickschuß getötet. Die im Nürnberger Hauptkriegsverbrecherprozeß genannte Zahl von 1000 Ermordeten dürfte deutlich zu hoch gegriffen sein. Realistischer ist die im Erinnerungsbericht eines französischen ehemaligen Häftlings genannte Zahl von „mehr als 250 Toten". 218 wurden nach Kriegsende aufgefunden und beigesetzt.

Bei dem Luftangriff war nicht nur die Bahnstrecke, die über das Gebirge führte, zerstört worden. Auch die beiden Lokomotiven des Transportzugs wurden bombardiert. So mußten die Häftlinge ihre Reise zu Fuß fortsetzen. In vier Tagen schleppten sie sich wiederum rund einhundert Kilometer weit, diesmal auch noch durch zumeist bergiges Gelände, über Komotau und Lobositz bis nach Leitmeritz. Leichen markierten überall den Weg der Marschkolonnen. „Die Zahl der erschossenen Häftlinge war zu diesem Zeitpunkt schon so hoch, daß man sich nicht mehr die Mühe machte, sie zu vergraben, sondern sie am Straßenrand liegen ließ", gab später einer der Überlebenden zu Protokoll.[3]

Am späten Abend des 20. April 1945 trafen die Häftlinge aus Rehmsdorf im Konzentrationslager Leitmeritz ein, einem Außenlager des KZ Flossenbürg. Auf dem Appellplatz, unter freiem Himmel, verbrachten sie die Nacht. Tags darauf wurden die Juden unter ihnen „ausgesondert" und in das nahegelegene „Judenghetto" Theresienstadt verbracht. Die nichtjüdischen Häftlinge – es mögen noch etwa 800 Mann gewesen sein – wurden auf einen Zug verladen, der am 22. April 1945 Leitmeritz in Richtung Südwesten verließ. Auf den Transportzetteln an den Güterwagen las man „Bestimmungsbahnhof Dachau".

Zu diesem Zeitpunkt war es aber kaum mehr möglich, Dachau zu erreichen. Denn am 22. April 1945 hatten amerikanische Truppen die bayerisch-tschechische Grenze im Norden bei Asch überschritten und rückten südwärts pro Tag um etwa 50 Kilometer vor. Damit waren sämtliche Bahnverbindungen über den Böhmerwald blockiert. So fuhr der Transportzug von Leitmeritz nur wenige Kilometer weit nach Westen und blieb auf einem

---

3   Ebenda, Bl. 197.

Abstellgleis in der Nähe von Lobositz mehrere Tage lang stehen. Offenbar wartete der Transportführer neue Weisungen ab.

Inzwischen hatte der Zusammenbruch der militärischen und politischen Strukturen des Dritten Reiches immer dramatischere Formen angenommen. Am 25. April schloß sich der Ring um Berlin, trafen sich amerikanische und sowjetische Einheiten bei Torgau an der Elbe. Damit war Deutschland in zwei Teile getrennt. Für den bei Lobositz wartenden KZ-Transport war jetzt nicht mehr die Inspektion der Konzentrationslager in Oranienburg bei Berlin zuständig, sondern der Stab von Ernst Kaltenbrunner, dem Chef des Reichssicherheitshauptamtes, den Himmler als seinen Vertreter für den Südteil des Reiches eingesetzt hatte. Kaltenbrunner entfaltete in diesen Tagen eine hektische Reisetätigkeit zwischen der Schweizer Grenze und dem KZ Mauthausen, bei der es unter anderem um die Freilassung jüdischer und westeuropäischer KZ-Häftlinge im Tausch gegen Zugeständnisse der Westalliierten an die Naziführung ging.

Von Kaltenbrunners Dienststelle muß auch der Transport mit den Häftlingen aus Rehmsdorf und Artern den Befehl zur Weiterfahrt erhalten haben, und zwar vermutlich am 28. April 1945. Denn an diesem Tage setzte sich der Zug wieder in Bewegung. Das neue Evakuierungsziel kann nur das Konzentrationslager Mauthausen gewesen sein, denn der Transport fuhr in südlicher Richtung weiter, über Prag bis in die Nähe von Beneschau.

Am 30. April, dem Tag, an dem der Rundfunk den Tod des „Führers" bekanntgab, machte der Zug hier, auf freiem Felde, erneut halt und blieb tagelang stehen. Ob aus technischen Gründen – die Reichsbahn hatte kaum noch intakte Lokomotiven – oder weil der Transportführer auf Befehle warten wollte, muß offen bleiben. Die SS überließ die in den Waggons, den „Blöcken" ihres „KZ auf Rädern" Eingesperrten sich selbst, ohne Nahrung, Wasser oder gar medizinische Versorgung. Der langsame, grausame Tod von vielen hundert Häftlingen war die unausbleibliche Folge dieser bewußten Vernachlässigung.

Am 3. Mai 1945 standen die Amerikaner vor Linz. Zwei Tage später, am 5. Mai 1945, fuhren US-Panzer durch das Lagertor von Mauthausen. Am gleichen Tage gab der Prager Aufstand das Signal für die noch nicht von Alliierten oder Roter Armee befreiten tschechischen Gebiete, die Reste der Naziherrschaft abzuschütteln. Überall im noch besetzten Gebiet flammte Partisanentätigkeit auf. Für die den KZ-Transport begleitenden SS- und Wachmannschaften wurde die Lage von Tag zu Tag ungemütlicher.

11

Am 7. Mai 1945 verbreitete sich die Nachricht von der bedingungslosen Kapitulation der deutschen Wehrmacht über den Äther. Für alle, die den immer noch bei Beneschau wartenden KZ-Transport bewachten, wurde es jetzt höchste Zeit, sich in Sicherheit zu bringen. Das hieß, schleunigst die Flucht nach Österreich anzutreten. So setzte sich noch am selben Abend gegen 20 Uhr das „KZ auf Rädern" wieder in Bewegung. Der Transportzug nahm die einzige den Deutschen noch verbliebene Bahnstrecke nach Süden, über Tabor und Budweis, kam jedoch nur noch bis Kaplitz. Hier, gerade einmal 15 Kilometer vor der österreichischen Grenze, stürmten am Nachmittag des 8. Mai 1945 tschechische Partisanen den Zug. Sie entwaffneten und verhafteten das Begleitpersonal und befreiten die Häftlinge.

Es muß ein grauenvoller Anblick gewesen sein, der sich den Befreiern bot, als sie die Waggons öffneten. Aus jedem wurden mehrere Dutzend Leichen von Gefangenen herausgebracht. Nur wenige Häftlinge konnten sich noch aus eigener Kraft fortbewegen, die meisten lagen schon im Sterben. Viele derjenigen, die noch am Leben waren, dämmerten im Hungerdelirium vor sich hin. Einer der Geretteten erinnerte sich später:

> „Ich vernahm Stimmen in der tschechischen Sprache, und es schien mir, daß der Zug in Bewegung war und ich von irgendwelchen Männern aus dem Waggon herausgeholt wurde. Man hat mich auf der Trage irgendwohin gefahren, getragen, ich wurde immer wieder ohnmächtig. Als ich wieder zur Besinnung kam, habe ich mich überzeugt, daß ich mich in einer ordentlichen Ambulanz [...] befand."[4]

Der Evakuierungstransport des Außenlagers Artern hatte vierunddreißig Tage gedauert. Er war der längste aller Mittelbau-Lager, und die bei Kaplitz befreiten Häftlinge gehörten zu den letzten Insassen nationalsozialistischer Lager, die die Freiheit wiedererlangten. Wie viele von denen, die am 5. April 1945 von Artern aus aufbrachen, ihre Befreiung nicht mehr erleben durften, ist unbekannt, wird es wohl bleiben. Überlebt haben dürften, einschließlich der unterwegs Geflohenen, wohl kaum mehr als fünfzig Mann.

Todesmärsche und -transporte wie der des KZ Artern markierten das Ende des Konzentrationslagers Mittelbau. Wie alles anfing, wie sich das Buchenwalder KZ-Außenkommando „Dora" zum KZ Mittelbau entwickelte, der letzten Gründung eines selbständigen KZ im Dritten Reich, wie

---

4 Ebenda, Bl. 394.

„Im Waggon", Zeichnung von Pierre Mania   **Abb. 1.1**

Mittelbau schließlich mit jenem unterging und in welchem historischen Rahmen sich dies abspielte, das soll in den folgenden Kapiteln ein Stück weit nachgezeichnet werden.

2. Hochtechnologie und Konzentrationslager

2.1. Eine Rakete soll das Kriegsglück wenden: Das A 4-Programm

Die Vorgeschichte des KZ Mittelbau ist lang. Sie hat einen politischen, einen militärischen und einen technischen Aspekt. Ihre Anfänge liegen einmal im KZ Buchenwald, zum anderen auf der Ostseeinsel Usedom.

Im Mai 1941 mußte das Deutsche Reich die „Luftschlacht um England" verloren geben. Als dann noch im Herbst desselben Jahres die „Blitzkriegstrategie" vor Moskau scheiterte, war weitsichtigen Männern in Militär, Industrie und Rüstungsministerium klar geworden: Deutschland konnte den Krieg nicht mehr gewinnen. Zum einzigen Ausweg, nämlich dem sofortigen Beginn von Friedensverhandlungen, waren aber zur Jahreswende 1941/42 weder Hitler noch seine führenden Militärs und ebensowenig die deutsche Wirtschaft, die bisher ganz gut am Krieg verdient hatte, bereit. Statt dessen setzten Militärs und Rüstungsindustrielle auf das seit Herbst 1941 anlaufende Rationalisierungsprogramm in der Fertigung, das der Truppe quantitativ mehr Material zu liefern und der Wirtschaft „weitere günstige Wachstumschancen" zu bieten versprach.

Das strategische Konzept Hitlers und seiner hochrangigen Militärs sah vor, mit dieser „Rüstungsoffensive" den Alliierten solange Paroli zu bieten, bis durch den Einsatz von noch zu entwickelnden „Wunderwaffen" die „siegentscheidende" Wende auf dem Schlachtfeld herbeigeführt würde. In dem Maße jedoch, wie die Briten und Amerikaner ihre Luftüberlegenheit ausnutzten, um die deutschen Großstädte und Industrieanlagen in Schutt und Asche zu bomben, schob sich bei Hitler und der NSDAP-Führung (vor allem bei Goebbels) das Konzept in den Vordergrund, vorrangig die Entwicklung sogenannter Vergeltungswaffen zu fördern. Diese „V-Waffen" waren nicht zum Einsatz auf dem Schlachtfeld gedacht, sondern zur Terrorisierung der gegnerischen Zivilbevölkerung. Vor allem England sollte mit ihnen aus dem Krieg „herausgeschossen" werden, um endlich Rückenfreiheit für den Kampf gegen den „Feind" im Osten, „Judentum und Bolschewismus",

Teile der V 1 (nach der Befreiung); Quelle: unbekannt **Abb. 2.1**

zu gewinnen. Nur unter diesem Aspekt wird verständlich, warum gegen Kriegsende Langstrecken- und nicht etwa Flugabwehrraketen bis zur Einsatzreife entwickelt wurden.

Unter der Vielzahl der im Laufe des Krieges projektierten „V-Waffen" erreichten nur zwei die Einsatzreife: Das unbemannte Kleinflugzeug („Flugbombe") Fi 103 unter der Propagandabezeichnung „V 1" und die ballistische Flüssigkeitsrakete „Aggregat 4" („A 4") unter der Bezeichnung „V 2". Beide Waffenentwicklungen liefen völlig unabhängig nebeneinander her, die Fi 103 bei der Luftwaffe, das A 4 beim Heer. Beide Flugkörper wurden in die Serienfertigung gegeben, noch ehe ihre technische Erprobung abgeschlossen war. Diese Maßnahme sollte die Entwicklungszeit drastisch verkürzen, erwies sich aber als höchst riskant. Sie führte zu einer immensen Vergeudung von Material und Arbeitskraft, und es ist fraglich, ob sie ihr Ziel, die Fronteinsatzreife der Waffen zu beschleunigen, erreichte.

Abgesehen davon, daß keine der beiden V-Waffen den Kriegsverlauf beeinflußte, wäre vom Kosten-Nutzen-Kalkül die Fi 103 dem A 4 vorzuziehen gewesen. Sie kostete nur ein Zwanzigstel und benötigte keine „Engpaßrohstoffe" zur Herstellung. Im Brennpunkt des Interesses von Technikern, Politikern, interessierten Laien und Militärs stand aber das Spitzenprodukt der deutschen Rüstungstechnologie, die Vorläuferin der amerikanischen

Abb. 2.2 *V 2; Quelle: unbekannt*

und sowjetischen Interkontinental- und Weltraumraketen: das „Aggregat 4", von Goebbels „V 2" getauft.

Seine Entwicklung ging zurück auf geheime Vorarbeiten, die unter Walter Dornberger und Wernher von Braun schon vor 1933 begonnen worden waren und zum Ziel hatten, die dem Deutschen Reich durch den Versailler Vertrag auferlegten militärtechnischen Beschränkungen zu unterlaufen. Ab 1936 wurde vom Heereswaffenamt auf der Ostseeinsel Usedom, nahe dem Fischerdorf Peenemünde, unter strenger Geheimhaltung eine Raketenversuchsstation des Heeres aufgebaut, die sich in wenigen Jahren zu einem technisch-wissenschaftlichen Großbetrieb entwickelte. Obwohl im Verlauf der ersten Kriegshälfte dem Raketenprojekt mehrmals aus rüstungspolitischen Gründen das Aus drohte,[1] stellte das Heer stets Material bereit und sorgte auch personell dafür, daß die Entwicklung des A 4 weiterging.

Am 22. Dezember 1942, gut zweieinhalb Monate nach dem erfolgreichen Abschuß eines Prototyps der Rakete, unterzeichnete Hitler einen von Rüstungsminister Speer vorformulierten Befehl für die Serienfertigung des A 4. Drei Wochen später, am 15. Januar 1943, integrierte Speer das Raketenwaffenprogramm in sein System der „Selbstverantwortung der Industrie" durch Einrichtung eines „Sonderausschusses A 4", der die Serienfertigung der Rakete steuern sollte. Zu den Aufgaben des Sonderausschusses und seiner einundzwanzig Arbeitsausschüsse gehörten die Planung und Steuerung der Produktionsvorbereitungen und der Produktion selbst, die Lenkung der Auftragsverteilung an die Zulieferer- und die Serienwerke[2]

---

1   Zur Geschichte des A 4-Projekts, vor allem auch der Querelen zwischen Wehrmacht, SS und Industrie, siehe etwa die Autobiographie: Walter Dornberger, V 2 – Der Schuß ins Weltall, Esslingen 1955. Vgl. ferner Ernst Klee/Otto Merk, Damals in Peenemünde, Oldenburg/Hamburg 1963; David Irving, Die Geheimwaffen des Dritten Reiches, Gütersloh 1965; Götz Dieckmann, Existenzbedingungen und Widerstand im Konzentrationslager Mittelbau-Dora unter dem Aspekt der funktionalen Einbeziehung der SS in das System der faschistischen Kriegswirtschaft, Phil. Diss., Humboldt-Universität zu Berlin 1968, S. 13 ff.; Gregor Janssen, Das Ministerium Speer, Berlin u. a. 1969, S. 189 ff.; Albert Speer, Der Sklavenstaat, Frankfurt a. M. 1984, S. 285 ff.; Heinz Dieter Hölsken, Die V-Waffen, Stuttgart 1984; Florian Freund, Arbeitslager Zement, Wien 1989, S. 23 ff. (mit Hinweisen auf zahlreiche, im älteren Schrifttum nicht ausgewertete Literatur und Dokumente); Manfred Bornemann, Geheimprojekt Mittelbau, Bonn 1994, S. 31 ff.; Michael J. Neufeld, The Rocket and the Reich, New York u. a. 1995.

2   „Serienwerk" hieß ein Betrieb, in dem die Endmontage aus den von den „Zuliefererbetrieben" hergestellten Baugruppen und Einzelteilen vorgenommen wurde. In der heutigen Terminologie würde man von einem „Montagewerk" sprechen.

unter Berücksichtigung von deren Fertigungskapazitäten, die Überwachung des Fertigungsablaufs und nicht zuletzt die Beschaffung der nötigen Arbeitskräfte. Nur die technische Erprobung, eine Sparte, die ausschließlich rote Zahlen schrieb, und die Truppenerprobung, bei der man auf den militärischen Sachverstand nicht verzichten konnte, verblieben beim Heereswaffenamt.

In dem Moment also, da das Raketenprojekt aus dem Versuchsstadium heraus- und in die Massenproduktion eintrat, drängten Speer und die im Sonderausschuß A 4 vertretenen großen Rüstungsunternehmen das Heer zugunsten der Industrie in eine Nebenrolle. Zwei Interessensstränge konvergierten hier. Zum einen versprach sich die Industrie von dem hochmodernen, auch bald mit höchster Dringlichkeit eingestuften Projekt bevorzugte Zuteilungen von Rohstoffen, Maschinen und Arbeitskräften sowie einen für sie praktisch kostenlosen Technologietransfer. Die Aussicht auf Rüstungsgewinne spielte mit Sicherheit ebenfalls eine Rolle, sollte aber bei diesem durchaus auch geschäftlich riskanten Unternehmen nicht überschätzt werden. Zum anderen war das Ministerium Speer an einem möglichst raschen Produktionsbeginn und maximalen Produktionsausstoß interessiert. Die Realisierung dieser Ziele trauten Speer und seine leitenden Mitarbeiter (wie übrigens auch Hitler) nur der freien Wirtschaft und nicht staatlichen Regiebetrieben zu, wie sie noch von der Mehrheit der technischen Offiziere im Heer favorisiert wurden.

Die ersten Pläne für eine Serienfertigung des A 4 waren schon lange vor der Gründung des Sonderausschusses vom Heereswaffenamt in Angriff genommen worden. Parallel zum Aufbau eines heereseigenen „Versuchsserienwerkes" in Peenemünde hatten im September 1941 Vertreter des Heereswaffenamtes konkrete Verhandlungen mit der Firma „Luftschiffbau Zeppelin" in Friedrichshafen am Bodensee geführt mit dem Ziel, dort ein zweites, privatwirtschaftlich geführtes Serienwerk aufzubauen.

Luftschutzerwägungen veranlaßten im Frühjahr 1943 den Sonderausschuß A 4, eine weitere Dezentralisierung zu planen. Da sowohl Peenemünde als auch Friedrichshafen in Reichweite der alliierten Bomberflotten lagen, wurde Ende März 1943 im noch nicht luftgefährdeten Wiener Neustadt bei den Rax-Werken, einer zum Henschel-Konzern gehörenden Lokomotivfabrik, mit dem Aufbau eines dritten Serienwerkes begonnen. In Peenemünde sollte im April, in Friedrichshafen und Wiener Neustadt im Juli 1943 die Serienproduktion des A 4 anlaufen. Im Juli 1943 wurde noch

18

mit der Einrichtung eines vierten Serienwerkes bei der Lokomotivfabrik der DEMAG in Berlin-Falkensee begonnen.

Die Planungen für den Bau der Serienwerke fielen in eine Zeit, in der sich schon überall im Reich Arbeitskräftemangel bemerkbar machte. Zwar war das A 4-Projekt als „dringlich" eingestuft worden, aber seine Dringlichkeitsstufe war nicht so hoch, daß der Sonderausschuß A 4 sich bei der Zuteilung von Arbeitskräften gegen andere Rüstungsproduzenten hätte durchsetzen können. Das Programm drohte steckenzubleiben, wenn es nicht gelang, es in eine höhere Dringlichkeit einstufen zu lassen oder auf irgendeine andere Art und Weise die zu seiner Realisierung erforderlichen Arbeitskräfte heranzuholen.

In dieser Lage erinnerte man sich im Sonderausschuß A 4 an eine höchst einflußreiche Persönlichkeit, die schon im Dezember 1942 großes Interesse an der Raketenentwicklung des Heeres gezeigt und ihre Hilfe angeboten hatte: den Reichsführer SS Heinrich Himmler. Ursache für Himmlers Bereitschaft, sich beim A 4 zu engagieren, dürfte nicht nur die Faszination gewesen sein, die dieses technologisch modernste Waffenprojekt auf ihn ausübte, einen Mann, den stets „phantastisch anmutende neue Lösungen [, die] den Krieg zu unseren Gunsten entscheiden könnten, [...] geradezu magnetisch" anzogen,[3] sondern vor allem der Gedanke, der SS ein Standbein in der Rüstungsindustrie zu verschaffen, den er trotz aller Rückschläge niemals aufgegeben hatte. In zweierlei Hinsicht konnte Himmler dem Sonderausschuß A 4 nützen: einmal, wenn er seinen Einfluß bei Hitler geltend machen würde, die Dringlichkeitsstufe des Raketenprojekts zu erhöhen, zum zweiten, wenn er aus den ihm unterstehenden Konzentrationslagern Häftlinge als Arbeitskräfte für die Serienproduktion bereitstellen würde.

2.2. Die SS steigt in das A 4-Programm ein

Der Wunsch des Sonderausschusses A 4 nach dem Einsatz von „KZ-Leuten" ist erstmals für den 8. April 1943 – also unmittelbar nach den Ende März getroffenen Planungsentscheidungen – dokumentarisch belegt. Am 12. April reiste daraufhin eine Delegation zu den Heinkel-Werken nach Oranienburg. Diese beschäftigten schon seit Sommer 1942 in großem Maßstab Häftlinge des nahegelegenen Konzentrationslagers Sachsenhausen in der Flugzeugfer-

---

3 Speer, Sklavenstaat, S. 286.

tigung und hatten damit – in ihrem Sinne – „gute Erfahrungen" gemacht. Im Ergebnis dieser Studienreise beschloß der Sonderausschuß A 4 Mitte April 1943, einen Antrag auf Zuweisung von KZ-Häftlingen für das Versuchs-serienwerk Peenemünde zu stellen. Die Häftlinge sollten nicht nur bei des-sen Aufbau, sondern auch später in der Fertigung der Raketen eingesetzt werden. Eine zumindest vorläufige Zusage seitens des SS-Wirtschafts-Verwal-tungshauptamtes erging offenbar umgehend, denn schon am 19. April 1943 „war bereits klar, daß Peenemünde ein eigenes KZ bekommen würde".[4]

Damit schien – zumindest grundsätzlich – das Problem der Arbeitskräf-tebeschaffung gelöst, wenigstens für das Anlaufen der Serienproduktion. Vier Vorteile versprachen sich die für Peenemünde Verantwortlichen vom Einsatz von KZ-Häftlingen gegenüber Ausländern und Kriegsgefangenen:

- niedrigere Lohn- und Sozialkosten,
- keine Fluktuation,
- keine Spionage- und Sabotagegefahr,
- keine Bewachungskosten.

Auch für die im Aufbau befindlichen Serienwerke in Friedrichshafen und Wiener Neustadt wurde vom Sonderausschuß A 4 gemeinsam mit dem Hee-reswaffenamt (!) im April 1943 die Möglichkeit des Einsatzes von Konzen-trationslagerhäftlingen untersucht und abschließend befürwortet. In Falken-see ging man ohnehin davon aus, auf Häftlinge des dort seit dem 8. März 1943 bestehenden Außenlagers des KZ Sachsenhausen zurückgreifen zu können.

Anfang Juni 1943 wurden die Anträge auf Zuweisung von Konzentra-tionslagerhäftlingen für alle vier Serienwerke sowie auf die Errichtung von KZ-Außenlagern bei den Werken in Peenemünde, Friedrichshafen und Wie-ner Neustadt formell beim SS-Wirtschafts-Verwaltungshauptamt gestellt. Für Friedrichshafen, Wiener Neustadt und Falkensee waren je 1500, für Peenemünde 2500 Häftlinge vorgesehen. Am 9. Juni 1943 gingen die ersten fünfzig Häftlinge von Buchenwald auf Transport nach Peenemünde und be-gannen sofort auf dem Gelände des Versuchsserienwerkes mit dem Aufbau des KZ-Außenlagers Karlshagen.[5] Am 22. Juni 1943 wurde das Außenlager

---

4   Freund, Arbeitslager Zement, S. 44, Fußnote 123.
5   Vgl. Edmund Polak, Kalendarium von Buchenwald, DokSt Mi-Dora o. J, S. 156. Das näch-ste Kontingent verließ Buchenwald sechs Tage später, am 15. Juni 1943 (ebenda, S. 158) und erreichte Peenemünde am 17. Juni. Karlshagen war dem KZ Ravensbrück als Außenkom-mando zugeordnet.

Friedrichshafen des KZ Dachau eingerichtet, und kurz danach trafen die ersten fünfhundert Häftlinge aus dem KZ Mauthausen zum Aufbau des Außenlagers Wiener Neustadt bei den Rax-Werken ein.

Die Initiative zur Beschäftigung von Konzentrationslagerhäftlingen im Raketenprogramm ging nicht von der SS aus, wie gelegentlich in der Literatur vermutet wird.[6] Himmlers Rolle beschränkte sich bis Mitte August 1943 im wesentlichen darauf, bei dem anfangs noch skeptischen Hitler für das Raketenprojekt zu werben. Ohne die Vertreter der Rüstungsindustrie aus ihrer Verantwortung zu entlassen, kann jedoch nicht deutlich genug darauf hingewiesen werden, daß entscheidende Impulse für den Einsatz von Konzentrationslagerhäftlingen im Raketenprogramm von der Wehrmacht[7] und von in Wehrmachtsdiensten stehenden Ingenieuren, wie Arthur Rudolph und Wernher von Braun, kamen.[8]

Ende Mai 1943 erhielt das A 4 – Programm – auf Vorschlag Speers, nicht Himmlers – von Hitler die Einstufung der höchsten Dringlichkeit. Anweisungen Hitlers vom 8. und 25. Juli 1943 bestätigten dies und legten Produktionsziele fest. Dabei verlangte Hitler jedesmal unter anderem, daß ausschließlich deutsche Arbeiter die Endfertigung der Waffe übernehmen sollten. Der Einsatz ausländischer Zivilarbeiter aus dem Sauckel-Programm sowie von Kriegsgefangenen sollte wegen Spionagegefahr unterbleiben.

Es war den Verantwortlichen im Sonderausschuß A 4 von vornherein klar, daß trotz Führerweisung nicht genügend deutsche Arbeiter zu bekommen sein würden, um die hochgesteckten Produktionsziele zu erreichen. An der Beschäftigung von Zwangsarbeitern würde kein Weg vorbeiführen. Da weder zivile noch kriegsgefangene Ausländer in Frage kamen – hierin waren sich Hitler, Speer und der Sonderausschuß einig –, blieb nur noch eine Möglichkeit, die Serienproduktion des A 4 zu realisieren: der massenhafte Einsatz von Konzentrationslagerhäftlingen. „Grundsätzlich wird die Fertigung in allen vier Serienwerken durch *Sträflinge* durchgeführt", hielt Generalmajor Dornberger im Protokoll einer Besprechung vom 4. August 1943

---

6   So etwa Rainer Eisfeld, Die unmenschliche Fabrik, Erfurt 1993, S. 18.

7   Eine Tatsache, die schon Freund, Arbeitslager Zement, S. 42 ff., ausdrücklich thematisiert.

8   Über die Beziehungen der Raketentechniker in Diensten der Wehrmacht zu Konzentrationslagern siehe etwa Eisfeld, Die unmenschliche Fabrik; ders., Der Ingenieur in der deutschen Rüstung. Die Rolle Wernher von Brauns, in: T. Heß/T. A. Seidel (Hrsg.), Vernichtung durch Fortschritt, Berlin/Bonn 1995, S. 32–42, und besonders Rainer Eisfeld, Mondsüchtig, Reinbek 1996.

fest.[9] Gingen die Planungen des Sonderausschusses A 4 im April 1943 noch davon aus, KZ-Häftlinge zusätzlich zu anderen Arbeitskräften in der Serienproduktion einzusetzen, so wurde jetzt, knapp vier Monate später, festgelegt, daß die Raketenmontage ausschließlich von KZ-Häftlingen durchzuführen sei.

Mittlerweile hatte sich aber noch ein anderes, höchst gravierendes Problem gegenüber dem der Arbeitskräftebeschaffung in den Vordergrund geschoben: die Gefährdung der Entwicklungs- und Fertigungsanlagen durch gegnerische Luftangriffe. In der Nacht vom 20. auf den 21. Juni 1943 hatte die britische Luftwaffe die Zeppelin-Werke in Friedrichshafen bombardiert und dabei „mehr zufällig als gezielt" auch das A 4-Serienwerk so nachhaltig zerstört, daß „daraufhin keine Rakete mehr vom Band" lief.[10] Das veranlaßte das Heereswaffenamt und den Sonderausschuß A 4 zu ernsthaften Überlegungen, einen Teil der Serie unter Tage produzieren zu lassen.

Beide Institutionen begannen daher, mit Nachdruck „im ganzen Europa" nach einem Ort zu suchen, an dem man eine unterirdische Fertigungsstätte für das Aggregat 4 einrichten könnte. Mitte Juli 1943 – das genaue Datum läßt sich nicht mehr feststellen – wurde man fündig: Im Kohnstein, einem dem südlichen Harzrand vorgelagerten Anhydritmassiv, südwestlich des Dorfes Niedersachswerfen bei Nordhausen, befand sich ein ausgedehntes, künstlich angelegtes unterirdisches Stollensystem, das von Eisenbahnzügen ebenerdig befahren werden konnte und in dessen riesigen Hallen rüstungswichtige Öle, Fette und Chemikalien lagerten, in einer Menge, die für zwei Jahre Kriegführung ausreichen sollte. Die Anlage gehörte der „Wirtschaftlichen Forschungsgesellschaft mbH" („Wifo"), einem 1934 gegründeten Gemeinschaftsunternehmen von Staat und IG Farben, dessen Unternehmenszweck es war, strategische Rohstoffreserven für den Kriegsfall anzulegen und zu betreuen.

Noch im Juli 1943 besichtigten die Herren Degenkolb (Leiter), Kunze (Geschäftsführer) und Figge vom Sonderausschuß A 4, kurz darauf, im Auftrag des Heereswaffenamtes, auch Dornberger von der Heeresversuchsanstalt Peenemünde, die Anlage im Kohnstein. Sie schien mit ihren rund 100 000 m² ausgebauter Hallenfläche und schon weitgehend vorhandener Verkehrs- und Energieinfrastruktur der ideale Standort zu sein für das neue unterirdische Serienwerk, für das schon damals der Begriff „Mittelwerk"

9   Faksimile (Auszug) in ebenda, S. 108 f. Hervorh. im Original.
10 Janssen, Ministerium Speer, S. 193.

gefunden wurde.[11] Es begann ein kurzes, aber intensives Ringen um die Nutzung der Wifo-Anlage, das Ende August 1943, vermutlich von Hitler selbst, entschieden wurde: „Die Stollen sind von der Wifo zu räumen und für die A 4-Fertigung sicherzustellen!"[12]

Inzwischen war nämlich dringender Handlungsbedarf entstanden. Am Freitag, dem 13. August 1943, hatten amerikanische Flugzeuge Rüstungswerke in Wiener Neustadt bombardiert und damit deutlich gemacht, daß auch diese Region nicht mehr vor alliierten Luftangriffen sicher war. Weitaus schwerer wog aber noch, daß britische Bomber in der Nacht vom 17. auf den 18. August einen erfolgreichen Großangriff auf Peenemünde geflogen hatten. Die Zerstörungen dort waren enorm, aber, wie sich später herausstellen sollte, nicht so groß, daß die Ostseeinsel als Standort hätte aufgegeben werden müssen. Entwicklung und ein Teil der technischen Erprobung liefen, wenn auch eingeschränkt und unter ständiger Furcht vor erneuten alliierten Bombardements, in Peenemünde weiter bis zur endgültigen Evakuierung im Februar 1945.

Die Luftangriffe auf Wiener Neustadt und Peenemünde zwangen den Sonderausschuß A 4, seine Standortpolitik vom Frühjahr 1943 zu revidieren: Nicht mehr oberirdische Dezentralisierung, wie bisher vorgesehen, sondern einheitliche Zusammenfassung der Fertigung unter Tage war jetzt das Gebot der Stunde. Das erhöhte den Entscheidungsdruck zugunsten des Standortes Wifo-Anlage im Kohnstein. Und es bot nicht zuletzt Himmler die Chance, mit der SS von zwei Seiten zugleich in das Raketenprogramm einzusteigen: beim Umbau der Wifo-Anlage zur Raketenfabrik und bei der Endfertigung der Waffe.

Schon am Abend des 19. August, am Tage nach dem schweren Luftangriff auf Peenemünde, fand Himmler sich im Führerhauptquartier ein und machte Hitler den Vorschlag, die Fertigung der Rakete A 4 in SS-Regie zu übernehmen. Die manuellen Arbeiten könnten von Konzentrationslagerhäftlingen durchgeführt werden. Auch Fachkräfte und Spezialisten stünden in den Konzentrationslagern zur Verfügung. Als Leiter des Unternehmens habe er „einen jungen, energischen Baufachmann"[13] – Dr.-Ing. Kammler –

---

11 Vermutlich nicht nur als Tarnname, sondern auch als geographische Bezeichnung. So wurde das Werk in Wiener Neustadt als „Südwerk" geführt, und es gab auch, wenigstens „auf dem Zeichenbrett" (Janssen, Ministerium Speer, S. 199), das „Ostwerk" bei Riga.

12 Bornemann, Geheimprojekt Mittelbau, S. 41.

13 Zit. nach Speer, Sklavenstaat, S. 289.

23

vorgesehen. Hitler stimmte diesem Vorschlag zu und ließ sich auch nicht durch Speer und dessen Spitzenbeamten Saur davon abbringen. Damit war der SS in der Realisierung des A 4-Programms eine Schlüsselrolle zugefallen. Himmler dokumentierte schon am nächsten Tag seinen Führungsanspruch gegenüber Speer schriftlich: „Mit diesem Brief teile ich Ihnen mit, daß ich als Reichsführer-SS verantwortlich die Fertigung des A 4-Gerätes gemäß unserer gestrigen Absprache übernehme. [...] Ich habe die Aufgabe SS-Obergruppenführer Pohl übertragen und unter ihm *als verantwortlichen Leiter SS-Brigadeführer Dr. Kammler* eingesetzt."[14]

Damit waren die Weichen gestellt für eine unheilige Allianz aus SS, Industrie und Rüstungsministerium, die „zum Vorteil der Beteiligten und zu Lasten der KZ-Häftlinge funktionieren sollte".[15]

Am 26. August 1943 unterrichtete Speer in der Reichskanzlei die anwesenden Minister und Staatssekretäre über die Beteiligung der SS an dem Raketenprojekt. Am gleichen Tag besprach er mit Kammler, Dornberger, Degenkolb und Saur „Einzelmaßnahmen und die Wahl der Herstellungsorte" für das Raketenprogramm. Unter anderem wurde hierbei der Einsatz von Konzentrationslagerhäftlingen als Arbeitskräfte festgelegt. Am Tag darauf, Freitag dem 27. August 1943, unterschrieb SS-Obersturmbannführer Hermann Pister, Kommandant des KZ Buchenwald, den Transportbefehl für das erste Kommando aus 107 Häftlingen und 40 SS-Leuten („einschließlich 6 Hundeführer"), das am folgenden Tag um 5 Uhr morgens mit LKW zum Kohnstein bei Nordhausen aufbrach, dort gegen Mittag ankam und sogleich mit dem Aufbau des „Arbeitslagers Dora" begann.[16]

Dessen weitere Entwicklung ist eng mit der „Mittelwerk GmbH" und dem Konzentrationslager „Dora" verbunden und wird im Zusammenhang damit wieder aufgegriffen. Die Furcht vor weiteren alliierten Luftangriffen dürfte der Anlaß dafür gewesen sein, daß das Heereswaffenamt Anfang September 1943 auch die Verlagerung des Versuchsserienwerkes aus Peenemünde in den Kohnstein verfügte. Sie erstreckte sich über mehrere Wochen und betraf nicht nur den Maschinenpark, sondern auch die gesamte Belegschaft des Betriebes einschließlich der KZ-Häftlinge.

---

14 Faksimile ebenda, S. 293. Hervorh. d. Verf.

15 Freund, Arbeitslager Zement, S. 53.

16 Transportbefehl in Faksimile bei Angela Fiedermann u. a., Das Konzentrationslager Mittelbau DORA, Berlin/Bonn 1993, S. 22. Der Transport lief unter dem Decknamen „Süd"; vgl. Polak, Kalendarium von Buchenwald, S. 170.

Im Rax-Werk in Wiener Neustadt lief die Raketenproduktion trotz mehrerer Luftangriffe noch bis Ende Oktober weiter. Das schwere Bombardement vom 2. November 1943 brachte aber das endgültige Aus. Ab dem 9. November 1943 ließ Kammler im Auftrag des Sonderausschusses A 4 durch die Häftlinge des Werks-KZ sämtliche „Menschen, Maschinen, Vorrichtungen und sonstigen Betriebsmittel sowie die bereits vorliegenden Geräte und Geräteteile, das angearbeitete sowie gelagerte Material"[17] in einer ununterbrochen drei Tage und Nächte dauernden „Gewaltaktion" auf die Eisenbahn verladen und ins Mittelwerk bringen. Unter anderem kamen auf diese Weise 375 Mauthausener Häftlinge über Buchenwald nach „Dora".

2.3. Exkurs: Kammler und die SS-Bauorganisation

Zu besonderer Bedeutung innerhalb des SS-Wirtschafts-Verwaltungshauptamtes hatte sich im Laufe des Krieges die Amtsgruppe C „Bauwesen" entwickelt. Ihr Vorläufer war im SS-Hauptamt Haushalt und Bauten das Amt II „Bauten" gewesen, das seit Ende 1941 Dr.-Ing. Hans Kammler leitete. Der „Talentjäger" (Höhne) Himmler hatte den Regierungsdirektor Kammler zusammen mit einem Stab von Baufachleuten aus dem Reichsluftfahrtministerium abgeworben und mit dem Anfangsrang eines SS-Standartenführers hauptamtlich in die SS-Verwaltung übernommen. Kammler lebte persönlich sehr bescheiden, fiel weder durch Alkohol noch durch Frauengeschichten auf und galt als unbestechlich. Er wird von seinen Zeitgenossen übereinstimmend als fachlich kompetent, ehrgeizig, energiegeladen, impulsiv bis zum Jähzorn, fanatisch von seiner Arbeit besessen geschildert, rücksichtslos sich selbst und seinen Untergebenen gegenüber, im Wortsinne über Leichen gehend, wenn er glaubte, damit der von ihm vertretenen Sache zu dienen.[18]

Aufgabe der Amtsgruppe C war anfangs nur die Leitung der Bauvorhaben der Allgemeinen SS, der Waffen-SS und der Konzentrationslager: Kasernen,

---

17 Zitat nach Freund, Arbeitslager Zement, S. 60.

18 Vgl. etwa die Charakterisierung im Urteil zum ersten „Langenbachtal"-Prozeß – Landgericht Arnsberg 3 Ks 1/57 vom 12. 2. 1958 – in Justiz und NS-Verbrechen (JuNSV), 22 Bände, Amsterdam 1968–1981, Bd. XIV, S. 571 f. (deutlich positiver im Urteil im Folgeprozeß vor dem Landgericht Hagen, 5. 5. 1961; JuNSV, Bd. XVII, S. 285 f.), sowie durch seinen Amtskollegen Höß: Rudolf Höß, Handschriftliche Aufzeichnungen, Bd. 8, IfZ München 1946, S. 462–466; vgl. ferner Albert Speer, Erinnerungen, Berlin 1969, S. 383, und ders., Sklavenstaat, S. 332, sowie Dornberger, V 2 – Der Schuß ins Weltall, S. 216 f.

Heime, Wohnhäuser, Dienstgebäude, Lagerbauten einschließlich der KZ-Betriebe etc. Als mittlere und untere Führungsinstanzen richtete Kammler SS-Bauinspektionen, SS-Zentralbauleitungen und örtliche SS-Bauleitungen ein. Das System der SS-Bauorganisation erwies sich – im Gegensatz zu manch anderen SS-Unternehmungen – als effizient und flexibel, vor allem wohl auch deswegen, weil Kammler zur Bauausführung (außerhalb der Konzentrationslager) überwiegend Privatfirmen einsetzte.

Anfang 1942 begannen die Planungen für einen riesigen SS-Baukonzern.[19] Im Bereich eines jeden Höheren SS- und Polizeiführers sollte – vor allem in Hinblick auf die erwarteten „Friedensaufgaben" – eine „SS-Baubrigade", ein „SS-Zentralbaustofflager" und ein „SS-Zentralbaugerätepark" eingerichtet werden. Jede SS-Baubrigade sollte sich in je zwei SS-Bauregimenter zu je drei SS-Baubataillonen – „Tiefbau", „Hochbau" und „Ausbau" – gliedern, jedes SS-Baubataillon sollte aus vier SS-Baukompanien bestehen. Da jede SS-Baukompanie eine Stärke von 200 Mann haben sollte, hätte eine SS-Baubrigade eine Sollstärke von 4800 Mann gehabt.[20] Kammler beabsichtigte, „als Arbeitskräfte [...] Häftlinge, Kriegsgefangene, Juden und ausländische Hilfskräfte einzusetzen". Die Bewachung sollte durch „Angehörige der SS und Polizei" erfolgen, und als Vorarbeiter waren „neben deutschen Facharbeitern für Juden und Kriegsgefangene auch geeignete deutsche Häftlinge" vorgesehen.

Diese weitreichenden Pläne wurden nur in Ansätzen verwirklicht. Im Herbst 1942 wurden drei SS-Baubrigaden mit zunächst 1000, später bis 2500 Häftlingen, aufgestellt.[21] Zu ihnen kamen im August 1943 eine vierte und im Februar 1944 noch eine fünfte hinzu. Ihre Einsatzbereiche waren anfangs an der Atlantikküste, wo sie beim Bau von Befestigungsanlagen mitarbeiten mußten, sowie in verschiedenen Großstädten im Westen Deutschlands, wo sie bei Aufräumarbeiten und Trümmerbeseitigung nach Luftangriffen eingesetzt wurden. Nach der Landung der Alliierten in der Normandie Anfang Juni 1944 wurden die SS-Baubrigaden „ins Reich rückgeführt".

19 Details sind in dem dreizehnseitigen Planungspapier Kammlers vom 10. Februar 1942, Nbg. Dok. NO-4813, enthalten, aus dem auch die Zitate dieses Absatzes stammen.
20 Für das gesamte „Friedensbauprogramm" Himmlers und Hitlers wären nach Berechnungen des Fachmannes Speer allein rund 15 Millionen Bauhäftlinge nötig gewesen, eine wahrhaft furchterregende Zahl; vgl. Speer, Sklavenstaat, S. 406–421.
21 Für Quellennachweise zu den Angaben in diesem Absatz siehe Joachim Neander, Das Konzentrationslager Mittelbau in der Endphase der NS-Diktatur, Clausthal-Zellerfeld 1997, S. 63.

Bis auf die SS-Baubrigade II wurden sie Anfang November 1944 dem Konzentrationslager Mittelbau unterstellt und mehr und mehr mit Arbeiten für Rüstungsprojekte im Umkreis dieses Konzentrationslagers eingesetzt. Im Herbst 1944 kamen noch vier mobile „SS-Eisenbahnbaubrigaden" hinzu, die vorwiegend für die Reparatur wichtiger, durch Luftangriffe zerstörter Schienenwege eingesetzt wurden. Die Eisenbahnbaubrigaden wurden im November 1944 ebenfalls dem KZ Mittelbau formal unterstellt, obwohl ihre Einsatzräume – West- und Süddeutschland – weitab von Nordhausen lagen und es bis Kriegsende auch blieben.

Der Amtsgruppe C des SS-Wirtschafts-Verwaltungshauptamtes war mit diesen Baubrigaden etwas gelungen, worum sich die Amtsgruppen W (Wirtschaftsbetriebe) und D (Konzentrationslager) vergeblich bemüht hatten: den Nachweis zu führen, daß die SS in der Lage war, Rüstungsaufgaben im weiteren Sinne zu übernehmen und auch für den Auftraggeber zufriedenstellend, das heißt kostengünstig, flexibel und vor allem schnell zu lösen. Ohne Zweifel war dies der Fachkompetenz, dem Durchsetzungsvermögen und dem Organisationstalent Kammlers zu verdanken. Diesem wuchsen daher bald immer mehr „Sonderaufgaben" zu, die sein Tätigkeitsgebiet weit über den ursprünglichen Rahmen der SS-Organisation hinaus- und in den Bereich der Rüstungswirtschaft hineingreifen ließen. Das Bauwesen wurde ihm, so wie zuvor schon den Ministern Todt und Speer, zum Sprungbrett in die Rüstung.

2.4. Der Funktionswandel des KZ im Kriege

In der Entwicklung der nationalsozialistischen Konzentrationslager lassen sich zwei große Zeitabschnitte unterscheiden, die wiederum jeweils in drei Phasen gegliedert werden können:[22]

1. Vorkriegszeit

    1.1. Phase der „wilden KZ", von März 1933 bis Mai 1934

    1.2. Konsolidierungsphase, von Mai 1934 bis Herbst 1936

    1.3. Aufbauphase, von Herbst 1936 bis August 1939.

---

22 In der Literatur finden sich hiervon geringfügig abweichende Gliederungen, die auf etwas anderen als den hier verwendeten Kriterien beruhen; vgl. etwa Eugen Kogon, Der SS-Staat, München 1974, S. 157, oder Falk Pingel, Häftlinge unter SS-Herrschaft, Hamburg 1978, S. 151 f.

2. Kriegszeit

2.1. Latenzphase, von Kriegsbeginn bis Anfang 1942

2.2. Expansionsphase, von Anfang 1942 bis Ende 1944

2.3. Auflösungsphase, von Herbst 1944 bis zum 8. Mai 1945.

Der Übergang zwischen den einzelnen Phasen ist durch personelle, strukturelle und funktionale Veränderungen charakterisiert, die im folgenden ein Stück weit nachgezeichnet werden sollen, um die Entwicklungen im Konzentrationslagersystem – und damit auch die des KZ Mittelbau – gegen Kriegsende besser verstehen zu können.

Die ersten Konzentrationslager im Deutschen Reich wurden unmittelbar nach der Machtübertragung an die Nationalsozialisten noch im Frühjahr 1933 eingerichtet. Greifkommandos von SA und SS, als „Hilfspolizei" mit hoheitlichen Funktionen ausgestattet, und reguläre Geheimpolizei verschleppten nach zum Teil lange vorbereiteten Plänen Zehntausende von Gegnern des Nationalsozialismus, hauptsächlich Kommunisten, Sozialdemokraten und Gewerkschaftsführer. Die sogenannten wilden KZ – gewisse Abteilungen von Polizei- und Justizgefängnissen sowie vor allem die provisorischen Haftstätten der Parteitruppen – wurden als reine Prügel- und Folterstätten Orte der Rache gegen wirkliche oder vermeintliche Gegner des neuen Regimes. Innenpolitische Rücksichtnahme auf ihre Klientel in bürgerlichen Kreisen veranlaßte die Reichsregierung aber schon im Juli 1933, Maßnahmen zur formalen Legalisierung dieses Terrors zu ergreifen. Im Laufe der nächsten Monate wurden die „wilden KZ" nach und nach aufgelöst, die in ihnen gefangen gehaltenen Personen – soweit sie noch am Leben waren – großenteils entlassen und der Rest in eigens als solche deklarierte „ordentliche" Konzentrationslager überführt.

Im Frühjahr 1934 gelang es Himmler, die Kontrolle über sämtliche Konzentrationslager im Reich zu gewinnen und diese zu einer ausschließlichen Domäne der SS zu machen. Er beauftragte im Mai 1934 den Kommandanten des schon am 22. März 1933 in einer ehemaligen Pulverfabrik bei Dachau eingerichteten Konzentrationslagers, Theodor Eicke, mit der Reorganisation des Lagersystems, die dieser bis Sommer 1936 zu einem vorläufigen Abschluß brachte. Neben der Einrichtung einer Zentralstelle, der „Inspektion der Konzentrationslager", die 1938 eigene Dienstgebäude in Oranienburg bei Berlin bezog, betrieb Eicke vorrangig die innere Reorganisation der Lager, die sich in einer Formalisierung der Lagerverwaltung und einer gewissen Standardisierung des Haftvollzugs niederschlug („Dachauer Modell"). Die hierdurch erreichte Konsolidierung bedeutete nicht nur eine Straffung und Vereinheitlichung innerhalb des Konzentrationslagerwesens, sondern machte auch aus dem KZ eine feste Institution: Aus einem ursprünglich als befristet gedachten Repressionsinstrument zur Etablierung des neuen Regimes war eine Dauereinrichtung geworden zur vorbeugenden Inhaftierung aller jener Personen, die die Machthaber jetzt und in Zukunft als ihre Gegner definieren würden.

Die Konzentrationslager dienten in den ersten dreieinhalb Jahren ihres Bestehens, bis etwa Herbst 1936, im wesentlichen der Ausschaltung innenpolitischer Gegner des Systems. In jedem Ort verhaftete die Geheimpolizei einige Personen, die als dem Nationalsozialismus gegenüber kritisch eingestellt galten, und ließ sie „verschwinden". Bewußt wurden die weitaus meisten von ihnen nach einiger Zeit wieder entlassen. Da ihnen bei Androhung sofortiger erneuter Einlieferung strikt untersagt war, auch nur das Geringste über ihre Erlebnisse im Lager weiterzugeben, entstanden in der Bevölkerung Legenden des Schreckens, die die Wirklichkeit in den Lagern oft noch übertrafen. Gezielte Veröffentlichungen in der gleichgeschalteten Presse sorgten zusätzlich dafür, daß die Konzentrationslager in Nazideutschland alles andere als ein wohlgehütetes Geheimnis waren. Gerüchte („Mundfunk") und Publikationen über die Lager bewirkten gemeinsam einen Effekt der Abschreckung und Einschüchterung aller tatsächlichen und potentiellen Gegner des Nationalsozialismus in der deutschen Bevölkerung und trugen damit erheblich zur innenpolitischen Festigung des Regimes bei.

In den nächsten dreieinhalb Jahren, bis zum Kriegsausbruch am 1. September 1939, vollzog sich ein Wandel in der Aufgabe der Konzentrationslager, der sich unter anderem auch infrastrukturell ausdrückte. Um am allgemeinen, durch die Politik der Aufrüstung bedingten Wirtschaftsboom zu partizipieren, gründete die SS eigene Firmen, vor allem der Baustoffindustrie, die sie mit Konzentrationslagerhäftlingen als Arbeitskräften zu betreiben gedachte. In dieser „Aufbauphase" des KZ-Systems wurden bis auf Dachau alle Lager der Anfangszeit aufgelöst und durch neue, „moderne" und große Lager ersetzt: 1936 Sachsenhausen, 1937 Buchenwald, 1938 Flossenbürg und Mauthausen, 1939 – als Frauenkonzentrationslager – Ravensbrück. Jedes der Lager wurde von vornherein auf Zuwachs hin geplant.

Wirtschaftsgeographische Gründe und das unternehmerische Interesse der SS – und nicht mehr Tradition oder Zufall – bestimmten die Standortwahl.

Da die Opposition im Reich längst ausgeschaltet war, mußten andere als politische Gründe herhalten, um die neu errichteten Lager zu füllen. In Bayern war es schon seit 1935 üblich geworden, gewöhnliche Kriminelle am ordentlichen Justizvollzug vorbei dem Konzentrationslager Dachau zu überstellen. In Ausdehnung dieser Praxis auf das gesamte Reichsgebiet wurden in den Jahren 1937/38 durch verschiedene Ministerialerlasse die Gründe für die Verhängung von „Schutzhaft" (so hieß die beschönigende Bezeichnung für die Haft im Konzentrationslager) erheblich ausgeweitet und auf einen – bewußt unpräzise abgegrenzten – großen Personenkreis von „Berufsverbrechern", „Asozialen" und anderen „Volksschädlingen" ausgedehnt, die zu Tausenden in mehreren sogenannten Asozialenaktionen verhaftet und in die Konzentrationslager eingeliefert wurden. Damit erhielten diese eine weitere Funktion: Sie wurden zu einem Instrument völkischer Sozialpolitik. Gegen jedermann, den die Polizei als sozialen Außenseiter etikettierte, konnte „Schutzhaft" verfügt werden; einen Rechtsweg gegen ihre Verhängung gab es nicht, denn sie galt als polizeiliche, nicht als strafrechtliche Maßnahme.

Die eigentliche Zäsur in der Entwicklung der Konzentrationslager, sowohl in quantitativer als auch in funktionaler Hinsicht, stellt der Beginn des Krieges dar. Unter dem Vorwand der „inneren Staatssicherung während des Krieges" wurde der personale Geltungsbereich der Schutzhafterlasse durch erhebliche Erweiterung der Gründe zur Verhängung der Schutzhaft ins Uferlose ausgedehnt. Parallel dazu erfolgte durch die rasche territoriale Expansion des deutschen Machtbereichs in der „Blitzkriegs"-Phase (bis etwa Herbst 1941) eine ebenso rasche Ausdehnung des räumlichen Geltungsbereichs dieser Erlasse, die noch durch spezielle polizeirechtliche Vorschriften für die Bewohner der besetzten Gebiete flankierende Verschärfungen erfuhren.

Der dadurch bewirkte rapide Anstieg der Verhaftungen hatte eine erhebliche Expansion des Konzentrationslagerwesens zur Folge, sowohl materiell (durch Vergrößerung bestehender Konzentrationslager und zahlreiche Neugründungen) als auch räumlich (durch Ausweitung und gleichzeitige Verdichtung des Netzes von Konzentrationslagern) und personell (durch Anstieg der Zahl der Häftlinge und proportional dazu der des SS-Personals). Hierbei lassen sich deutlich zwei Phasen voneinander abgrenzen:

- eine Latenzphase von Kriegsbeginn bis Anfang 1942, in der die Ausdehnung des Lagerwesens noch relativ langsam angebahnt wurde, und
- die eigentliche Expansionsphase von Anfang 1942 (Eingliederung der Inspektion der Konzentrationslager als „Amtsgruppe D" in das SS-Wirtschafts-Verwaltungshauptamt[23] am 5. März 1942) bis Ende 1944.

Die letzten Monate der Expansionsphase überlappen mit den ersten der Auflösungsphase, in der ein sich ständig beschleunigender Zersetzungsprozeß schließlich zum implosionsartigen Zusammenbruch des Gesamtsystems in den letzten Kriegsmonaten führte. Das quantitative Wachstum läßt sich an zwei Zahlenreihen festmachen: einmal der Anzahl von Konzentrationslagern mit ihren Außenlagern, zum anderen an der Gesamtzahl der Häftlinge. Letztere wuchs pro Monat um etwa 7 % (das entspricht einer Verdopplung alle zehn Monate). Die Anzahl der Lager nahm gar um 9 % pro Monat zu (das entspricht einer Verdopplung alle acht Monate).

Die quantitative Ausweitung des Konzentrationslagersystems war begleitet von einem raschen Wandel in der Struktur der Häftlingsgesellschaft. Die weitaus überwiegende Zahl der Neuzugänge nach Kriegsbeginn bestand aus Angehörigen der unterworfenen Völker, wobei anfangs Polen, später Polen und Russen[24] zahlenmäßig dominierten. Reichsdeutsche[25] stellten im Krieg nur noch 5 bis 10 Prozent der Lagerinsassen. Dadurch änderten sich auch die sozialen Strukturen innerhalb der Häftlingsgesellschaft, die sich jetzt – ein getreues Spiegelbild der NS-Gesellschaft außerhalb der Lager – überwiegend nach deren völkisch-rassischen Kriterien gliederte.

Parallel zu diesen quantitativen und strukturellen Änderungen vollzog sich im System der Konzentrationslager ein erneuter Funktionswandel. Schon vor dem Kriege hatte sich dieser angedeutet: Neben die Funktion als Instrument des Terrors – nach innen, zur „Strafe", gegenüber den Häftlingen; nach außen, zur „Abschreckung", gegenüber der Bevölkerung – war

---

23 Zu Geschichte und Organisation von SS-Wirtschafts-Verwaltungshauptamt und Inspektion der Konzentrationslager siehe etwa Enno Georg, Die wirtschaftlichen Unternehmungen der SS, Stuttgart 1963, und Johannes Tuchel, Die Inspektion der Konzentrationslager 1933–1945, Berlin 1994.

24 Unter „Russen" wurden alle Bürger der Sowjetunion subsumiert, mit Ausnahme der Balten und der Rußlanddeutschen.

25 Wozu auch Sudetendeutsche, Danziger, Österreicher, Elsässer, Lothringer und Luxemburger zählten.

31

der ökonomische Aspekt getreten: die Arbeitskraft der Häftlinge für wirtschaftliche Zwecke nutzbar zu machen.

Beide Funktionen der Konzentrationslager erfuhren jetzt im Krieg eine erhebliche quantitative Steigerung, die im Endergebnis zu qualitativen Sprüngen führte. Der terroristische Haftvollzug entwickelte sich weiter zu einer Praxis der Exekutionen und Massenvernichtung, die ihren schaurigen Höhepunkt in den Gaskammern und Krematorien von Auschwitz-Birkenau fand, wo die SS ab Januar 1942 KZ und „Endlösung der Judenfrage" zu einer tödlichen Allianz zusammenführte.[26] Auf der anderen Seite wurde die Arbeit der Häftlinge, vor dem Kriege eher Mittel als Zweck des Haftvollzugs, zum zweiten – und vielleicht von Auschwitz-Birkenau abgesehen – Hauptzweck der Konzentrationslager. Häftlinge durften nicht mehr entlassen werden, neue Lager wurden dann und nur dann eingerichtet, wenn Häftlinge als Arbeitskräfte für Rüstungsvorhaben bereitgestellt werden mußten; Massenverhaftungen in den besetzten Gebieten, zum Beispiel in der Sowjetunion und in Norditalien, erfolgten mit dem ausdrücklichen Ziel, Arbeiter für die deutsche Rüstungsindustrie zu rekrutieren. Die SS und ihre Konzentrationslager hatten sich voll in das System der nationalsozialistischen Zwangsarbeit eingegliedert.

In der NS-Gesellschaft – und damit auch in der Hierarchie des Beschäftigungsbetriebes – rangierte der Häftlingsarbeiter an unterster Stelle in der nach völkisch-rassenideologischen Grundsätzen geprägten Schichtung der Zwangsarbeiter, noch unter den „Ostarbeitern". Diese galten immerhin noch als Menschen, wenn auch der niedrigsten Kategorie, während die Konzentrationslagerinsassen schon aus der „Gattung Mensch" (Antelme) ausgegrenzt, nunmehr „Nummern", „Stücke", „Figuren" geworden waren. Die Arbeitsbedingungen, denen SS und Betriebe sie unterwarfen, stellten „jene Form der Zwangsarbeit dar, die für die als minderwertig, unerwünscht oder politisch gefährlich geltenden Bevölkerungsgruppen angemessen schien".[27]

---

26 Die „Vernichtungslager" Belżec, Chelmno, Sobibór und Treblinka waren keine KZ. Sie „hatten einen einzigen Zweck: die heimliche Ermordung der Juden ohne Rücksicht auf Alter oder Geschlecht"; Enzyklopädie des Holocaust, München 1998, S. 1494. Sie unterstanden auch nicht der Amtsgruppe D des SS-Wirtschafts-Verwaltungshauptamtes, sondern dem „Inspekteur der Sonderkommandos Einsatz Reinhard" bzw. dem Reichssicherheitshauptamt, ebenda, S. 1496.

27 Martin Broszat, Nationalsozialistische Konzentrationslager, in: H. Buchheim u. a., Anatomie des SS-Staates, Band II, Olten/Freiburg i. Br. 1965, S. 133.

Trotz des hohen administrativen, sicherheitsmäßigen und logistischen Aufwandes für die Nutzung der Häftlingsarbeitskraft darf deren Umfang und wirtschaftliche Bedeutung im Kriege keinesfalls überschätzt werden. Zwar prahlte Himmler gern mit den Leistungen, die in den Konzentrationslagern und durch diese für die Kriegswirtschaft erbracht würden, aber schon für seine Zeitgenossen war offensichtlich, daß er hierbei übertrieb bzw. weitaus mehr versprach, als er zu halten vermochte, und seine Zahlenangaben erwiesen sich spätestens im nachhinein als maßlos überhöht.

Unter den nicht landwirtschaftlich Beschäftigten im Deutschen Reich betrug der Anteil der Konzentrationslagerhäftlinge an der Gesamtbeschäftigtenzahl während der letzten Kriegsjahre auch im Höchstfall nur gut zwei Prozent. Berücksichtigt man noch den Umstand, daß die Arbeitsleistung eines Häftlings im Durchschnitt kaum die Hälfte der eines freien oder kriegsgefangenen Arbeiters betrug, so wird die marginale Rolle der Häftlingsarbeitskraft für die deutsche Kriegswirtschaft noch deutlicher. Für einzelne Sparten der Rüstungsindustrie, insbesondere die Flugzeug- und Raketenproduktion sowie die damit gegen Kriegsende verbundenen Bauvorhaben hat die Häftlingsarbeitskraft mit Sicherheit größere Bedeutung besessen. „Siegentscheidend" – eines der Lieblingsworte Himmlers – konnte sie jedoch niemals werden, dazu war ihr Beitrag zur Gesamtwirtschaft zu gering, kam zudem zu spät und wurde außerdem noch großenteils fehlgeleitet, wie etwa in die Fertigung technisch veralteter Flugzeugtypen oder den Fernraketenbau.

Ein verengter Blick allein auf das Produktionsergebnis derjenigen Betriebe, die Konzentrationslagerhäftlinge beschäftigten, übersieht jedoch leicht die weitaus größere, die wirtschaftspolitische Bedeutung der Konzentrationslager im Kriege. Die über dem „freien" oder kriegsgefangenen Arbeiter permanent schwebende Drohung, jederzeit in ein Konzentrationslager eingeliefert werden zu können, erstickte jeglichen aktiven Widerstand gegen schlechte Arbeitsbedingungen im Keime, blockierte selbst passive Widerstandshandlungen.[28] Die Konzentrationslager als System bildeten ein höchst wirksames Instrument zur Disziplinierung der Arbeiterschaft im Kriege.

---

28 Daß es in Einzelfällen dennoch aktive und passive Widerstandshandlungen in den Betrieben gegeben hat, soll hier nicht in Abrede gestellt werden. Insgesamt gesehen war ihnen aber nur wenig Erfolg beschieden.

2.5. Anhang: Räumliche, personelle und Organisationsstrukturen der Konzentrationslager im Krieg

Etwa ab 1936 wurden alle Konzentrationslager planmäßig auf der „grünen Wiese" nach einem für alle gleichartigen Schema aufgebaut (siehe Abb. 2.3). Der eigentliche Lagerbereich gliederte sich in zwei scharf voneinander getrennte Teile: den Stacheldrahtbereich (das eigentliche „Schutzhaftlager" zur Aufnahme der Häftlinge) und den SS-Bereich. Das Schutzhaftlager war von einem schier unüberwindlichen Befestigungssystem aus einer Doppelreihe elektrisch geladenen Stacheldrahts (der diesem Bereich seinen Namen gab) mit Todesstreifen und maschinengewehrbestückten Wachtürmen umgeben; bei größeren Konzentrationslagern kamen noch gelegentlich Mauern und Wassergräben hinzu. Innerhalb des Schutzhaftlagers waren meist weitere Bereiche wiederum durch (diesmal nicht elektrisch geladenen) Stacheldraht gegenüber der Masse der Häftlinge abgeteilt: so das Häftlingskrankenrevier[29] mit Krematorium[30] oder die Sonderlager, wie etwa das „Kleine Lager" in Buchenwald.

Außerhalb des Stacheldrahtbereichs befand sich der SS-Bereich, der sich bei den KZ-Stammlagern wiederum in zwei Teilbereiche gliederte. Dem Tor des Schutzhaftlagers räumlich benachbart war der Kommandanturbereich als Verwaltungsbezirk des Lagers mit den Dienstgebäuden der Kommandantur, der Politischen Abteilung und der Lagerverwaltung. Daran schloß sich das oft weitläufig im Stil einer Gartenstadt angelegte SS-Lager an, mit den Wohnhäusern für die Führer und ihre Familien, den Kasernen der Wachmannschaften, den Sozialeinrichtungen für die SS-Angehörigen sowie den Garagen für den Fuhrpark des Lagers. Bei Außenlagern eines Konzentrationslagers, die ja vom Stammlager aus verwaltet wurden, schrumpfte der Kommandanturbereich auf den Umfang einer Verwaltungsbaracke im SS-Lager oder gar nur eines oder zweier Büros im SS-Gebäude. Während bei kleinen Lagern der SS-Bereich nicht umzäunt war, wurde er bei den großen, ähnlich wie das Schutzhaftlager, durch Mauern und Stacheldraht, der im Lager „Dora" sogar elektrisch geladen war, gegen die Außenwelt abgesichert.

29 Kleinere Außenlager hatten oft nur eine einzige Revierbaracke oder -stube, die nicht mit Stacheldraht abgeschirmt war.

30 Nur Stammlager und größere Außenlager verfügten über eigene Krematorien. Die Toten kleinerer Außenlager wurden anfangs per LKW ins Stammlager geschafft, gegen Kriegsende (aus Mangel an Transportmitteln) oft in Scheiterhaufen oder Gruben in Lagernähe verbrannt.

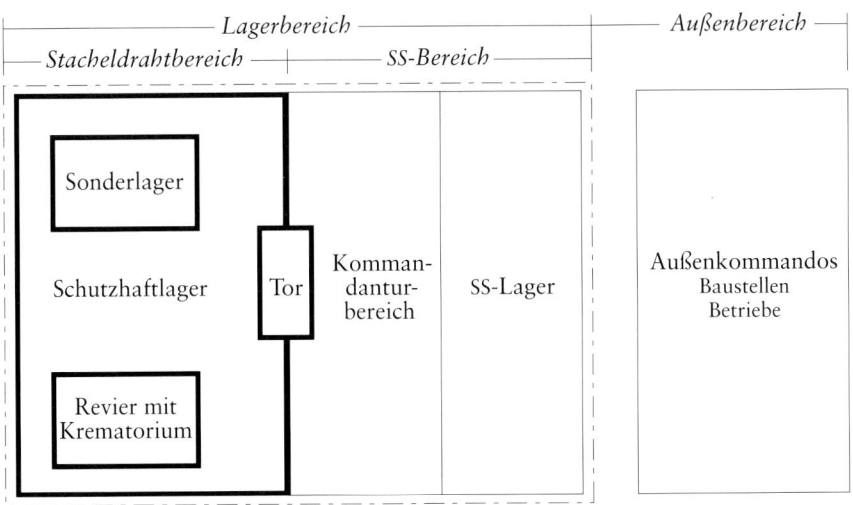

Schema der räumlichen Gliederung eines Konzentrationslagers **Abb. 2.3**
Die strichpunktierte Linie um den Lagerbereich symbolisiert
die „Große Postenkette" am Tage

Das SS-Personal eines Konzentrationslagers gliederte sich in zwei formal
getrennte Gruppierungen, zwischen denen, zumal in der Vorkriegszeit, ein
Personalwechsel jedoch keineswegs selten war: die Wachmannschaften und
das Lagerpersonal. Aufgabe des Wachpersonals war es, das Lager selbst und
diejenigen Gruppen von Häftlingen, die außerhalb desselben arbeiteten, die
„Außenkommandos", derart zu bewachen, daß keinem Häftling die Flucht
gelingen konnte. Trotz des ausgefeilten Systems technischer Sperren war die
Lagergrenze nur durch menschliche Wachsamkeit vollständig abzudichten.
Daher zog tagsüber die „Große Postenkette" auf: In kurzen Abständen, so
daß Blick- und Rufkontakt sowie gegenseitige Kontrolle möglich waren,
standen die Männer des Wachbataillons (des „SS-Totenkopf-Wachsturm-
bannes") mit geladenem Gewehr bzw. geladener Maschinenpistole um das
gesamte Lagergelände herum. Nachts besetzte die „Kleine Postenkette"
lediglich die Wachttürme und patrouillierte an der Grenze. Häftlingsgruppen („Kommandos"), die zur Arbeit in den Außenbereich des Lagers aus-
rückten, wurden auf dem Weg dorthin und zurück sowie beim Arbeitseinsatz von einer mobilen Postenkette bewacht. Auf jeden Häftling, der die
durch die Posten gebildete gedachte Linie überschritt (was als Fluchtversuch
galt) oder sich bis auf kurze Distanz einem Wachmann näherte, hatten die
Posten unverzüglich, ohne Vorwarnung, das Feuer zu eröffnen.

35

Den Angehörigen der Wachbataillone war jeder Kontakt zu den Häftlingen streng untersagt; sie durften zum Beispiel den Stacheldrahtbereich nur mit besonderer Erlaubnis betreten. Ausschreitungen des Wachpersonals gegenüber den Häftlingen, wie sie noch bis in die ersten Kriegsjahre hinein an der Tagesordnung waren, ließen etwa ab 1942 deutlich nach, zum einen, weil sie den Wachmannschaften (im Zuge der „Ökonomisierung" der KZ) grundsätzlich untersagt wurden, worüber jene auch regelmäßige Belehrungen erhielten. Vor allem aber änderte sich die personelle Zusammensetzung der Wachbataillone. Junge SS-Männer aus den Totenkopfsturmbannen, die durch die „alte Schule" gegangen waren, wurden zum Frontdienst eingezogen und durch nicht mehr fronttaugliche ehemalige Soldaten ersetzt, die sich in ihrer Mehrzahl den Häftlingen gegenüber nicht sonderlich aggressiv verhielten. Auf je zehn bis zwanzig Häftlinge kam im Durchschnitt ein Wachsturmmann. Zur Unterstützung der Posten, vor allem bei der Bewachung von Außenkommandos, wurden auch Hunde eingesetzt, die speziell auf Personen in der gestreiften Häftlingskleidung dressiert waren.

Den ständigen und regelmäßigen Kontakt mit den Häftlingen hatte die eigentliche Lager-SS, das Stammpersonal der Lager: die Angehörigen von Kommandanturstab und Arbeitseinsatz, von Politischer Abteilung, Sanitätswesen und Verwaltung. Sie stellten zwar nur einen Bruchteil (im Kriege etwa 10 bis 15 Prozent) der SS-Männer im Konzentrationslager, aber unter ihnen befanden sich eben jene „gefürchteten Sadisten, die den Häftlingen das Leben zur Hölle machten",[31] die „Spezialisten des KZ-Terrors".[32] Fast alle waren sie noch in der Vorkriegszeit von Eicke selbst ausgebildet worden. Jahrelang hatte man ihnen „einen Haß, eine Antipathie gegen die Häftlinge, die für Außenstehende unvorstellbar ist",[33] eingeimpft; mochte auch im Krieg die den Konzentrationslagern vorgesetzte Dienstbehörde, das SS-Wirtschafts-Verwaltungshauptamt, anderslautende Weisungen herausgeben, „aus ihren beschränkten Gehirnen war die Eickesche Schulung nicht auszutreiben".[34] Sie, die „Spezialisten des KZ-Terrors", steigerten jenen sogar noch gegen Kriegsende. Da sie auch so gut wie nie an die Front versetzt wurden, egal wie jung und fronttauglich sie sein mochten, wurden

---

31 Eberhard Kolb, Bergen-Belsen, Hannover 1962, S. 78.
32 Wolfgang Sofsky, Die Ordnung des Terrors, Frankfurt a. M. 1993, S. 121.
33 Rudolf Höß, Kommandant in Auschwitz, München 1963, S. 98.
34 Ebenda, S. 149.

die Konzentrationslager im Kriege „eine wahre Drückebergerbasis der Totenkopf-Elite",[35] wie Kogon sarkastisch anmerkte.

Organisatorisch war ein Konzentrationslager in fünf bzw. sechs Abteilungen gegliedert:

I.   Kommandantur (Lagerkommandant, Adjutant, Postzensurstelle);
II. Politische Abteilung (Leiter der Politischen Abteilung, Erkennungsdienst, Häftlingskartei);
III. Schutzhaftlager (Schutzhaftlagerführer, Rapportführer, Blockführer, Arbeitseinsatzführer, Arbeitsdienstführer, Kommandoführer);
IV. Verwaltung (Verwaltungsführer, Gefangeneneigentumsverwaltung, Lageringenieur);
V.   Lagerarzt;
VI. Fürsorge und Schulung.[36]

Der SS-Totenkopf-Wachsturmbann gehörte organisatorisch zum SS-Standort, war daher keine lagerinterne Abteilung und galt nur als dem Lager zugeteilt. Für seine Bewaffnung und Ausbildung war das SS-Führungshauptamt zuständig. Diese Situation blieb bis Kriegsende bestehen. Auch die Unterstellung des Führers des Wachsturmbannes unter den Lagerkommandanten seit 1942 änderte hieran nichts.

Eine Besonderheit der nationalsozialistischen Konzentrationslager war, daß der weitaus überwiegende Teil der alltäglichen Organisations- und Verwaltungsarbeit, der ganze „Lagerbetrieb", nicht in der Hand von SS-Leuten, sondern von Häftlingen lag. Denn in der Häftlingsgesellschaft, zumal der der großen KZ-Stammlager, existierte parallel zur Hierarchie der Lager-SS eine von dieser initiierte, kontrollierte und total abhängige Substruktur, die als „Häftlingsselbstverwaltung" bezeichnet wurde und in der es Dutzende, in großen Lagern gar Hunderte von Funktionen in vielfacher Abstufung gab, deren Inhaber von der Pflicht, (Zwangs-)Arbeit zu leisten, befreit waren.

Wurden Häftlinge in der Anfangszeit der Konzentrationslager noch im wesentlichen zu untergeordneten Hilfsdiensten herangezogen, wie dies im Justizvollzug seit eh und je üblich war („Kalfaktoren"), so führten von der SS selbstgeschaffene Sachzwänge, die sich schon in der Aufbauphase des

---

35 Kogon, Der SS-Staat, S. 303.
36 Die Abteilung VI befaßte sich mit der Schulung der SS-Leute sowie mit Kultur- und Bildungsangelegenheiten; sie hatte also nichts unmittelbar mit den Häftlingen zu tun. Daher wird sie auch in den Organisationsschemata Abb. 2.5 und 2.6 nicht berücksichtigt.

Systems (etwa ab Herbst 1936) bemerkbar machten, dazu, daß die SS immer mehr Aufgaben, und auch immer verantwortungsvollere, an Häftlinge delegierte. Vollends als im Kriege das Konzentrationslagersystem in seine Expansionsphase trat, war für die SS die Mitarbeit der Häftlinge auf allen Ebenen des Lagerbetriebes unverzichtbar geworden. Drei Problembereiche waren es vor allem, mit denen die Lager-SS, wegen ihrer chronisch dünnen Personaldecke sowie ihres allgemein niedrigen beruflichen Qualifikationsniveaus, aus eigener Kraft nicht fertig wurde:

- die schiere Quantität, die es zu verwalten gab. Ein KZ-Stammlager hatte mit 20 000 bis 30 000 Mann die Größe einer mittleren Stadt, und manche Kreisstadt im Reich zählte weniger Einwohner als ein großes KZ-Außenlager wie etwa Hersbruck von Flossenbürg oder „S III" von Buchenwald mit je rund 10 000 Mann Belegstärke;
- das rasante Wachstum sowohl der einzelnen Lager (durch Anstieg der Neuzugänge von Häftlingen) als auch des Konzentrationslagersystems als Ganzem (durch ständige Lagerneugründungen);
- das Sprachenproblem infolge der Überzahl der Nichtdeutschen und der Vielzahl von Nationalitäten in den Lagern.

In seiner entwickelten Form, wie sie vor allem aus Buchenwald bekannt geworden ist, aber in allen Lagern mehr oder weniger gleichartig ausgeprägt war, hatte die „Häftlingsselbstverwaltung" eine Struktur etwa in der Art, wie sie Abb. 2.4 wiedergibt. An der Spitze stand der „Lagerälteste", abgekürzt „LA". Große Lager hatten zwei, zuweilen sogar drei Lagerälteste, mit „LA I", „LA II", „LA III" bezeichnet. Die Position des Lagerältesten war vielleicht die schwierigste, bestimmt aber eine der am meisten gefährdeten in der Häftlingshierarchie. Denn er war der SS, die ihn – wie alle anderen Funktionshäftlinge auch – eingesetzt hatte, für die Aufrechterhaltung der Disziplin im Stacheldrahtbereich verantwortlich. Dies konnte er nur leisten, wenn er auch unter den Häftlingen soviel Autorität besaß, daß er als Person von diesen akzeptiert wurde. Es mußte also jemand sein, der von einer größeren Gruppe innerhalb der Häftlingsgesellschaft gestützt wurde, seien es die Kumpane aus dem Verbrechermilieu bei einem „Grünen", seien es die Genossen bei einem „Roten".[37] Lagerältester zu sein bedeutete also, das

---

37 Die SS kennzeichnete die KZ-Häftlinge nach bestimmten Kriterien durch farbige Dreiecke („Winkel"), die deutlich sichtbar an der Häftlingskleidung aus blau-weiß gestreiftem Drillich („Zebra-Kostüm") getragen werden mußten.

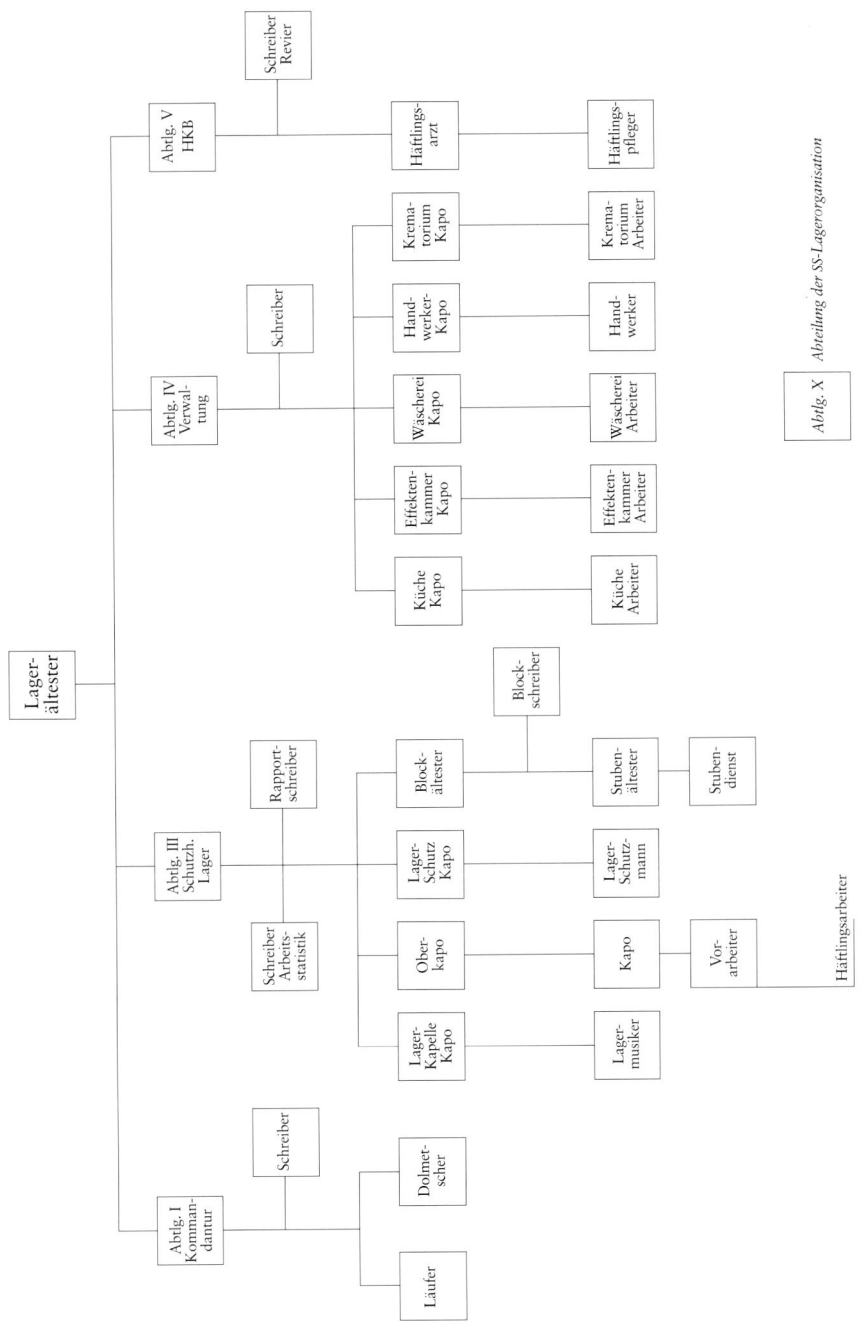

Schema der „Häftlingsselbstverwaltung" im Konzentrationslager　　　　**Abb. 2.4**
Nach Angaben bei Kogon, Der SS-Staat, und Niethammer, Der gesäuberte
Antifaschismus, Berlin 1994

schier Unmögliche zu vollbringen: zu gleicher Zeit das Vertrauen von SS und Häftlingen zu gewinnen, zweier Gruppierungen, die sich in unversöhnlicher Feindschaft gegenüberstanden.

Dies galt mehr oder minder, wenn auch nicht in so ausgeprägtem Maße, für alle Funktionshäftlinge, insbesondere für diejenigen, die im Bereich der Lagerabteilung III („Schutzhaftlager") in die Kommandostruktur der SS eingebunden waren: zum einen die „Blockältesten", „Stubenältesten" und „Stubendienste", die im Auftrag der SS, hier repräsentiert durch Rapport- und Blockführer, für die Disziplin in den Häftlingsunterkünften, den „Blöcken", zu sorgen hatten; zum anderen die „Kapos" und „Vorarbeiter", die der SS, hier repräsentiert durch Arbeitsdienst- und Kommandoführer, für die Aufrechterhaltung der Disziplin und das Erbringen der verlangten Leistungen auf den Arbeitsstellen innerhalb und außerhalb des Lagers verantwortlich waren.

Diese beiden Kategorien von Funktionshäftlingen stellten die zahlenmäßig größte Gruppe unter den „privilegierten" Häftlingen. Sie waren „das Knochengerüst" des Lagers, bildeten als „Zwitterklasse […] eine Grauzone mit unscharfen Konturen, die die beiden Bereiche von Herren und Knechten voneinander trennte und zugleich miteinander [verband]".[38] Sie lebten rund um die Uhr im Spannungsfeld zwischen Lager-SS und der Masse der einfachen Häftlinge, „zwischen Baum und Borke". Manch einer nutzte seine Position zugunsten der ihm unterstellten Häftlinge. Viele Kapos, zumal „Grüne", schlugen sich jedoch auf die Seite der SS, wetteiferten mit dieser im Quälen und Schikanieren der eigenen Kameraden und gehörten deswegen zu den meistgehaßten Personen im Lager. Aber auch der brutalste Schläger unter ihnen blieb Häftling: Seine Macht war nur von der der SS abgeleitet. Von dieser fallengelassen zu werden, bedeutete für ihn Rückkehr in die graue Zwangsmasse der „gewöhnlichen" Häftlinge, mit der Aussicht, von den eigenen Kameraden heimlich umgebracht oder offen in den Tod getrieben zu werden.

Neben dieser Art von Funktionshäftlingen gab es weitere, mit denen die große Masse der Lagerinsassen nur gelegentlich direkt zu tun bekam. Das waren einmal die „Spezialisten" wie Dolmetscher, Musiker, Handwerker, Köche, Häftlingsärzte und Krankenpfleger, die diese Positionen aufgrund tatsächlicher (zuweilen auch nur angeblicher) Qualifikationen erlangt hatten.

---

38 Primo Levi, I sommersi e i salvati, Torino 1995, S. 29, Übersetzung aus dem Italienischen v. Verf.

Zum anderen waren es Häftlinge mit Sonderaufgaben wie etwa Läufer (zur Nachrichtenübermittlung), Lagerschutz (eine Art von Häftlingspolizei, die selbst einschritt, um Übergriffe der SS zu vermeiden), oder Haushaltsdiener für die SS, sowie Kapos und Arbeiter in den Dienstleistungsbereichen wie Küche, Effektenkammer, Bad, Wäscherei oder Krematorium. Diese ebenfalls „privilegierten" Häftlinge führten – im Gegensatz zu den Blockältesten und Kapos der Lagerabteilung III – ein verhältnismäßig konfliktarmes Leben. Unter ihnen, aber auch unter Stubenältesten, Stubendiensten und Vorarbeitern, fanden sich mit zunehmender Internationalisierung der Lager im Verlaufe des Krieges auch mehr und mehr ausländische Häftlinge.

Wiederum andere Funktionen übten die Häftlinge in den „Schreibstuben" aus, den eigentlichen Verwaltungsstellen der Lagerabteilungen I, III, IV und V.[39] Insbesondere die Schreibstuben der „Arbeitsstatistik" und des Häftlingskrankenbaus, die neben dem „Schreiber" als Chef einen ganzen Trupp von Häftlingen als Hilfskräfte beschäftigten, waren Schaltstellen, in denen sich Lebensschicksale entscheiden konnten. Hier wurden die Arbeitskommandos und die Transporte zusammengestellt, hier fiel die Entscheidung, ob ein Häftling ins Revier aufgenommen, aus ihm entlassen oder „auf Schonung" geschickt wurde.

Vorgesetzte Dienstbehörde aller Konzentrationslager war ab 4. Juli 1934 die von Eicke begründete „Inspektion der Konzentrationslager". Mit der am 5. März 1942 verfügten formalen Eingliederung dieser bislang selbständigen Dienststelle als „Amtsgruppe D" in das SS-Wirtschafts-Verwaltungshauptamt (Hauptamtschef: Oswald Pohl) war die Eigenständigkeit der Konzentrationslager-Organisation zwar formal aufgehoben, blieb de facto jedoch in vielen Bereichen weiterhin bestehen.

Dem bisherigen Inspektions- und jetzigen Amtsgruppenchef Richard Glücks unterstanden die vier Fachämter:

- D I: Zentralamt (Amtschef: bis 30. November 1943 Arthur Liebehenschel, ab 1. Dezember 1943 Rudolf Höß)
- D II: Arbeitseinsatz der Häftlinge (Amtschef: Gerhard Maurer)

39 Im Organigramm Abb. 2.4 sind diese Funktionsstellen seitlich ausgerückt dargestellt. Die Lagerabteilung II (Gestapo), die ohnehin eine Sonderrolle im Konzentrationslager spielte, beschäftigte (aus naheliegenden Gründen) in der Regel keine Häftlinge; vgl. jedoch für Auschwitz: Douna Ourisson, in Olga Wormser/Henri Michel (Hrsg.), Tragédie de la déportation 1940–1945, Paris 1954, S. 199 ff. Ob die in vielen Lagern nachgewiesene Abteilung VI (Fürsorge und Schulung) Häftlinge beschäftigte, entzieht sich der Kenntnis des Verf.

- D III: Sanitätswesen und Lagerhygiene (Amtschef: Dr. Enno Lolling)
- D IV: Konzentrationslagerverwaltung (Amtschef: Wilhelm Burger)

denen die Abteilungen I, III, V bzw. IV der Konzentrationslager organisatorisch zugeordnet waren (siehe auch Abb. 2.5):

„Mit Ausnahme des Amtschefs D I, der in Vertretung des Amtsgruppenchefs die grundsätzlichen Fragen der Häftlingsbehandlung und Konzentrationslager (auch im Benehmen mit dem Reichssicherheitshauptamt) zu bearbeiten hatte und den Lagerkommandanten nicht von sich aus (sondern nur über den Amtsgruppenchef) Befehle erteilen konnte, hatten die anderen Amtschefs auf ihrem Sachgebiet unmittelbare Weisungsbefugnis. Das bedeutete (von den Lagern her gesehen), daß der Arbeitseinsatzführer des Lagers in ständigem Kontakt mit dem Amt D II stand und von ihm Weisungen erhielt, daß der Lagerarzt seine Befehle vom Leitenden Arzt der Konzentrationslager (= Chef des Amtes D III) und der Verwaltungsführer eines Konzentrationslagers seine Weisungen vom Amtschef D IV bezog."[40]

Die Lagerverwaltung erhielt außerdem noch Weisungen direkt von den für Versorgung (etwa Fachamt B II) und bauliche Maßnahmen (Amtsgruppe C) zuständigen Stellen des SS-Wirtschafts-Verwaltungshauptamtes. Durch dieses im NS-Staat übliche Prinzip der Doppel- oder Mehrfachunterstellung erhielten die einzelnen Lagerabteilungen die Möglichkeit, die lokale gegen die zentrale Kommandoinstanz (Lagerkommandant gegen Fachamt) auszuspielen und sich so ein hohes Maß an Autonomie zu sichern. Das gab dem Gesamtsystem eine beachtliche Flexibilität, machte es aber auch schwer berechenbar.

Eine Sonderstellung innerhalb der Konzentrationslager nahm die Abteilung II ein, die Politische Abteilung. Sie unterstand dem Amt IV „Gestapo" des Reichssicherheitshauptamtes (Amtschef: Heinrich Müller), das allein über Einweisung und Entlassung von Häftlingen entschied.[41] Da die Politische Abteilung auch gegenüber der Lager-SS sicherheits- und kriminalpolizeiliche Aufgaben wahrnahm, waren ihre Beamten selbst bei der Lager-SS gefürchtet.[42]

---

40 Broszat, Nationalsozialistische Konzentrationslager, S. 135.

41 Außerhalb des Reichsgebietes übernahm diese Funktion gegen Kriegsende der lokale Befehlshaber der Sicherheitspolizei (BdS). Grundlage hierzu war ein Führerbefehl vom 30. Juli 1944 mit vom Oberkommando der Wehrmacht (Keitel) erlassenen Durchführungsverordnungen vom 18. August 1944; Nbg. Dok. D-763.

42 Vgl. Sofsky, Ordnung des Terrors, S. 125. Ähnlich auch Kogon, Der SS-Staat, S. 61 f.

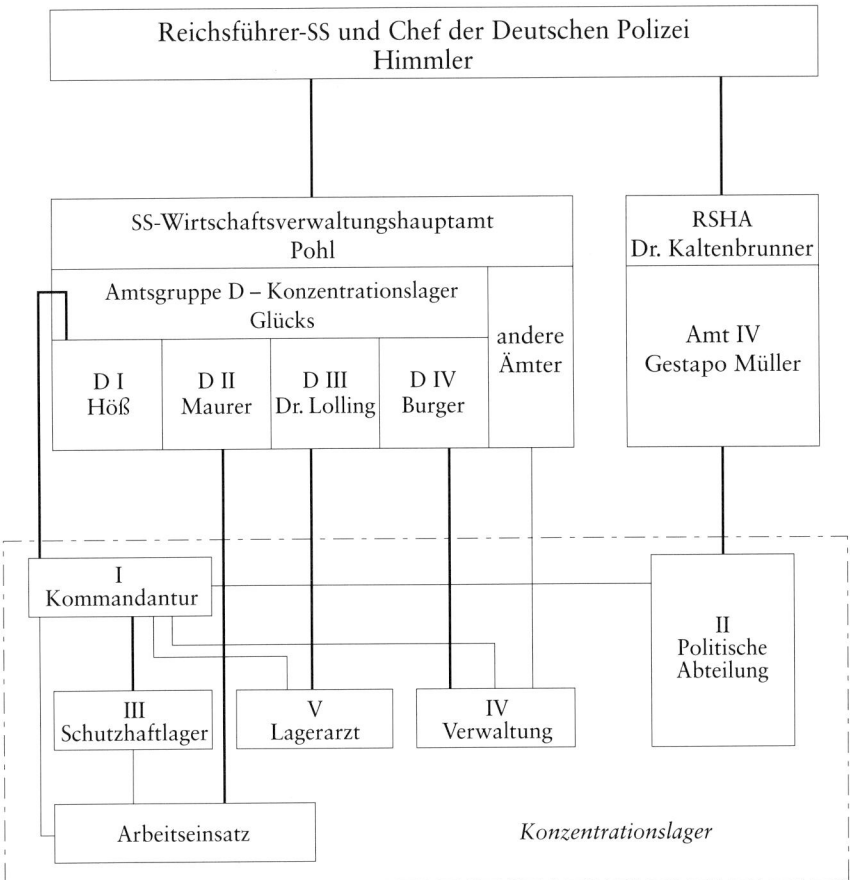

Organisationsstruktur des Systems der Konzentrationslager –
Befehlsfluß im „Normalfall"; Stand ab März 1942
Zeichnung erstellet unter Verwendung eines Bildes aus
Eberhard Kolb, Bergen-Belsen, Göttingen 1985, S. 21.
Die stark ausgezogenen Linien zeigen den normalen, die Haarlinien
einen zusätzlichen Befehlsweg.

Abb. 2.5

Außer diesem Normalfall der Unterstellung eines Konzentrationslagers
unter das SS-Wirtschafts-Verwaltungshauptamt und – bezüglich der Lagerabteilung II – das Reichssicherheitshauptamt gab es ab Herbst 1943 Konzentrationslager, die zusätzlich Himmlers Beauftragtem für Sondervorha-
ben, SS-Brigadeführer Dr.-Ing. Hans Kammler, direkt unterstellt waren. Zu
ihnen gehörten unter anderem das Außenlager „Dora" des Konzentrationslagers Buchenwald (ab Oktober/November 1944 Hauptlager des selbständigen Konzentrationslagers „Mittelbau") sowie andere KZ-Außenlager, die

43

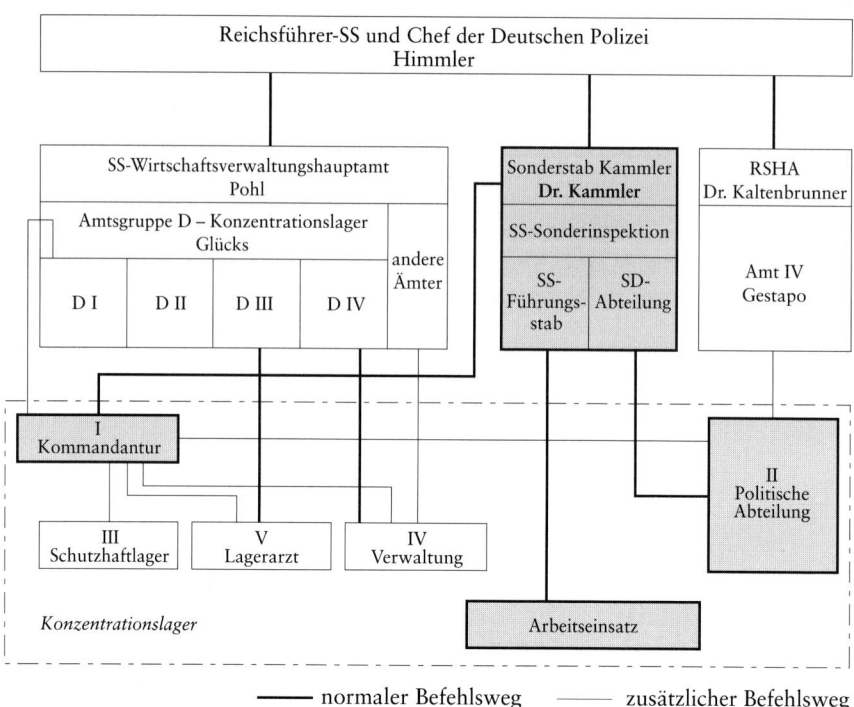

Abb. 2.6 *Organisationsstruktur des Systems der Konzentrationslager*
Befehlsfluß für Lager, die dem Sonderstab Kammler zugeordnet waren

bei den vom „Kammlerstab" betreuten Sonderbauvorhaben eingerichtet waren, wie zum Beispiel die Außenkommandos Ohrdruf (zu Buchenwald) oder Ebensee (zu Mauthausen).

Für den Alltag dieser Lager, soweit er sich innerhalb des „Stacheldrahtbereiches" abspielte, waren Lagerkommandant, SS-Wirtschafts-Verwaltungshauptamt und Gestapo weiterhin verantwortlich. Die für die beiden Hauptfunktionen eines Konzentrationslagers im Kriege maßgebenden Lagerabteilungen, Arbeitseinsatz und Politische Abteilung, waren jedoch aus dem Zuständigkeitsbereich der beiden SS-Hauptämter herausgelöst und Kammler direkt unterstellt, der auch erster Ansprechpartner für den Lagerkommandanten war (siehe Abb. 2.6). Dabei bedienten sich Kammler und seine Führungsstäbe weiterhin des bürokratischen Apparats der Ämter D II des SS-Wirtschafts-Verwaltungshauptamtes bzw. IV des Reichssicherheitshauptamtes, jedoch erhielten diese Fachämter bezüglich der Kammler unterstehenden Lager ihre Weisungen direkt von jenem unter Umgehung der Hauptamtschefs Pohl bzw. Kaltenbrunner.

3. Die unterirdische Raketenfabrik und ihr KZ

3.1. Der Aufbau des „Mittelwerks"

Ende August 1943 war in Berlin an höchster Stelle entschieden worden, die Serienfertigung der Heeresrakete „A 4" an einem einzigen Ort zu konzentrieren, nämlich am Südwestrand des Dorfes Niedersachswerfen, unweit der Stadt Nordhausen im Thüringer Teil des Südharzes. Dort hatte die „Außenstelle Niedersachswerfen" der Wifo im Kohnstein seit Sommer 1936 ein großes unterirdisches Tanklager für die Luftwaffe bauen lassen, die „Anlage Nie". Der erste Bauabschnitt konnte schon ein Jahr später in Betrieb genommen werden, und das ganze Unternehmen (siehe Abb. 3.1) stand im Herbst 1943 kurz vor seiner endgültigen Fertigstellung.

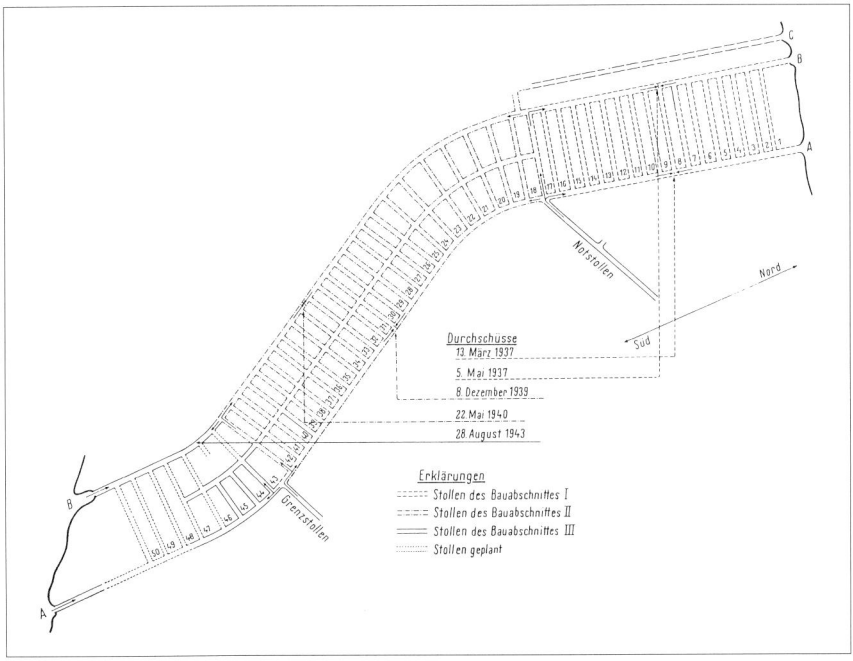

Die Untertageanlage der Wirtschaftlichen Forschungsgesellschaft im Kohnstein bei Niedersachswerfen (nach einer Zeichnung von W. Brähne)
Aus: Bornemann, Geheimprojekt Mittelbau, S. 23.

Abb. 3.1

Parallel zum Bau der „Anlage Nie" hatte die Wifo in den Jahren 1937 bis 1940 die Anhydritberge in der Gegend von Nordhausen, zwischen Ellrich im Westen und Rottleberode im Osten, daraufhin untersuchen lassen, ob sich auch in ihnen unterirdische Öl- und Treibstofflager einrichten ließen. Der hier in mehreren hundert Meter Mächtigkeit zutage anstehende Anhydrit bot für die Herstellung großer Hohlräume günstige Voraussetzungen:

- In das relativ weiche Gestein ließen sich Sprenglöcher schnell und kostengünstig bohren.
- Anhydrit war ein begehrter Industrierohstoff. Das beim Auffahren der Stollen anfallende Gestein ließ sich – zumindest bis Sommer 1944 – auf dem Markt gut absetzen. Die Einnahmen aus dem Anhydritverkauf und der Fortfall der Kosten für das Aufhalden des Abraums verbilligten den Bau erheblich.
- Die hohe Standfestigkeit des Gesteins erlaubte die Anlage von Stollen und Kammern bis 20 m lichter Weite und 25 m Firsthöhe ohne Ausbau.
- Die geringe Wasserdurchlässigkeit des Anhydrits ließ kostspielige Wasserhaltungsmaßnahmen entfallen, solange man über dem Niveau der Bäche und Flüsse der Umgebung blieb.

Standortvoraussetzungen für ein Öldepot waren: ein Lager von Anhydrit, das sich – möglichst frei von geologischen Störungen – über mehrere Kilometer hin erstreckte und dabei so weit über Talniveau erhob, daß der größte Teil des projektierten Stollensystems mindestens 60 Meter Gesteinsüberdeckung hatte, und die Nähe einer Eisenbahnlinie. Die Untersuchungen der Wifo führten im Frühjahr 1940 zu Vorplanungen an drei weiteren Standorten:

- Projekt „Kammerforst" zwischen Ellrich und Woffleben
- Projekt „Himmelberg" zwischen Woffleben und Niedersachswerfen
- Projekt „Alter Stolberg" zwischen Steigerthal und Rottleberode.

In die Planungen dieser Projekte gingen unter anderem die Erfahrungen beim Bau der „Anlage Nie" im Kohnstein ein, die als Muster für alle noch zu bauenden Depots dienen sollte. Wie bei dieser sollte der Bergrücken durch zwei parallele „Fahrstollen" auf Talniveau untertunnelt werden. Die Fahrstollen sollten unter der Kammlinie des Berges verlaufen und auf ihrer ganzen Länge von drei bis vier Kilometern etwa zweihundert Meter Abstand voneinander halten. Ungefähr alle dreißig bis vierzig Meter waren sie durch senkrecht zu den Haupttunnels aufzufahrende Querstollen („Kammern", „Hallen") zu verbinden, so daß die ganze Anlage im Kartenbild einer leicht S-förmig gebogenen Strickleiter ähnelte (vgl. Abb. 3.1). Die Kammern waren zur Aufnahme der Lagertanks für die Treib- und Schmierstoffe vorgesehen. Die Fahrstollen sollten so angelegt werden, daß es für einen normalspurigen Eisenbahnzug mit Kesselwagen möglich war, hineinzufahren, im Inneren des Berges geleert bzw. betankt zu werden und in Fahrtrichtung den Stollen wieder zu verlassen.

Die Wifo-Projekte „Kammerforst", „Himmelberg" und „Alter Stolberg" kamen nicht mehr zur Ausführung. Im Sommer 1940 stellte die Wifo die Planungsarbeiten für neue Öllager im Anhydrit von Nordhausen ein. Die Ergebnisse der umfangreichen geologischen Untersuchungen, die die Wifo in diesem Zusammenhang hatte durchführen lassen, erlangten jedoch im Frühjahr 1944 wieder Aktualität, als im Rahmen des Programms zur Untertageverlagerung der Rüstungsindustrie auch im Raum Nordhausen nach geeigneten Standorten gesucht wurde. Es ist kein Zufall, daß an genau denjenigen Stellen, an denen die Wifo einst ihre Öllager errichten wollte, Bauprojekte des „Mittelbau"-Programms in Angriff genommen wurden.

Das einzige von der Wifo im Raum Nordhausen gebaute unterirdische Tanklager, die „Anlage Nie" im Kohnstein, bot sich Ende August 1943 wie folgt dar (siehe auch Abb. 3.1): Von den beiden Fahrstollen mit je 12 1/2 m Weite und 8 1/2 m Firsthöhe war der westliche, 1775 m lange „B-Stollen" gerade bis zur Tagesoberfläche im Süden durchgetrieben worden, der östliche „A-Stollen" noch nicht. In den Querstollen („Hallen") 1 bis 17 des ersten Bauabschnittes mit ihrem fast rechteckigen Profil von 9 m Breite und 6 1/2 m Höhe lagerten auf Stahlregalen Fässer mit Ölen, Fetten und Chemikalien. Von den nördlichen Stollenportalen aus bis auf die Höhe von Halle 17 waren die Sohlen der Fahrstollen teils gepflastert, teils betoniert und mit Eisenbahngleisen versehen, so daß Züge von der Bahnlinie Nordhausen-Ellrich aus über einen Abzweig bei Woffleben in die Anlage hinein und wieder heraus fahren konnten.

Ebenfalls schon ausgeschossen waren die Hallen 18 bis 42 mit einem Kreisprofil von 11 1/2 m Durchmesser. Sie waren zusätzlich untereinander verbunden durch einen bei Halle 17 beginnenden, 3 m breiten „Bedienungsstollen", der die Kammern in zwei gleich große Hälften teilte, deren jede zur Aufnahme eines Riesentanks von 70 m Länge und 11 m Durchmesser vorgesehen war. Mit dem Einbau der Rohrleitungen und einiger Tanks war schon begonnen worden. Halle 43 befand sich im Bau, die Hallen 44 bis 50 waren noch in der Planung, ebenso wie die Verlängerung des Fahrstollens A nach Süden bis zur Tagesoberfläche auf 1820 m.

Zusätzlich existierten noch drei weitere Stollenbauten in der „Anlage Nie": der „Notstollen" und der „Grenzstollen", die ungefähr in Höhe der Hallen 17 bzw. 42 vom Fahrstollen A nach Nordosten hin zum Tagebau der „Gipswerke Niedersachswerfen GmbH" verliefen und während des Baus der Untertageanlage zum Abtransport des herausgebrochenen Gesteins gedient hatten, und der für eine spätere Erweiterung der Anlage vorgesehene „C-Stollen", der westlich des Fahrstollens B parallel zu diesem bis etwa auf die Höhe der Halle 17 aufgefahren und dort mit ihm querschlägig verbunden war (siehe Abb. 3.1). Von diesen drei Stollen aus wurden später die unterirdischen Verlagerungsprojekte „B 11" und „B 12" in Angriff genommen (siehe Abb. 3.2).

Über diese riesige unterirdische Anlage mit fast 100 000 m² ausgeschossener und zum Teil schon ausgebauter Hallenfläche hatte sich der Sonderausschuß A 4 die alleinige Verfügungsgewalt verschafft. Er stand nun vor der Aufgabe der Konversion eines unterirdischen Tanklagers zu einer Fabrikationsstätte, in der ein völlig neuartiges Waffensystem, das aus etwa 20 000 Komponenten bestand, am Fließband in Großserie gefertigt werden sollte.[1] Für ein derartiges Unternehmen gab es bisher kein Vorbild. Degenkolb, der Leiter des Sonderausschusses A 4, betraute daher einen seiner fähigsten Organisationsfachleute, Dipl.-Ing. Albin Sawatzki, mit dieser Aufgabe.

Sawatzki hatte eine im konservativen Milieu des Maschinenbaus ungewöhnliche Karriere gemacht. Er hatte sich im Henschel-Werk Kassel vom einfachen Schlosser bis zum Betriebsleiter hochgearbeitet. Als verantwortlicher Produktionschef brachte er in außergewöhnlich kurzer Zeit die Serienfertigung des „Tiger"-Panzers in Gang. Das verschaffte ihm den Ruf, „der beste Fertigungsmann Deutschlands"[2] zu sein, und führte dazu, daß er

---

1 Hitler hatte ursprünglich 3000 Raketen pro Monat gefordert. Diese Zahl war unrealistisch hoch und wurde von den Industrievertretern im Sonderausschuß A 4 nicht ernst genommen. Ihre Planungen gingen von rd. 900 Stück aus („Degenkolb-Programm", Februar 1943). Tatsächlich blieb die monatliche Fertigung stets unter 700 Stück.

2 Aussage des Angeklagten Georg Rickhey im NDH-Prozeß, US Mikrofilm M 1079, Rolle 12 fr. 463.

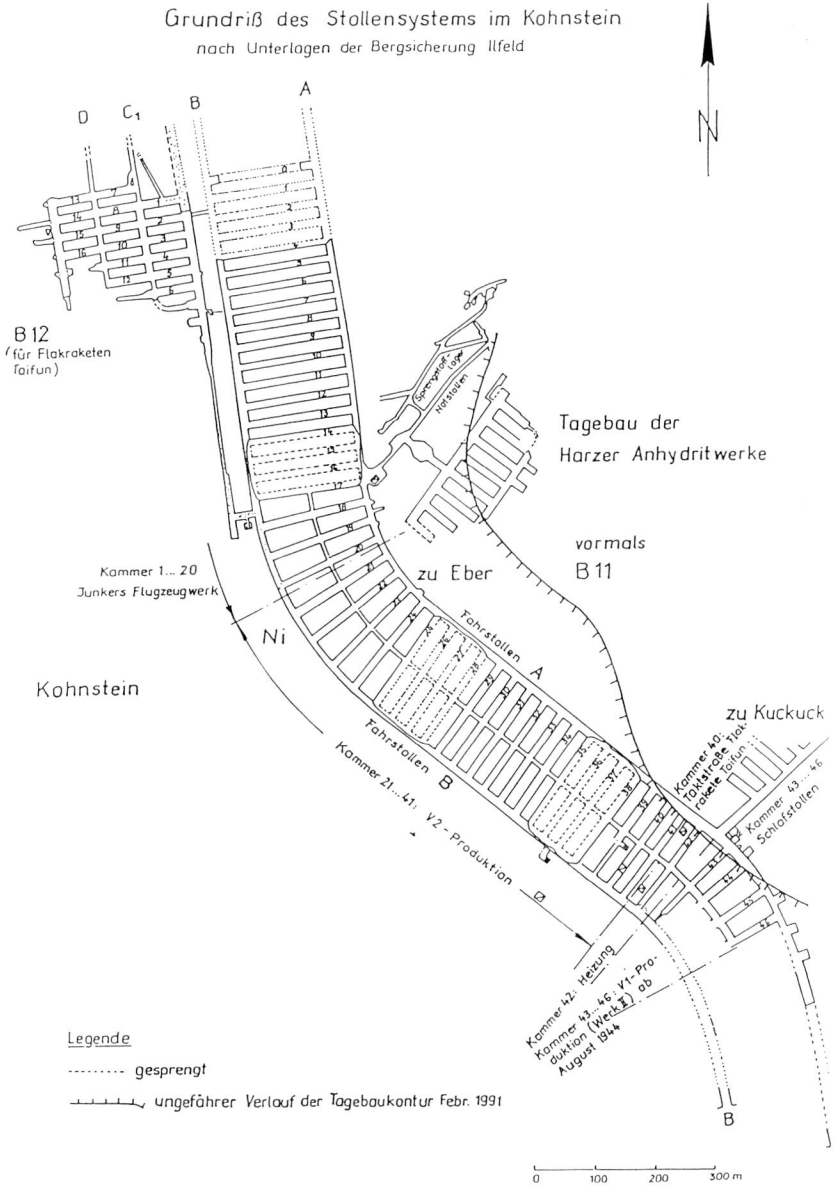

Grundriß des Stollensystems im Kohnstein
nach Unterlagen der Bergsicherung Ilfeld

*Plan der unterirdischen Hohlräume des ehemaligen Mittelwerks im
Kohnstein (1991)*
Aus: Fiedermann u. a., Konzentrationslager Mittelbau DORA, S. 15.

Abb. 3.2

49

im Frühjahr 1943 „vom Rüstungsministerium direkt den Auftrag [erhielt], die V 2 bei dem Entwicklungswerk [...] Karlshagen zu studieren, die Fertigung in 3 Fabriken und einer Reservefabrik zu planen und die Fertigung der V 2-Rakete selbst bis zur vorgesehenen Produktionshöhe durchzuführen. Hierfür erhielt [er] *persönlich alle notwendigen Vollmachten*. Er war *der Beauftragte des Rüstungsministers* für die V-Waffen-Fertigung und als solcher Mitglied des Sonderausschusses für die V-Waffen".[3] Dessen Leiter übertrug dem 33jährigen Fertigungsfachmann im Juli 1943 den Vorsitz des neugeschaffenen Arbeitsausschusses „Serie".

Unmittelbar nach der Standortentscheidung für den Kohnstein, noch im August 1943, muß Sawatzki seine Koffer in Peenemünde gepackt haben, denn schon am 1. September 1943 nahmen er und zwölf Mitarbeiter des Arbeitsausschusses „Serie" ihre Tätigkeit in einer der „Planungsbaracken" neben dem Nordportal des A-Stollens auf. Weitere Arbeitsausschüsse des Sonderausschusses A 4 verlegten in den folgenden Monaten ihren Sitz ins Harzgebiet.

Gleichzeitig betrieb das Rüstungsministerium unter der Federführung seines Amtes für Wirtschaft und Finanzen die Gründung einer nach privatwirtschaftlichen Prinzipien organisierten Firma zur Produktion der Rakete. Sie wurde am 7. Oktober 1943 ins Handelsregister beim Amtsgericht Berlin unter dem Namen „Mittelwerk Gesellschaft mit beschränkter Haftung", Sitz Berlin, eingetragen. Als „Gegenstand des Unternehmens" war angegeben: „Herstellung und Bearbeitung von Eisen und Metallwaren, sowie Geschäfte ähnlicher Art".[4] Zum Geschäftsführer wurde Dr.-Ing. Kurt Kettler, Geschäftsführer der Borsig-Lokomotivwerke GmbH, Hennigsdorf bei Berlin, berufen. Die Firmenadresse war die des „Lokomotivhauses": Berlin-Charlottenburg, Bismarckstraße 112.[5] Die Gesellschaftsanteile befanden sich ab 11. Oktober 1943 im alleinigen Besitz der „Rüstungskontor GmbH", einer der zahlreichen Kriegsgesellschaften, die mit öffentlichen Mitteln ausgestattet und im Reichsinteresse tätig waren, das heißt letzten Endes beim Rüstungsministerium selbst.

3 Ebenda; Hervorh. d. Verf. Mit „V-Waffen" kann in diesem Kontext nur das A 4 („V 2") gemeint sein.

4 Fotokopie einer beglaubigten Abschrift aus dem Handelsregister, Abteilung B, vom 28. Februar 1945; US Mikrofilm M 1079, Rolle 12 fr. 533–534.

5 Diese Adresse wurde aus Tarnungsgründen auch nach der Zerstörung des „Lokomotivhauses" durch Bomben offiziell beibehalten. Post ging nach Halle/Saale, wo die Mittelwerk GmbH ein Postfach unterhielt; vgl. Bornemann, Geheimprojekt Mittelbau, S. 54.

In welcher Eile das Konversionsprogramm durchgezogen wurde, läßt sich unter anderem daraus ersehen, daß die Mittelwerk GmbH schon Verträge abschloß, ehe sie offiziell gegründet wurde,[6] geschweige denn juristisch existent war (durch Eintragung ins Handelsregister). So wurde in einem Grundsatzvertrag mit der Wifo vom 6. September 1943 festgelegt, daß deren Außenstelle Niedersachswerfen alle zum Umbau des Tanklagers erforderlichen Bauarbeiten im Auftrag der Mittelwerk GmbH durchführen sollte, wobei die Teilaufgaben vom Arbeitsausschuß „Serie" Zug um Zug gestellt würden. Die Wifo sollte auf ihren eigenen eingespielten Baustab, die vorhandenen und noch hinzuzuziehenden Bau- und Ausbaufirmen sowie die Häftlingsarbeiter aus dem Außenlager „Dora" des Konzentrationslagers Buchenwald zurückgreifen können.

Aus Buchenwald waren gut eine Woche zuvor, am 28. August 1943, die ersten 107 Häftlinge angekommen und hatten mit ihrer Arbeit im und am Kohnstein begonnen. Rasch folgten weitere Häftlingstransporte. Ein mehr als dürftiges Provisorium von Lager entstand am Südhang des Kohnsteins, etwas westlich vom Mundloch des B-Stollens, in der Gemarkung der damals noch selbständigen Gemeinde Salza. Ein ehemaliger SS-Mann erinnerte sich 1947 an diese Zeit: „Ich kam in Dora um den 15. September 1943 an [...]. Als ich ankam, waren schon etwa 800 bis 1000 Häftlinge im Lager. Das Lager selbst bestand aus 25 bis 30 Zelten und einer Küche. Fast jeden zweiten Tag kamen Transporte von Buchenwald an. Mit Übergabe der Transportliste wurden diese Leute übernommen und unverzüglich zur Arbeit im Tunnel eingeteilt."[7]

Selbst das für die Lager-SS ansonsten unverzichtbare Appell-Ritual mußte dem Arbeitseinsatz zum Opfer fallen: „Man sagte mir, Appelle abzuhalten komme überhaupt nicht in Frage, da stets die eine Hälfte der Häftlinge auf Arbeit war. Ich machte Lagerführer Förschner den Vorschlag, die Häftlinge täglich zu einem Zählappell antreten zu lassen [...]. Sturmbannführer Förschner schlug mir die Bitte ab",[8] beklagte sich derselbe SS-Mann – er war seinerzeit als Rapportführer eingesetzt – noch vier Jahre später über seinen Dienstvorgesetzten.

---

6   Die Gründungssitzung fand am 21. September 1943 in Berlin statt. An ihr nahmen unter anderem Minister Speer und Dr. Kammler teil; vgl. ebenda, S. 47.

7   Aussage des Angeklagten Georg König im NDH-Prozeß, US Mikrofilm M 1079, Rolle 12 fr. 222; Übersetzung aus dem Amerikanischen d. Verf.

8   Ebenda.

Arbeit war in der Tat reichlich vorhanden. Das Konversionsprogramm, das unter der Tarnbezeichnung „Wifo Erweiterung III" lief, sah vor, zeitgleich bzw. Zug um Zug folgende Leistungen zu erbringen:[9]

- Räumung der Wifo-Anlage im Kohnstein
- Komplettierung des Stollensystems im Südteil
- Herrichtung der Stollen zur Aufnahme der Produktionsanlagen
- Erstellen der Anlagen zur Versorgung des Werkes mit Frischluft, Wasser, Wärme und Elektrizität sowie zur Entsorgung von Abwasser und Abluft
- Aufbau der Produktionsanlagen
- Herrichtung bzw. Bau von Unterkünften für die Arbeitskräfte
- Anlage von Verkehrsverbindungen wie Straßen, Feldbahnen und Eisenbahnanschlüssen
- Maßnahmen zur Tarnung des Objekts vor gegnerischer Luftaufklärung.

Der größte Teil dieser Arbeiten entfiel auf Tätigkeiten unter Tage, „im Tunnel", wie man im Lager „Dora" allgemein sagte.[10] Es handelte sich hierbei einmal um bergmännische Arbeiten, wie

- Vortrieb des Fahrstollens A nach Süden bis zur Tagesoberfläche
- Ausschießen der noch anzulegenden Hallen 43 bis 50[11]
- Vertiefen der Hallen 29, 33, 38, 40 und 41 für Fabrikations- und Prüfzwecke[12]
- Verfüllen der Hallen 25 bis 28, 30 bis 32, 34 bis 37, 39 und 42 bis auf das Niveau der Fahrstollensohlen
- Auffahren von Luftschächten zur Wetterführung
- Betonausbau des Mundlochbereiches der Fahrstollen im Südteil.

Hinzu kamen Arbeiten, die nötig waren, um das Tunnelsystem zur Aufnahme der Einrichtungen für den Fertigungsbetrieb vorzubereiten, wie etwa

---

9   Vgl. Bornemann, Geheimprojekt Mittelbau, S. 49 f.

10   Vgl. die Aufstellungen von Mittelwerk und Wifo über im Jahr 1943 geplante bzw. geleistete Arbeiten in: ebenda, S. 50–53 bzw. 60–62.

11   Fertiggestellt wurden nur die Halle 43 sowie zur Hälfte die Hallen 44 bis 46 (siehe Abb. 3.3). Gründe hierfür mögen einmal die ungünstigen geologischen Verhältnisse am Südrand des Kohnsteins gewesen sein, zum anderen, daß die Sprengarbeiten zu Störungen der zum Jahresende 1943 angelaufenen Raketenproduktion führten.

12   Um genügend Gesteinsüberdeckung zu behalten, vertiefte man lieber die Sohle der Hallen und erhöhte nicht ihre Firste, handelte sich aber damit ein Wasserhaltungsproblem ein.

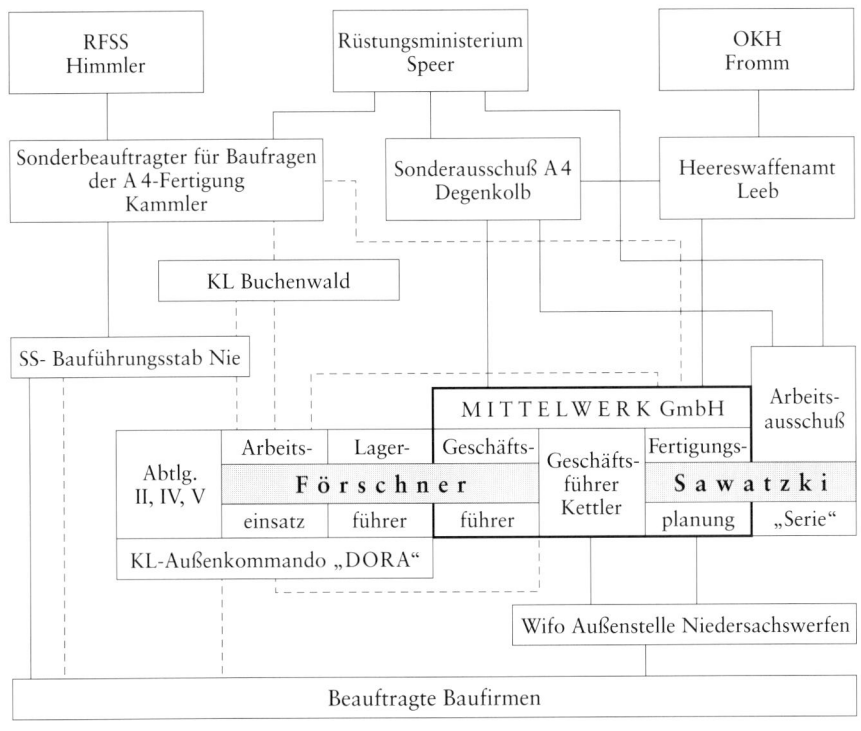

RFSS Himmler	Rüstungsministerium Speer	OKH Fromm

Sonderbeauftragter für Baufragen
der A 4-Fertigung
Kammler

Sonderausschuß A 4
Degenkolb

Heereswaffenamt
Leeb

KL Buchenwald

SS- Bauführungsstab Nie

MITTELWERK GmbH

Arbeits-
ausschuß

Abtlg. II, IV, V	Arbeits- einsatz	Lager- führer	Geschäfts- führer	Geschäfts- führer Kettler	Fertigungs- planung	"Serie"
	Förschner				**Sawatzki**	

KL-Außenkommando „DORA"

Wifo Außenstelle Niedersachswerfen

Beauftragte Baufirmen

——— Anweisungen, Aufträge allgemeiner Art   - - - - Anforderung bzw. Bereitstellung von Häftlingen

Aufbau des Mittelwerks – Organisation der Arbeitsvorhaben   **Abb. 3.3**

- Ausbau und Abtransport von Faß- und Tanklager der Wifo
- Planieren der Stollensohle, Einbringen von Beton- oder Asphalt-Fußböden
- Auf- und Abbau von Gleisen für Eisenbahn und Taktstraße
- Betonarbeiten wie Bau von Auskleidungen, Stützmauern, Betonschürzen, Fundamenten
- Einbau von Ver- und Entsorgungsleitungen und -anlagen.

In dem Maße, wie die Ausbauarbeiten im Tunnel zu einem – wenn auch nur vorläufigen – Abschluß kamen, traten noch Arbeiten für die Installation des Maschinenparks für das Fertigungswerk hinzu, das dabei schrittweise in Betrieb genommen wurde.

Die Organisation dieser Arbeitsvorhaben ist – unter anderem durch das im NS-Staat übliche System der Doppel- und Mehrfachunterstellung – so komplex, daß sie sich eigentlich nur in einem raumlichen Modell wiedergeben läßt. Einen Versuch der Darstellung im Zweidimensionalen zeigt Abb. 3.3.

Die generellen Planungsvorgaben erteilte das Ministerium für Rüstung und Kriegsproduktion (Speer). Sie gingen sowohl an den „Sonderbeauftragten des Reichsführers-SS für Baufragen der A 4-Fertigung", Kammler, als auch an den Sonderausschuß A 4, Degenkolb. Sawatzki, der dessen Arbeitsausschuß „Serie" leitete, war zugleich „Speers Vertreter in Dora" und erhielt vom Minister, als dessen „Mitarbeiter", auch Anweisungen auf direktem Wege. Den Einrichtungsauftrag erteilte das Heereswaffenamt (General Dornberger) aufgrund von Planungen des Arbeitsausschusses „Serie" an die Mittelwerk GmbH. Diese wiederum gab der Wirtschaftlichen Forschungsgesellschaft, Außenstelle Niedersachswerfen (Direktor Neu), den Generalauftrag für die Baumaßnahmen mit der Maßgabe, deren Durchführung privaten Firmen zu übertragen, gemäß den vom „Büro Sawatzki", einer Stabsabteilung der Mittelwerk GmbH, zu erstellenden detaillierten Bauaufgaben. So verknüpfte die Person Sawatzkis direkt den Arbeitsausschuß „Serie" mit der Mittelwerk GmbH.

Ebenfalls über eine Person, den SS-Sturmbannführer Otto Förschner, waren die Mittelwerk GmbH und das KZ-Außenlager „Dora" miteinander verflochten. Förschner war Lagerführer und traf auch „bis Mitte 1944 [...] alle Entscheidungen in Fragen des Arbeitseinsatzes [der Häftlinge, J. N.] selbst, soweit sie nicht schon klar von Buchenwald befohlen waren".[13] Dadurch war er von Anfang an in den Aufbau des Mittelwerks einbezogen. Am 21. Oktober 1943 wurde er zum weiteren Geschäftsführer der Mittelwerk GmbH bestellt und vertrat diese von nun an in sämtlichen Angelegenheiten gemeinsam mit Kettler, der bisher allein Geschäftsführer war.

Geschäftsführer einer GmbH wurden (und werden) von der Gesellschafterversammlung bestellt, die im Falle der Mittelwerk GmbH nur aus dem Alleingesellschafter, der Rüstungskontor GmbH, bestand. Diese war dem Rüstungsministerium gegenüber weisungsgebunden. Die Bestellung Förschners zum Geschäftsführer der Mittelwerk GmbH konnte daher nur durch das Rüstungsministerium selbst veranlaßt worden sein, höchstwahrscheinlich „im Einvernehmen mit einem Ersuchen von SS-General Kammler".[14] Förschner besaß keine kaufmännische, technische oder juristische Vorbil-

---

13 Aussage des Angeklagten Wilhelm Simon im NDH-Prozeß, US Mikrofilm M 1079, Rolle 12 fr. 240. Simon war Arbeitsdienstführer in „Dora".

14 Zeugenaussage Heinrich Kunze, ehemaliger Geschäftsführer des Sonderausschusses A 4 (vgl. Bornemann, Geheimprojekt Mittelbau, S. 36) im NDH-Prozeß; US Mikrofilm M 1079, Rolle 10 fr. 1056.

dung, die ihn für die Position des Geschäftsführers einer im Aufbau befindlichen Großfirma qualifiziert hätte. Er verdankte diesen Posten allein seiner Dienststellung in der SS. In seiner Person verkörperte er die Einheit von Konzentrationslager „Dora" und Produktionsbetrieb „Mittelwerk", dessen Arbeitskräftebasis er als Kommandant des Werks-KZ verwaltete. An den eigentlichen unternehmerischen Entscheidungen im Mittelwerk war er nicht beteiligt. Mit ihm war auch die SS von der Einflußnahme auf Investitionen sowie Art und Umfang der Produktion ausgeschlossen. Die Rolle der SS blieb auf die einer Service-Institution für das Mittelwerk und die von ihm beauftragten Firmen beschränkt.

Die Privatfirmen, die ihre Aufträge von der Wifo-Außenstelle Niedersachswerfen erhielten, bekamen ihre zivilen Mitarbeiter auf dem normalen Wege zugewiesen, über die zuständigen Arbeitsämter. Die sehr viel größere Anzahl an Häftlingsarbeitern, die sie beschäftigten, lieferte ihnen die SS zu. Die Firmen gaben ihre Personalanforderungen an den SS-Bauführungsstab „Nie".[15] Dieser sammelte sie und leitete sie, nach angeforderten Berufsgruppen geordnet, an den Arbeitsdienstführer des Außenkommandos „Dora" weiter, der daraufhin die Häftlingskommandos für die Firmen zusammenstellte. Konnte „Dora" nicht genügend Arbeitskräfte bereitstellen, so forderte der Bauführungsstab diese direkt beim Arbeitseinsatzführer des KZ Buchenwald an, von wo aus sie unverzüglich nach „Dora" auf Transport geschickt wurden.

Für die Belange des Mittelwerks war der Dienstweg kürzer: Er ging vom „Büro Sawatzki" aus direkt zum Arbeitsdienstführer von „Dora", der die Häftlinge für das Werk bereitstellte. In dem Maße, wie die Serienproduktion der Raketen Gestalt annahm, entstand beim Mittelwerk ein Bedarf an Facharbeitern der Metall- und Elektrobranche. Diese ließ „das Mittelwerk [...] auf Grund einer Vereinbarung zwischen Kammler und Sawatzki in allen deutschen Konzentrationslagern aussuchen, worauf dieselben dann auf Befehl von Berlin über Buchenwald nach Dora in Marsch gesetzt wurden",[16] wie der ehemalige Arbeitsdienstführer von „Dora" nach Kriegsende vor Gericht zu Protokoll gab. Das Aussuchen der Häftlinge geschah sowohl „nach Aktenlage", das heißt mit Hilfe der Hollerith-Datei des SS-Wirtschafts-Verwaltungshauptamtes, Amt D II, als auch direkt vor Ort im jeweiligen Konzentrationslager.

15 Dieser Stab ging später in der SS-Sonderinspektion II auf.
16 Aussage Wilhelm Simon im NDH-Prozeß; US Mikrofilm M 1079, Rolle 12 fr. 241.

Riesige Mengen von Material wurden in den Monaten September bis Dezember 1943 unter Tage bewegt.

„Täglich kamen Hunderte von Eisenbahnwaggons in Niedersachswerfen an und wurden in das unterirdische Werk rangiert. Sie brachten Ausrüstungsgegenstände, Einzelteile für die Fertigung, Baumaschinen, Barakken, Zement und Kies", notierte Werner Brähne, der „Chronist des Mittelwerks".[17] Eine Vorstellung von der Größenordnung der unterirdischen Materialströme mögen einige Zahlen geben: In den vier Monaten September bis Dezember 1943 wurden allein 125 000 m³ Gestein ausgebrochen, 13 500 m³ Beton verbaut, 67 000 m² Estrich verlegt, 15 000 t Fässer und 3600 t Gerüste aus dem Wifo-Lager abtransportiert, 7 1/2 km Rohre und Leitungskanäle sowie 4 1/2 km Gleise verlegt.[18]

Die Mehrzahl der Tätigkeiten, die hier anfielen, vor allem Gesteins-, Beton-, Planier- und Transportarbeiten, konnte von ungelernten Kräften nach kurzer Einweisung verrichtet werden. Dabei handelte es sich um vom Qualifikationsniveau her einfache, aber kräftezehrende Arbeiten, für die von vornherein Konzentrationslagerhäftlinge eingeplant waren und mit denen in den ersten Monaten fast alle Häftlinge des Außenkommandos „Dora" beschäftigt wurden.

3.2. Exkurs: Der Arbeitseinsatz der KZ-Häftlinge im Kriege

Die Beteiligung der SS und ihrer Konzentrationslager an der Industrieproduktion – ab Kriegsbeginn vor allem bei Rüstungsaufgaben – gestaltete sich nach unterschiedlichen „Modellen". Etwa ab 1937 hatte die SS begonnen, bei den neu gegründeten KZ Unternehmungen der Steine-und-Erden-Industrie, Möbel- und Textilwerkstätten einzurichten, die sie in Eigenregie mit Häftlingen als Arbeitskräften betrieb. Als Musterbeispiel möge hier der Steinbruch des KZ Buchenwald dienen („Modell DEST/KZ Buchenwald").[19] Versuche, nach Kriegsbeginn in gleicher Art eine Rüstungsfertigung in Konzentrationslagern aufzuziehen, kamen wegen des Widerstandes der Industrie und der Inkompetenz der Lager-SS, bis hinauf zur Führungsebene (Pohl, Glücks, Eicke), nicht über das Versuchsstadium hinaus. Seiner Ineffizienz

---

17 Zit. nach Bornemann, Geheimprojekt Mittelbau, S. 62.
18 Nach einer von der Wifo angefertigten „Zusammenstellung der geleisteten Bauarbeiten", wiedergegeben bei Bornemann, Geheimprojekt Mittelbau, S. 60–62.
19 DEST = Deutsche Erd- und Steinwerke.

wegen blieb das Modell „DEST/KZ Buchenwald" eine Randerscheinung in der Wirtschaft des „Dritten Reiches".

Ab etwa 1941 begann die SS KZ-Häftlinge an Industriebetriebe als Arbeitskräfte zu verleihen, wobei die Initiative meist von Wehrmachtkreisen ausging.[20] Als größtes Vorhaben dieser Art steht die Kooperation zwischen dem IG Farben-Konzern und dem KZ Auschwitz auf der Großbaustelle des Bunawerkes Monowitz beispielhaft für dieses zweite Kapitel der Beziehungen zwischen SS und Industrie: Gegen eine gewisse Vergütung stellte das KZ an den Betrieb ein bestimmtes Kontingent Häftlinge als „Außenkommando" ab, für das aus arbeitspraktischen Gründen meist ein eigenes „Werks-KZ" neben, manchmal sogar auf dem Werksgelände eingerichtet wurde, das als „Außenlager" des die Häftlinge entsendenden „Stamm-KZ" fungierte. Die Entstehung und Expansion des KZ-Außenlagersystems ist eng mit dieser Art der Kooperation von SS und Industrie verknüpft.

Das Modell „IG Farben/KZ Auschwitz" wurde bis Kriegsende vielhundertfach praktiziert, es stellte in der zweiten Kriegshälfte den Regelfall des Einsatzes von KZ-Häftlingen in der Industrie dar. Die Produktionsbetriebe kamen nicht (wie es Himmler und Pohl ursprünglich gern gehabt hätten) zum KZ, sondern das KZ mußte zu den Produktionsbetrieben kommen. Die Verfügungsmacht der SS endete vor dem Fabriktor. Die SS durfte die Industrie nur „unterstützen"; sie war und blieb von jeglicher Einflußnahme auf unternehmerische Entscheidungen ausgeschlossen. Die Amtsgruppe „D" – Konzentrationslager – des SS-Wirtschafts-Verwaltungshauptamtes mußte sich mit der Rolle einer reinen Arbeitskräfte-Verleihorganisation begnügen. Die Entgelte, die sie dafür von den Firmen kassierte, hatte sie an das Reichsfinanzministerium abzuliefern. Es trifft also nicht zu, wie in der Literatur gelegentlich behauptet wird, daß die SS aus dem Häftlingsverleih „ungeheure Profite"[21] gezogen habe.

Aber auch für die Betriebe, die Konzentrationslagerhäftlinge beschäftigten, „für die Monopole, die Rüstungshyänen und Kriegsgewinnler" waren die Konzentrationslager keineswegs immer „eine unerschöpfliche

20 Vgl. etwa Hermann Kaienburg, Wie konnte es soweit kommen?, in: ders. (Hrsg.), Konzentrationslager und deutsche Wirtschaft 1939–1945, Opladen 1996, S. 269; Freund, Arbeitslager Zement, S. 42 ff. Das Kapitel „Wehrmacht und Konzentrationslager" der deutschen Militärgeschichte muß noch geschrieben werden.

21 Bernd Klewitz, Die Arbeitssklaven der Dynamit Nobel, Schalksmühle 1986, S. 191. Ähnlich Edith Raim, Die Dachauer KZ-Außenkommandos Kaufering und Mühldorf, Landsberg a. L. 1992, S. 97.

Profitquelle".[22] Denn die Leistungsfähigkeit eines Häftlings lag spürbar unter der eines freien Arbeiters. In der Literatur wird sie als durchschnittlich 50 Prozent, für das Bauwesen noch erheblich niedriger, angegeben. Chronische Unterernährung, nicht ausgeheilte Krankheiten, unzureichende Bekleidung, Schlafmangel und das Terrorregime von Lager-SS und Kapos sorgten für einen miserablen körperlichen Allgemeinzustand der Häftlinge und nahmen ihnen jegliche Arbeitsmotivation.

Eine betriebswirtschaftliche Vergleichskalkulation anhand eines mathematischen Modells[23] zeigt: Die Häftlinge waren zwar im Prinzip billige Arbeitskräfte, aber doch nicht so billige, daß aus ihrem Einsatz per se ein finanzieller Vorteil für die Unternehmen herausgesprungen wäre. Solange noch genügend zivile (und kriegsgefangene) Arbeiter zur Verfügung standen, war es für die Betriebe sinnvoll, diese vorzuziehen, um sich die vielerlei Unbequemlichkeiten, die die Beschäftigung von KZ-Häftlingen mit sich brachte, zu ersparen. In dem Moment aber, wo Zivilarbeiter kaum noch zu bekommen waren, wurden Konzentrationslagerhäftlinge für die Betriebe als Arbeitskräfte interessant.

Profitabel wurden die KZ-Häftlinge aber erst dann, wenn man sie einem zusätzlichen Leistungsdruck durch Intensivierung und/oder Extensivierung der Arbeit aussetzte, der ihre Minderleistung gegenüber „freien" Arbeitern wettmachen sollte. Die dadurch bedingte Mehrbelastung war nicht ideologisch, sondern rein ökonomisch motiviert und variierte außerdem erheblich, je nachdem, in welchem Bereich der Produktion ein Häftling zum Einsatz kam: ob in der Fertigung (und damit in der Regel auch als „Facharbeiter") oder als „Bauhäftling" (und damit normalerweise als Hilfsarbeiter).

„Bauhäftlinge" arbeiteten zum überwiegenden Teil in „geschlossenen" Betriebsabteilungen auf den Baustellen der SS-Baubrigaden, der Organisation Todt[24] und der Kammlerschen Sonderstäbe. Aber auch ein nicht unerheblicher Teil der in Rüstungsfabriken eingesetzten Häftlinge war dort in eigenen Kolonnen mit Enttrümmerungs-, Ausschachtungs- und Transport-

22 Heinz Kühnrich, Der KZ-Staat, Berlin 1988, S. 106. Gleichermaßen Rolf Barthel, Zur Geschichte der Außenkommandos des faschistischen Konzentrationslagers Buchenwald in Niederorschel, Mühlhausen und Duderstadt, in: Eichsfelder Heimathefte 24/1984, S. 27: „Eine Quelle unermeßlichen Profits für die deutschen Rüstungskonzerne."

23 Näheres hierzu etwa bei Neander, Das Konzentrationslager Mittelbau in der Endphase der NS-Diktatur, S. 74.

24 Abgekürzt „OT", Bauabteilung des Rüstungsministeriums. Zur Geschichte der OT siehe etwa Franz W. Seidler, Die Organisation Todt, Bonn 1998.

arbeiten beschäftigt. Hier herrschten ungewöhnlich kräftezehrende und unfallträchtige Arbeitsbedingungen. Diese führten dazu, daß die Leistungsfähigkeit der Häftlinge weiter absank, mit der Konsequenz, daß sich der ökonomisch bedingte Vernichtungsdruck auf jene verstärken mußte. Im Verein mit Hunger, Kälte, Nässe, Krankheiten und Lagerterror führte das zu einer extrem hohen Sterblichkeit, die bei den Bauhäftlingen im Vergleich zum Fabrikeinsatz etwa fünf- bis zehnmal so hoch lag.

Die allein an Effizienz und Gewinn orientierten Betriebe nahmen diese ungeheuren Menschenverluste nicht nur billigend hin, sondern steigerten sie noch zusätzlich dadurch, daß sie die nicht mehr arbeitsfähigen Häftlinge in die Stammlager zurückschickten, wo jene in der Regel elend zugrunde gingen, wenn sie nicht schlichtweg ermordet oder auf Liquidierungstransporte geschickt wurden. So entlastete die SS die Betriebe von allen sozialen Kosten der Arbeitskraft, unter anderem auch denen für die Beschaffung neuer Arbeiter. Der SS stand ein scheinbar unerschöpfliches Menschenreservoir zur Verfügung, und da die Betriebe im Bausektor von den Häftlingsarbeitern kaum besondere berufliche Qualifikationen zu fordern brauchten, ließen sich die Menschenverluste immer wieder rasch ausgleichen. Dies galt besonders für die Endphase des Systems der Konzentrationslager, als durch die Auflösung der großen Lager im Osten (Auschwitz, Groß Rosen) mehr Häftlinge ins Reich „zurückgeführt" wurden, als in der gleichen Zeit bei den Bauprojekten zur Untertageverlagerung der Rüstungsbetriebe ums Leben kamen.

Deutlich günstigere Arbeitsbedingungen als auf den Baustellen hatten die – relativ wenigen – Konzentrationslagerhäftlinge, die in der eigentlichen Rüstungsfertigung arbeiteten. Zwar mußten auch sie in Einzelfällen wöchentlich bis zu 78 Stunden arbeiten: werktags 12 Stunden und am Sonntagvormittag noch einmal 6 Stunden. Die betriebliche Praxis ging jedoch über Durchschnittswerte, die je nach Berechnungsmodus zwischen 55,4 und 57,6 Wochenstunden betrugen,[25] nicht hinaus, und zwar aus ökonomischen, nicht aus humanitären Gründen. Albert Speer erinnerte sich: „Aus eigenem Interesse wurde die Grenze beachtet, bei deren Überschreitung Fehlleistungen auftreten. Ein Mehr an Stunden konnte nach unseren Erfahrungen durch erhöhten Ausschuß zu einer Minderproduktion führen."[26]

---

25 Vgl. Speer, Sklavenstaat, S. 428. Die durchschnittliche Wochenarbeitszeit in der Rüstungsindustrie betrug 49,5 Stunden; ebenda, S. 429.

26 Ebenda, S. 428.

Zeitweilig unternommene Versuche, durch das Zuckerbrot ökonomischer Anreize (Zusatzverpflegung, Prämien) die Häftlinge zum schnelleren (und besseren) Arbeiten zu motivieren, wurden gegen Kriegsende fallengelassen, einmal weil es wegen der Verschlechterung der allgemeinen Versorgungslage immer weniger anzubieten gab, vor allem aber, weil die Häftlinge sehr schnell herausfanden, daß der Gegenwert der Prämien nicht die zusätzlich verausgabte Arbeitskraft wettmachte, so daß sie sich nicht von ihrer einzigen wirkungsvollen Überlebensstrategie, dem Langsamarbeiten, abbringen ließen. Ohnehin kamen diejenigen Häftlinge am ehesten in den Genuß von Prämienscheinen, die am wenigsten produktiv arbeiteten, wie etwa Lagerälteste, Schreiber und Kapos. So setzten die Unternehmen nach dem Versagen des „Zuckerbrotes" die „Peitsche" ein: direkt und unmittelbar durch die zivilen Meister und Vorarbeiter, welche, unterstützt von Kapos und Häftlings-Vorarbeitern, mit Beschimpfungen und Prügeln die Häftlinge zum schnelleren Arbeiten antrieben.

Wirkungsvoller als mit der Faust des Vorarbeiters ließ sich die Arbeitsintensität durch Rationalisierung der Arbeitsabläufe, durch Einsatz von Spezialmaschinen und Fließfertigung erhöhen. Für die in einem solchen Betrieb an Taktstraßen beschäftigten Häftlinge ergab sich als Positivum, daß diese modernen Fabrikationsstätten – aus produktionstechnischen, nicht etwa aus humanitären Gründen – in der Regel helle, saubere, trockene und warme Arbeitsplätze boten, was dazu beitragen konnte, den Kräfteverfall merklich zu verlangsamen. Dazu ließ der Prozeß der Fließfertigung willkürliche Übergriffe des Aufsichtspersonals, sei es Werkschutz, Meister oder Vorarbeiter, nicht zu. Negativ für den Häftling wirkte sich dagegen aus, daß das Arbeitstempo von der Taktstraße vorgegeben wurde und seitens des Häftlings in keiner Weise beeinflußt werden konnte. So muß generell gegen Autoren wie etwa Speer, die ein beinahe rosiges Bild von den Arbeitsbedingungen der Häftlinge in der Rüstungsfertigung zeichnen, festgehalten werden: „Daß Rüstungsarbeit die Lebensrettung gewesen sei, ist ein Fehlurteil. Auch in den Privatbetrieben schufteten sich die Menschen zu Tode."[27]

27 Sofsky, Ordnung des Terrors, S. 212.

3.3. „Dora" – das KZ im Inneren des Berges

Die Insassen des KZ „Dora" hatten in der Aufbauphase des Mittelwerks den Status von „Bauhäftlingen", sie unterlagen daher von vornherein einem erhöhten Vernichtungsdruck, unabhängig von den besonderen Bedingungen im Lager. Diese waren in der Tat für die Häftlinge katastrophal, angefangen von der Unterbringung über die unzureichende Bekleidung, Verpflegung und medizinische Versorgung bis hin zum Zwölf-Stunden-Arbeitstag im Tunnel. Aufgrund der Anforderungen seitens der Baufirmen schickte Buchenwald Woche für Woche etwa 800 Häftlinge zum Kohnstein. Diesem Ansturm war die Lager-SS von „Dora" nicht gewachsen. Das anfänglich aufgebaute Zeltlager war schon nach kürzester Zeit hoffnungslos überfüllt. So quartierte man die neu eintreffenden Häftlinge kurzerhand gleich unter der Erde ein, womit sich für die SS auch das Bewachungsproblem vereinfachte.

Als provisorischer „Block" diente zuerst Halle 39, deren Innen-„Einrichtung" aus „Karbidlampen, Abortkübel, Stroh und Decken"[28] bestand. In dem Maße, wie die Häftlingskommandos die Hallen 43 bis 46 ausgesprengt hatten, wurden diese mit drei- bis vierstöckigen Schlafgestellen ausgestattet und als „Blöcke" bezogen. Die Hallen waren etwa 12 m breit, 9 m hoch sowie 120 m lang und mit je 1024 Mann belegt. Sie endeten blind und hatten nur Zugang vom Fahrstollen A aus, zu dem hin sie mit Bretterverschlägen abgesperrt waren. So bestand das Konzentrationslager „Dora" in den ersten Monaten aus vier langen, künstlich angelegten Höhlen, die an ihrer Stirnseite durch ein Stück des Fahrstollens A miteinander verbunden waren und hundert Meter tief im Inneren eines Berges lagen[29] (Abb. 3.4).

Dieses unterirdische KZ war nur als Provisorium gedacht. Der bombensichere Hallenraum unter Tage war dem Rüstungsministerium viel zu wertvoll, um darin auf Dauer KZ-Häftlinge unterzubringen. Die „Schlafstollen" waren Resultat einer Improvisation. In den Planungen, die der Arbeitsausschuß „Serie" im September 1943 für den Aufbau des Mittelwerks erstellt hatte, existierten sie nicht. Zwar enthielt das Dokument „Planungsgrund-

---

28 Bornemann, Geheimprojekt Mittelbau, S. 64.
29 Weil sie als Konzentrationslager gedient hatten, sind sie seit 13. Dezember 1990 unter Denkmalschutz gestellt, um sie vor der drohenden Zerstörung durch den benachbarten Steinbruchbetrieb zu schützen (siehe Abb. 3.3); vgl. Torsten Heß/Markus Jaeger, Das Mittelwerk, in: U. Brunzel, Hitlers Geheimobjekte in Thüringen, Zella-Mehlis/Meiningen 1994, S. 157.

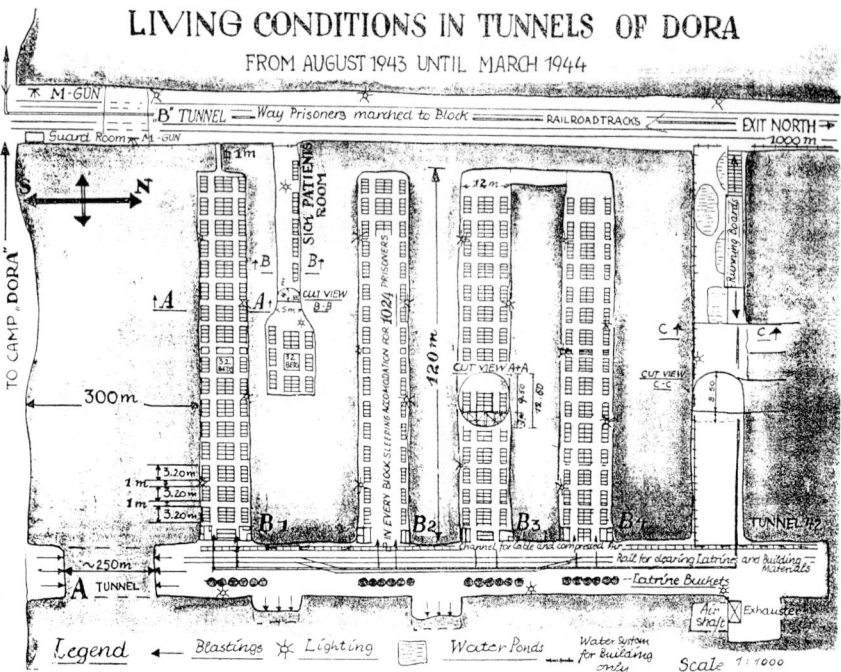

Abb. 3.4 *Plan des unterirdischen Konzentrationslager-Außenkommandos „Dora"*

lage" unter „Raumbedarf" eine Position: „11. Schlafstellen für Häftlinge –
5000 qm", aber ob damit ein unterirdisches KZ gemeint war,[30] muß mehr als
fraglich bleiben, unter anderem deswegen, weil der „Raumaufteilungs-
plan" in keiner Halle Platz für die Unterbringung von Häftlingen vorsah.

Die Lebensbedingungen im unterirdischen Konzentrationslager „Dora"
waren für die Häftlinge katastrophal. Kein Überlebender hat es in seiner
Biographie unterlassen, die Zustände in den Schlafstollen zu schildern. Es
sind die immer gleichen Berichte von überbelegten, verdreckten und ver-
lausten Schlafgestellen, von schlecht beleuchteten und völlig unzureichend
belüfteten Quartieren, vom Lärm der Bohr- und Sprengarbeiten nebenan,
der den Eingeschlossenen kein Ausruhen gestattete, von der Luft, staubge-
schwängert und voller giftiger Schwaden, die das Atmen zur Mühsal machte. Gestank aus den Abortkübeln, halbierten Benzinfässern mit darüberge-
legtem Sitzbrett, drang durch alle Ritzen. Wasser zum Waschen war eine
Rarität, und selbst zu trinken gab es nicht genug. Die Verpflegung bestand

---

30   Diese Interpretation geben etwa Erhard Pachaly/Kurt Pelny, Das ehemalige KZ „Mittelbau-Dora", Berlin 1990, S. 65, und Bornemann, Geheimprojekt Mittelbau, S. 64, der „Schlafstollen" liest.

„Schlafpritschen im Stollen" (Holzschnitt von Dominik Czerny)   **Abb. 3.5**

aus einem bis anderthalb Litern Ersatzkaffee, einem Liter Wassersuppe, 300 bis 400 Gramm Brot mit circa 50 Gramm Margarine und einem Stückchen Wurst oder Büchsenfleisch, einem Löffel Quark oder Marmelade als Zulage – eine Ration, die für einen körperlich schwer arbeitenden Menschen völlig unzureichend war. Sonderrationen, von denen SS-Führer und leitende Angestellte des Mittelwerks nach dem Krieg gern erzählten, mag es gegeben haben. Wenn ja, dann blieben sie aber im Sumpf der Korruption bei Lager-SS und Funktionshäftlingen hängen und kamen den Häftlingsarbeitern im Tunnel nicht zugute.

Die Häftlinge hatten einen zwölfstündigen Arbeitstag abzuleisten, wobei An- und Abmarsch zu den Einsatzstellen nicht mitgerechnet wurden. Schutzkleidung – Handschuhe, Sicherheitsstiefel, Helme – gab es für sie nicht. Ein Großteil ihrer Arbeit mußte von Hand verrichtet werden. Hierfür zeichnet die Literatur durchgängig ein Bild anachronistischer Untertechnisierung, das dazu dienen soll, den hohen Kräfteverschleiß der Häftlingsarbeiter im Tunnel plausibel zu machen: „Sämtliche Fabrikeinrichtungen, einschließlich tonnenschwerer Maschinen, mußten nach Entladung der Waggons durch menschliche Muskelkraft in das Tunnelsystem geschafft

63

und aufgestellt werden, unterstützt nur durch Stangen, Rollen und Leinen. Der Stollenvortrieb erfolgte mit Hilfe schwerer Preßluftbohrer, der Abtransport auch massiver Steinbrocken mußte mit Händen und Schaufeln bewältigt werden."[31] Oder noch drastischer: „Der Ausbau der Stollen erfolgte ohne moderne Arbeitsgeräte, lediglich mit Hammer, Schaufel und Brechstange, ja mit bloßen Händen."[32]

Es scheint, daß dieses allgemein verbreitete Bild einer Korrektur bedarf. Die Quellen zeigen, daß die Arbeiten bei der Konversion der Wifo-Anlage durchaus nicht ohne mechanische Hilfsmittel vonstatten gingen. So listet eine Leistungsabrechnung der Wifo für die Mittelwerk GmbH zum 31. Dezember 1943 unter Punkt „C. Maschinen- und Geräteeinsatz" akribisch auf: „Es sind eingesetzt: 9 Bagger, 20 Kompressoren, 250 Bohrhämmer, 24 Loks, 270 Mulden- und Kastenkipper, 12 km Fördergleis, 16 Mischmaschinen, 6 Asphaltkocher, 3 Förderbänder, 5 Demag-Verdichter, 12 Pumpen, 3 Portalkräne, 3 Straßenwalzen, 23 Schneide- und Schweißapparate, 30 Spritzpistolen, 2 Aufzüge, 37 Lastkraftwagen, 15 Personenkraftwagen, 7 Omnibusse, 8 Trecker."[33]

Bis auf die Personenkraftwagen, Omnibusse und Trecker waren dies Maschinen für eine Verwendung unter Tage. Auch im Verhältnis zum Personaleinsatz – das Wifo-Papier nennt „650 Zivilarbeiter, 9200 Häftlinge" – ergibt sich kein Hinweis auf „Untertechnisierung", und das britische CIOS-Team stellte 1945 bezüglich des Stollenvortriebs lapidar fest: „Die angewandte Methode war die im deutschen Bergbau übliche."[34]

Wenn nun für den Aufbau des Mittelwerks die These von der „Untertechnisierung der Arbeitsprozesse" nicht mehr haltbar ist,[35] müssen die Ursachen für den ja objektiv vorhandenen Kräfteverschleiß der Häftlinge

---

31 Eisfeld, Die unmenschliche Fabrik, S. 26. Fast gleichlautend: Fiedermann u. a., Konzentrationslager Mittelbau DORA, S. 24 f., und Heß/Jaeger, Das Mittelwerk, S. 139. Grundlage ist jeweils Wincenty Hein, Zagłada więźniów obozu Mittelbau (Dora), in: Biuletyn Głównej Komisji Badania Zbrodni Hitlerowskich Bd. XVI, S. 65–157, Warszawa 1967, S. 65 ff.

32 Pachaly/Pelny, Das ehemalige KZ „Mittelbau-Dora", S. 74.

33 Zit. nach Bornemann, Geheimprojekt Mittelbau, S. 62.

34 CIOS 1945 a, S. 12; Übersetzung aus dem Englischen d. Verf. Die Aussage bezieht sich auf sämtliche Untertageprojekte im „Mittelraum".

35 Damit soll keinesfalls gesagt sein, daß die in der Literatur erwähnten untertechnisierten Arbeiten nicht vorgekommen seien, vor allem auf kleinen Baustellen. Sie können aber nur die Ausnahme, nicht die Regel gewesen sein. So wären z. B. mit „Hammer, Schaufel und Brechstange" die tatsächlich erzielten Vortriebsleistungen nie erreicht worden.

anderswo gesucht werden. Aus der Geschichte der Industriearbeit ist bekannt, daß Einsatz von Maschinen im Arbeitsprozeß keineswegs von sich aus eine Erleichterung der Arbeitsbedingungen mit sich bringt. Eher ist das Gegenteil der Fall: Ein Arbeitsprozeß, der technisiert wurde, verlangt in der Regel von den Arbeitern, die die Maschinen bedienen, eine größere Verausgabung ihrer Arbeitskraft pro Zeiteinheit, also eine höhere Arbeitsleistung. So mußten etwa die Häftlinge, die an einer Betonmischmaschine arbeiteten, in der Zeiteinheit wesentlich mehr Material an- und abtransportieren, als wenn auf demselben Raum der Beton von Hand gemischt worden wäre. Im Streckenvortrieb war um so mehr Gestein pro Schicht aufzuladen, je schneller maschinell gebohrt, je kürzer die Zugfolge der Feldbahn war.

Zu dieser hohen Intensität der Arbeit, die wiederum eine erhöhte Unfallgefahr mit sich brachte, addierten sich noch die Belastungen durch Lärm, Staub und Abgase der Maschinen. Nicht die in der Literatur vermutete Untertechnisierung der Arbeitsprozesse im Tunnel war es also, die – als scheinbar objektiver Faktor – den physischen Kräfteverschleiß der Häftlingsarbeiter beförderte, sondern im Gegenteil der Einsatz von Maschinen auf dem damaligen Stand der Technik. Zusätzlicher, den Kräfteverschleiß beschleunigender Druck kam von den Firmen, die die Leistungsfähigkeit eines Häftlings im Tunnel nur mit zehn bis zwanzig Prozent der Leistung eines normalen Arbeiters einschätzten.[36]

Unter den physisch geschwächten, während der Arbeitszeit von Vorarbeitern, Kapos, Zivilmeistern und SS-Leuten drangsalierten, nach Schichtende in ihren von Ungeziefer wimmelnden Blöcken auf engstem Raum zusammengepferchten Häftlingen breiteten sich Krankheiten rapide aus. Ärztliche Versorgung gab es so gut wie keine, und die Sterblichkeit war so hoch, daß es in Buchenwald hieß: „Ein Schreckruf im Lager war lange Zeit das Aufrufen zu dem Kommando ‚Dora‘ […]. Es wußte jeder Häftling, daß eine Abstellung […] nach Lager ‚Dora‘ den Tod bedeutete.“[37]

Es gibt Berichte über Versuche der Lagerführung von Buchenwald, etwas gegen diese Zustände im Außenkommando „Dora" zu unternehmen. Kammler, von Himmler mit weitreichenden Vollmachten versehen, soll sich

36 Zeugenaussage von Julius Schmitz, „building manager" der Wifo, im NDH-Prozeß, US Mikrofilm M 1079, Rolle 11 fr. 1195.
37 Zeugenaussage des deutschen ehemaligen Buchenwald-Häftlings Heinz Münchrath im NDH-Prozeß, US Mikrofilm M 1079, Rolle 2 fr. 784. Münchrath war übrigens selbst nie in Dora inhaftiert.

diese Einmischung verbeten und erklärt haben, daß es „vollständig egal sei, wieviel Menschenleben bei diesem Unternehmen zu Grunde gingen und es nur darauf ankäme, auf schnellste Weise dieses Bauunternehmen zu beenden."[38]

Die hohe Sterblichkeit im Lager „Dora" als Indiz für die Gefahr des Auftretens von Seuchen (vor denen die SS eine panische Angst hatte) löste sogar Aktivitäten beim SS-Wirtschafts-Verwaltungshauptamt aus. So inspizierte der Amtschef B I, Tschentscher, zuständig für Versorgung und Verpflegung der SS-Verbände, Ende Oktober/Anfang November 1943 zusammen mit Kammler das Lager. Er registrierte dort auch die völlig unzureichenden sanitären Verpflegungs- und Bekleidungsverhältnisse der Häftlinge und will daraufhin veranlaßt haben, daß einige der schlimmsten Mängel abgestellt worden seien.

3.4. Exkurs: „Vernichtung durch Arbeit"

Der Häftlingseinsatz auf den Baustellen der Organisation Todt und der Kammlerstäbe 1944/45 gilt allgemein als Musterbeispiel für die „Vernichtung durch Arbeit".[39] Dieser Begriff ist jedoch wesentlich älteren Ursprungs. Am 16. September 1942 hatten Himmler und Reichsjustizminister Thierack vereinbart, daß zu langjähriger Justizhaft verurteilte Personen als „asoziale Elemente aus dem Strafvollzug an den Reichsführer-SS zur *Vernichtung durch Arbeit*" auszuliefern seien.[40] Worum es hierbei ging, machte Hitler persönlich einige Tage später deutlich: „Und vor allem soll sich kein Gewohnheitsverbrecher einbilden, daß er durch ein neues Verbrechen über den Krieg hinweggerettet wird. Wir werden dafür sorgen, daß nicht nur der Anständige an der Front unter Umständen sterben kann, sondern daß der Verbrecher und Unanständige zu Hause *unter keinen*

---

38 Eidesstattliche Erklärung des französischen ehemaligen Buchenwald-Häftlings Dr. Edwin Katzen-Ellenbogen vom 1. März 1947 im Pohl-Prozeß; Nbg. Dok. NO-2326. Die Äußerung Kammlers soll Pohls Meinung zustimmend wiedergegeben haben.

39 Vgl. etwa Raim, Die Dachauer KZ-Außenkommandos, S. 97 ff. (OT); Manfred Grieger, „Vernichtung durch Arbeit" in der deutschen Rüstungsindustrie, in: T. Heß/T. A. Seidel (Hrsg.), Vernichtung durch Fortschritt, Berlin/Bonn 1995, S. 43–60 (Kammlerstäbe); im KZ generell: Hermann Kaienburg , „Vernichtung durch Arbeit" – Der Fall Neuengamme, Bonn 1990, und ders. (Hrsg.), Konzentrationslager und deutsche Wirtschaft 1939–1945, Opladen 1996.

40 Nbg. Dok. PS-654; Hervorh. d. Verf.

Umständen diese Zeit *überleben* wird! [...] Wir werden diese Verbrecher *ausrotten.*"[41]

Das sollte – gemäß der Vereinbarung zwischen Himmler und Thierack – in Konzentrationslagern wie Mauthausen geschehen, in denen „zielhaft und planmäßig die Bedingungen für die Häftlinge so gestaltet [waren], daß ihr Tod eintrat, [... durch] angestrengteste Arbeit, unzureichende Ernährung, schärfste Strafen und Tötung der Arbeitsunfähigen. [...] Bis zum Eintritt der Arbeitsunfähigkeit oder zur Vollstreckung von Todesstrafen sollte das Menschenmögliche an Arbeitsleistung aus den Gefangenen herausgeholt werden".[42]

Vernichtung der Arbeitskräfte als „Unternehmensziel" konnte sich aber nur ein SS-eigener, nicht auf Produktivität hin orientierter Betrieb leisten, keinesfalls jedoch ein nach den Gesetzen des (kapitalistischen) Marktes geführtes, auf Gewinnerzielung ausgerichtetes Unternehmen, etwa der Rüstungs- oder Bauindustrie.

Denn „Vernichtung" und „Arbeit" lassen sich keineswegs widerspruchsfrei miteinander verbinden. Ein Toter kann nicht arbeiten, und ein Arbeitsprozeß, der als Ziel die Vernichtung des Arbeiters hat, hebt sich selbst auf. Dieses strukturell angelegten Widerspruches waren sich die für das Konzentrationslagerwesen im Kriege Verantwortlichen durchaus bewußt, ebenso wie der Tatsache, daß die Beschäftigung von „Feinden" des Nationalsozialismus – nach welchen Kriterien auch immer definiert – als Arbeitskräfte im Reich nur ein Zugeständnis an kriegswirtschaftliche Sachzwänge darstellte und jeweils Kompromisse zwischen Ökonomie und Ideologie erforderte. Dabei behielt gegenüber bestimmten Kategorien von Konzentrationslagerhäftlingen, etwa Juden oder „Nacht- und Nebel"-Gefangenen, bis Kriegsende die ideologisch motivierte Vernichtungsabsicht, formuliert durch die Partei und realisiert durch die SS, den Vorrang vor allen ökonomischen Aspekten.

Gerade deswegen bleibt aber die undifferenzierte Anwendung des Begriffs „Vernichtung durch Arbeit" im Zusammenhang mit den Untertageverlagerungen zumindest problematisch. Das Unternehmensziel war

---

41 Zit. nach Urteil des Landgerichts Wiesbaden – 2 Ks 2/51 – vom 24. 3. 1952 im Prozeß gegen leitende Beamte des Reichsjustizministeriums; JuNSV, Bd. X, S. 278; Hervorh. d. Verf. Die Rede wurde am 30. September 1942 im Berliner Sportpalast gehalten und durch Rundfunk und Presse verbreitet.

42 Ebenda, S. 276.

hier zweifellos die schnellstmögliche Fertigstellung der Anlagen, nicht die Vernichtung von KZ-Häftlingen. Bauleitung, ob SS oder OT, und Baufirmen nahmen jene jedoch einvernehmlich billigend in Kauf. Man kalkulierte die hohen Krankheits- und Todesraten unter den Häftlingsarbeitern in die betriebliche Planung ein, und die nationalsozialistischen „Betriebsführer" versuchten, die Ausfälle durch eine gnadenlose Arbeitshetze zu kompensieren.

3.5. Das „Mittelwerk" geht in die Produktion

Am 10. Dezember 1943 besichtigte Rüstungsminister Speer selbst das Mittelwerk, zusammen mit Kammler und Degenkolb. Mit dem Bau eines oberirdischen Häftlingslagers war mittlerweile begonnen worden, und die ersten Baracken wurden bezogen. Aber die große Mehrzahl der Häftlinge vegetierte immer noch im Inneren des Berges. Speer besichtigte außer der Fabrik auch das unterirdische Werks-KZ, das bei ihm einen deprimierenden Eindruck hinterlassen haben muß. Er will den beschleunigten „Bau einer Barackenstadt für die [...] Häftlinge"[43] angeordnet haben – ob aus Gründen der Humanität, der innerbetrieblichen Rationalität[44] oder einfach nur, um die Hallen für andere Verlagerungsprojekte freizubekommen, mag dahingestellt bleiben. Zusätzlich will Speer Anstalten getroffen haben, um Verpflegung, ärztliche Versorgung und die hygienische Situation im KZ zu verbessern. Jedoch: „Den Absichten folgten keine spürbaren Maßnahmen",[45] stellte enttäuscht der französische ehemalige Häftling Jean Michel fest. An den Arbeitsbedingungen im Tunnel selbst war nichts geändert worden.

Denn mit der im Kohnstein geleisteten Arbeit war Speer in höchstem Maße zufrieden. Die Verlagerung von Menschen, Maschinen und Material aus den durch alliierte Bombenangriffe schwer angeschlagenen Serienwerken Friedrichshafen, Wiener Neustadt und Peenemünde war erfolgreich beendet worden. Der Aufbau eines Werkskomplexes, der die Vorgängerbetriebe an Größe noch weit übertraf, in bombensicheren Räumen stand

---

43 Speer, Sklavenstaat, S. 301.
44 „Den Herren [Degenkolb und Sawatzki] war es darum zu tun, daß keine Krankheiten und Seuchen ausbrachen, weil damit *die Produktion gefährdet* worden wäre"; Tschentscher in Nbg. Dok. NO-1564. Ähnlich Speer: „Im Mittelwerk [...] herrschten skandalöse und zudem noch *produktionshemmende Zustände*"; Speer, Sklavenstaat, S. 299; Hervorh. d. Verf.
45 Jean Michel, DORA, Paris 1975; zit. nach ebenda, S. 302.

kurz vor seinem Abschluß. Der „Sonderbeauftragte des Reichsführers-SS für Baufragen der A 4-Fertigung", Kammler, hatte den Beweis erbracht, daß die Untertageverlagerung eines Großbetriebes der Rüstungsindustrie in kürzester Zeit mit Hilfe seiner SS-Bauorganisation möglich war. Speer sandte ihm am 17. Dezember 1943, genau eine Woche nach dem gemeinsamen Besuch des Mittelwerks mit dem darin integrierten Konzentrationslager-Außenkommando „Dora", ein begeistertes Dankschreiben:

„Sehr geehrter Herr Kammler,

der Leiter des Sonderausschusses A 4, Degenkolb, berichtet mir, daß Sie es fertig gebracht haben, die unterirdischen Anlagen in Nie.[dersachswerfen] aus dem Rohzustand in einer fast unmöglich kurzen Zeit von 2 Monaten in eine Fabrik zu verwandeln, die ihresgleichen in Europa kein annäherndes Beispiel hat und darüber hinaus selbst für amerikanische Verhältnisse unübertroffen dasteht.

Ich nehme deshalb Veranlassung, Ihnen für diese wirklich einmalige Tat meine höchste Anerkennung auszusprechen, mit der Bitte, Herrn Degenkolb auch weiterhin in dieser schönen Form zu unterstützen.

Ich werde auch dem Reichsführer SS Himmler gelegentlich diese Ihnen gezollte Anerkennung mitteilen.

Heil Hitler!

gez. Ihr Speer."[46]

Die „Anerkennung" erfolgte umgehend. Mit Schreiben vom 22. Dezember 1943 teilte Speer Himmler mit, er habe Kammler seiner „erstaunlichen Leistungen" wegen „mit der Durchführung besonderer Bauaufgaben", sprich weiterer Untertageverlagerungsprojekte, betraut.[47] Das stärkte Kammlers Position innerhalb der SS, vor allem Pohl gegenüber, der im SS-Wirtschafts-Verwaltungshauptamt als Hauptamtschef immer noch nominell ihm vorgesetzt war, vor allem aber gegenüber Glücks und Maurer, den Verwaltern

---

46 Bundesarchiv, Sign. R 3/1585, Bl. 32. Speers Brief wird übrigens schon bei Hölsken, Die V-Waffen, S. 61, sowie bei Laurenz Demps, Zum weiteren Ausbau des staatsmonopolistischen Apparates der faschistischen Kriegswirtschaft in den Jahren 1943 bis 1945 und zur Rolle der SS und der Konzentrationslager im Rahmen der Rüstungsproduktion, dargestellt am Beispiel der unterirdischen Verlagerung von Teilen der Rüstungsindustrie; Phil. Diss., Humboldt-Universität zu Berlin 1970, S. 263, vollständig zitiert.

47 Speer, Sklavenstaat, S. 310.

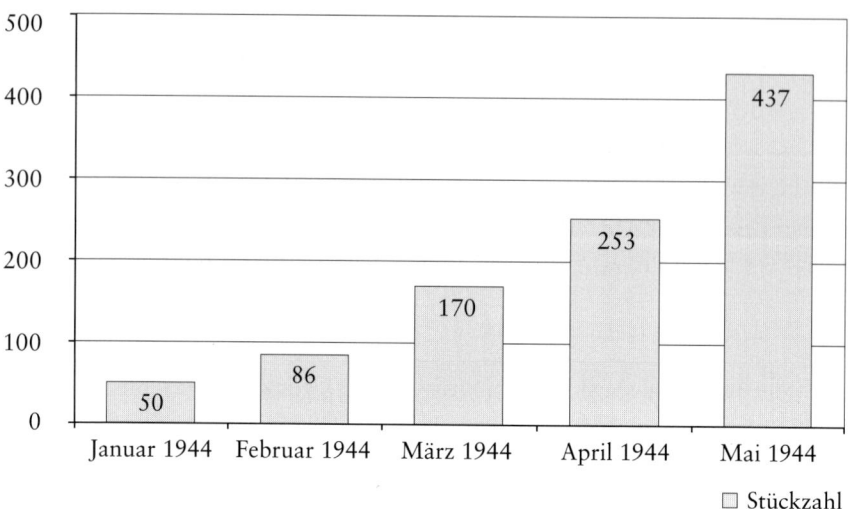

Abb. 3.6 *Ausstoß des Mittelwerks an Raketen A 4,*
Januar bis Mai 1944

des KZ-Kosmos und des darin befindlichen Arbeitskräftepotentials, auf das
Kammler nun für „seine" Konzentrationslager, mit Rückendeckung durch
Himmler, ungehindert zugreifen konnte.

Neun Tage nach Abgang von Speers „Anerkennungsschreiben", am 31. Dezember 1943, verließ das erste „Aggregat 4" aus der Produktion des Mittelwerks die Taktstraße, und schon am folgenden Tage konnten die ersten drei
Raketen auf die Bahn verladen werden. Aus betrieblichen Gründen wurden
sie vorerst im DEMAG-Werk Falkensee (dem ehemaligen vierten Serienwerk) mit den komplizierten und empfindlichen elektrischen Teilen aus-
gerüstet. Den Einbau des Gefechtskopfes überließ man grundsätzlich einer
Heeresmunitionsanstalt. Bis April 1944 waren die unterirdischen Werkhal-
len und die Taktstraße für die Serienfertigung des A 4 komplett eingerichtet.
Die vorgesehene Produktion von 900 Geräten monatlich konnte im Prinzip
anlaufen. Eine Übersicht über den Produktionsausstoß im Frühjahr 1944,
der Phase des Werksaufbaus, gibt Abb. 3.6 .[48]

48   Die Versandzahlen liefern nach Untersuchungen von Ordway/Sharpe die verläßlichsten
Angaben über die tatsächliche Produktion des Mittelwerks; vgl. Frederick Ira Ordway III/
Mitchell R. Sharpe, The Rocket Team, Cambridge, Mass. 1982, S. 407. Zu berücksichtigen
ist hierbei nur, daß Transportschwierigkeiten dazu führen konnten, daß ein Teil der im
Monat X produzierten Raketen erst im Monat X+1 ausgeliefert wurde, daß somit Versand-
monat und Produktionsmonat geringfügig gegeneinander zeitversetzt sein können.

Mit dem Aufbau der Produktionsanlagen wuchs auch die Anzahl der Häftlinge, die im Mittelwerk selbst beschäftigt wurden. Sawatzki hatte im September 1943 aufgrund der Planvorgabe, 1800 Raketen monatlich zu fertigen, einen Bedarf von 16 000 Häftlingsarbeitern errechnet. Diese Zahl ist jedoch nie erreicht worden. Die tatsächliche Belegschaftsentwicklung beim Mittelwerk und den an dessen Aufbau beteiligten Firmen in den ersten acht Monaten, der Zeit des Aufbaus des Mittelwerks, zeigt Tabelle 3.1.[49]

Tabelle 3.1:

Belegschaftsentwicklung des Mittelwerks und der an seinem Aufbau beteiligten Firmen, 28. August 1943 bis 1. Mai 1944.

Stichtag	Beschäftigte im Mittelwerk				Beschäftigte bei anderen Firmen		Arbeitskräfte gesamt	
	Gesamt	Zivil-arbeiter	Häftlinge Anzahl	Häftlinge %	Zivil-arbeiter	Häftlinge	Zivil-arbeiter	Häftlinge
1. 9. 1943	96	16	80	83	* 600	* 300	* 620	* 380
1. 10. 1943	440	120	320	73	* 620	* 2970	* 740	* 3290
1. 11. 1943	2039	763	1276	63	* 620	* 5000	* 1380	* 6280
1. 12. 1943	4276	1420	2856	67	* 650	6120	* 2070	8976
1. 1. 1944	5687	1807	3880	68	* 650	6043	* 2460	9923
1. 2. 1944	7130	2032	5098	72	* 650	6859	* 2680	11 957
1. 3. 1944	7573	2209	5364	71	* 700	6157	* 2910	11 521
1. 4. 1944	7078	2431	4647	66	* 700	7006	* 3130	11 653
1. 5. 1944	6896	2495	4401	64	* 700	5882	* 3200	10 283

* ungefähre, auf Zehner gerundete Werte

Die Gesamtbelegschaftszahlen des Mittelwerks sind auch späterhin, beim Hochlaufen der Serienproduktion des A 4 und der Hereinnahme anderer Fertigungen, nicht mehr nennenswert gestiegen. Ein Grund dafür lag in der Änderung der Planvorgaben. Der am 8. November 1944 der Mittelwerk GmbH erteilte vorläufige „Einrichtungsauftrag" sah nur noch vor, monatlich 900 Geräte bei „500 Arbeitsstunden pro Monat" zu fertigen. Das bedeutete gegenüber Sawatzkis ursprünglichem Ansatz von 200 Arbeitsstunden pro Monat: Zwei- statt Einschichtenbetrieb und 58 statt 47 Wochen-

49   Zahlen in Spalten 3, 4, 6 und 7 aus Bornemann, Geheimprojekt Mittelbau, S. 68.

stunden. Damit reduzierte sich der Arbeitskräftebedarf auf insgesamt 7200 Mann, Zivilisten und Häftlinge.[50]

Tabelle 3.2:

Beschäftigungsstruktur der „Dora"-Häftlinge in der Aufbauzeit des Mittelwerks

Stichtag	Lagerstärke „Dora"	Bei Mittelwerk beschäftigt (%)	Bei anderen Firmen (%)
1. 9. 1943	* 400	—	—
1. 10. 1943	3390	9	* 88
1. 11. 1943	6918	18	* 72
1. 12. 1943	9987	29	62
1. 1. 1944	10 745	36	56
1. 2. 1944	12 682	40	54
1. 3. 1944	12 142	44	51
1. 4. 1944	12 263	38	57
1. 5. 1944	10 948	40	54

Zahlen in Spalte 2 nach Dieckmann, Existenzbedingungen und Widerstand im Konzentrationslager Mittelbau-Dora, S. 443 f. Wert in Zeile 1: eigene Schätzung d. Verf.
* ungefähre, auf Zehner gerundete Werte.

Setzt man die Zahlen der in den Betrieben beschäftigten Häftlinge in Beziehung zur Lagerstärke des Außenkommandos „Dora" (siehe Tabelle 3.2), so lassen sich einige wichtige Trends erkennen:

- Die Häftlingsanzahl im Lager stieg in den Monaten September und Oktober 1943 sehr rasch an, danach langsamer, und pendelte sich ab Jahresbeginn 1944 bei etwa 12 000 ein.
- Von allen „Dora"-Häftlingen war nur ein von etwa 10 % auf rund 40 % anwachsender und sich auf diesem Niveau stabilisierender Anteil im Mittelwerk selbst beschäftigt.

50 Die Rechnung dafür lautet wie folgt: 900 Stück pro Monat mal 1600 Arbeitsstunden pro Stück, geteilt durch 250 Arbeitsstunden pro Mann und Monat gleich 5760 Mann, plus 25 % Reserve, ergibt 7200 Mann.

Der Anteil der im Mittelwerk beschäftigten Häftlinge sank später noch ab. Die Differenz zwischen den Häftlingszahlen „Gesamt" (letzte Spalte in Tabelle 3.1) und der Lagerstärke (zweite Spalte in Tabelle 3.2) von im Mittel etwas über 700 Mann könnten die Revierkranken sein, nicht die in Lagerkommandos Beschäftigten, denn diese waren anteilig vom Mittelwerk und den an dessen Aufbau beteiligten Firmen zu bezahlen und dürften daher bei deren Belegschaft mit erfaßt sein.

Keine der anfangs im Mittelwerk produzierten Raketen war fronteinsatzfähig. Die ersten von ihnen waren sogar „von so schlechter Qualität, daß sie nicht einmal für Prüfstandtests verwendet werden konnten. Sie wiesen Hunderte von Lecks, Bruchstellen, falschen Anschlüssen und andere Produktionsfehler auf".[51]

Die Ursachen hierfür lagen in erster Linie im Produktionsprozeß selbst. Sawatzki, der für die Fertigungsplanung verantwortliche Ingenieur im Mittelwerk, mußte völliges Neuland betreten, und das noch unter erschwerten Bedingungen: Beginn der Produktion, während der Werksaufbau noch im Gange war, ständige Änderungen an den Konstruktionsplänen durch die Entwicklungsingenieure, Qualitätsmängel bei zugelieferten Teilen und Material und nicht zuletzt Knappheit an ausgebildetem und eingearbeitetem Fachpersonal.

Bei den dem Werk über das Konzentrationslager-Außenkommando „Dora" zugewiesenen Häftlingen war die fachliche Qualifikation oft zweifelhaft. „Bei Verhören und Befragungen gab niemand richtig die Ausbildung an. So gab es unter uns überhaupt keine Spezialisten. Sie erklärten sich als Bauern und Hilfsarbeiter. Das Äußerste eines Intelligenzberufes war Rechnungsführer, Agronom, Lehrer, das heißt, man wählte einen Beruf, den sie gar nicht gebrauchen konnten."[52]

Die Arbeitsmoral der Häftlinge war verständlicherweise nicht sehr hoch, waren sie doch ihrer Gegnerschaft zum Nationalsozialismus wegen ins Konzentrationslager gekommen.[53] „Je höher das intellektuelle Niveau des

---

51 Hölsken, Die V-Waffen, S. 61.

52 Georgi Loik, estnischer ehemaliger Häftling; zit. nach Pachaly/Pelny, Das ehemalige KZ „Mittelbau-Dora", S. 140. Die Lager-SS als Verwalterin der Arbeitskräfte war vollständig auf die Angaben aus der – von Häftlingen geführten – Arbeitsstatistik angewiesen, deren Daten, was die beruflichen Qualifikationen der Häftlinge anbetraf, generell recht unzuverlässig waren.

53 „Grüne" (gewöhnliche Kriminelle) und „Schwarze" („Asoziale") stellten in „Dora" nur etwa 5 % der Häftlinge. Die ersten Juden (als rassisch Verfolgte) kamen Ende Mai/Mitte Juni 1944 nach „Dora". Sie kamen, wie auch die ab Januar 1945 im Zuge der Auflösung von

Häftlings war, je mehr er sich vor allem des Wertes jener Motive bewußt war, die zu seiner Verwandlung in einen Sträfling geführt hatten, desto mehr mußte er gegen den Gedanken rebellieren, die nationalsozialistische Kriegsproduktion auch noch zu fördern."[54]

So standen die Häftlingsarbeiter unter generellem Sabotageverdacht und wurden aus „Sicherheitsgründen" von jeglichem Kontakt mit der zivilen Belegschaft des Mittelwerks ferngehalten, ein Umstand, der sich gerade beim Aufbau eines neuen Werkes „produktionshemmend" auswirken mußte.

Bis April 1944 war es den Ingenieuren und Technikern im Mittelwerk weitgehend gelungen, die fertigungsbedingten Fehler am A 4 zu beheben. Aber immer noch war die technische Zuverlässigkeit der Rakete so gering, daß eine Auslieferung an die Fronttruppe nicht in Frage kam. Häftlinge, die das Lager überlebt haben, schrieben nach Kriegsende die anfänglich hohe Versagerquote des A 4 den erfolgreichen Sabotagebemühungen einer kommunistischen Widerstandsbewegung im Lageruntergrund zu. Volkspädagogische Absichten führten in der ehemaligen DDR dazu, diesen Gesichtspunkt auch in der Geschichtsschreibung über das Lager „Dora" stark in den Vordergrund zu stellen.[55] Es ist aber fraglich, ob die zweifellos unternommenen Sabotageversuche tatsächlich solch ein Ausmaß hatten und vor allem auch die Wirkungen erzielten, die ihnen in der einschlägigen Literatur zugeschrieben werden. Die Ingenieure und Konstrukteure des A 4 suchten – und fanden – die Ursachen für Fehlschüsse zuerst einmal bei sich selbst, in prinzipiellen Mängeln der Konstruktion bzw. der Fertigung des Geräts, und nicht in Sabotageakten.

Tatsache bleibt aber, daß eine große Anzahl von Häftlingen, vor allem Russen, unter der Beschuldigung, Sabotage verübt zu haben, öffentlich und unter besonders entwürdigenden Umständen durch den Strang hingerichtet wurden. Diese Erhängungen geschahen in der Regel auf Veranlassung von SS-Obersturmbannführer Helmut Bischoff, dem „Abwehrbeauf-

---

Auschwitz eingetroffenen Juden, mit ganz geringen Ausnahmen nicht in die Raketenfertigung, sondern in Bau- und Transportkommandos.

54 Olga Wormser-Migot, Le Système Concentrationnaire Nazi (1933–1945), Paris 1968, S. 358; Übersetzung aus dem Französischen d. Verf.

55 Siehe hierzu etwa die Schriften von Julius Mader, Geheimnis von Huntsville, Berlin 1963; Joachim Hottas/Karl-Dieter Seifert, Raketen in Dora, Berlin 1984; Kurt Pelny, Dora darf nicht schweigen, Berlin 1988; nach der „Wende": Pachaly/Pelny, Das ehemalige KZ „Mittelbau-Dora", S. 119 ff.

tragten für das A 4-Programm". Seine SD-Dienststelle war eine der zahlreichen Abwehrorganisationen, die wie ein Netz das Mittelwerk, die Mittelwerk GmbH und die Zuliefererfirmen überzogen.[56] Sie gehörte nur formal zum Reichssicherheitshauptamt und unterstand Kammler direkt in dessen Eigenschaft als Sonderbevollmächtigtem Himmlers. Von diesem hatte Kammler offenbar die außergewöhnliche Vollmacht erhalten, gegen Häftlinge Todesurteile selbst zu verhängen. Einzel- und Massenexekutionen wegen angeblicher Sabotage waren in der Hand Bischoffs, der von ihnen reichlich Gebrauch machte, eines der furchtbarsten Terrorinstrumente im Lager.

In den allgemeinen Lebensbedingungen der Häftlinge ergaben sich zu Jahresanfang 1944 einige Änderungen. Die unterirdischen Blöcke wurden allmählich geräumt und für Produktionszwecke freigemacht, in dem Maße, wie der Aufbau des oberirdischen Barackenlagers, im SS-Jargon zynisch als „Erholungslager" bezeichnet, vorankam. So konnten Ende Mai 1944 die letzten Häftlinge die Schlafstollen verlassen und Quartier im Lager beziehen. Ein Plan des Lagers in seinem Endausbau, wie er noch im Sommer 1944 erreicht wurde, ist auf der dritten Umschlagseite wiedergegeben.

Es wäre aber verfehlt, aus dem Umzug an die Erdoberfläche auf einen grundsätzlichen Wandel zum Besseren für die Häftlinge zu schließen. Die Verpflegungssituation änderte sich nicht. Die Arbeitsbedingungen wurden zwar für diejenigen Häftlinge, die direkt an den Raketen arbeiteten, spürbar besser, aber für die große Mehrzahl derjenigen, die bei den Transportkommandos oder für die Baufirmen arbeiten mußten, blieb alles beim alten. Appelle und länger gewordene Wege zum Arbeitsplatz kosteten die Häftlinge wieder Kraft und Erholungszeit. Der von der SS und ihren Helfershelfern unter den Häftlingen ausgeübte Lagerterror war der gleiche geblieben. Prügel, Folter und Hinrichtungen gehörten auch in dieser Phase relativer Verbesserung der Existenzmöglichkeiten zum Lageralltag der Häftlinge.

Zusätzlich machten sich jetzt die gesundheitlichen Folgen der im Wortsinne mörderischen Arbeits- und Lebensbedingungen der Vormonate bemerkbar. Sie fanden ihren deutlichsten Ausdruck in den Sterbeziffern.

---

56 Im Essener Dora-Prozeß wurden sieben derartige Organisationen benannt und beschrieben; vgl. die Zusammenstellung bei Manfred Bornemann, Aktiver und passiver Widerstand im KZ DORA und im Mittelwerk, Berlin/Bonn 1994, S. 20–27.

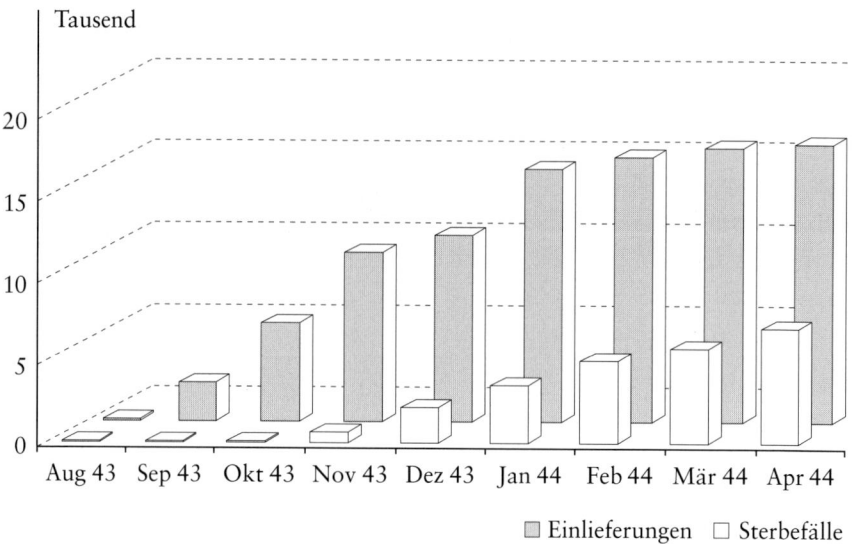

Abb. 3.7 *Einlieferungen und Sterbefälle – Lager „Dora" (kumulierte Werte)*
Aufbauzeit des Mittelwerks (September 1943 bis April 1944)

Abb. 3.7 zeigt die aufsummierten Werte der Einlieferungen ins Lager sowie der Sterbefälle,[57] in die die Liquidierungstransporte vom 6. Januar, 6. Februar und 26. März 1944 nach Lublin und Bergen-Belsen[58] eingerechnet sind. Man sieht, daß Einlieferungen und Sterbefälle einen in etwa gleichartigen zeitlichen Verlauf haben, mit einer Verschiebung von etwa drei Monaten. Eine Auswertung mit den Methoden der statistischen Datenanalyse zeigt: In der Aufbauphase des Mittelwerks lag die mittlere Lebensdauer eines Häftlings bei ungefähr 7 Monaten. Der Ruf, den das Buchenwalder Außenkommando „Dora" im KZ-Kosmos als „Vernichtungslager"[59] besaß, bestand keineswegs zu Unrecht.

57   Ausgangswerte nach Dieckmann, Existenzbedingungen und Widerstand im Konzentrationslager Mittelbau-Dora, S. 443 f. Das Bilden kumulierter Werte führt zu einer Glättung der Zeitreihen und erleichtert das Erkennen funktionaler Zusammenhänge.
58   Näheres bei Neander, Das Konzentrationslager Mittelbau in der Endphase der NS-Diktatur, S. 34 ff.
59   Kogon, Der SS-Staat, S. 263.

4. Vom „Außenkommando Dora" zum selbständigen Konzentrationslager „Mittelbau"

4.1. „Big Week" und die Folgen

Im Herbst 1943 hatte die Rote Armee die deutschen Truppen im Osten bis etwa auf die Linie Leningrad – Kiew – Krim zurückgedrängt. Im Mittelmeerraum waren ganz Nordafrika, Sizilien, Sardinien und das italienische Festland südlich der Linie Neapel – Foggia in die Hand der Alliierten gefallen. Damit verfügten diese über Flugplätze, von denen aus sie die südlichen und südöstlichen Teile des deutschen Machtbereichs angreifen konnten. Es war abzusehen, daß es bald im ganzen Deutschen Reich und den deutsch besetzten Gebieten keinen Ort mehr geben würde, an dem man vor alliierten Luftangriffen sicher sein konnte.

Damit erwies sich das als vorbeugende Maßnahme gegen Luftangriffe aus dem Westen schon seit 1942 durchgeführte Programm der Dezentralisierung und Ostwanderung der Rüstungsindustrie, die „oberirdische Verlagerung", mehr und mehr als Sackgasse. Denn die alliierten Luftflotten konnten jetzt nicht nur die verlagerten Betriebe selbst mit Bomben attackieren, sie störten vor allem durch Angriffe auf die Verkehrswege den Materialfluß zwischen den dezentralisierten Betriebsabteilungen sowie zwischen diesen und ihren Zulieferern. Die Bedenken, die Hitler schon im April 1943 gegen das Programm der oberirdischen Verlagerung geäußert hatte, schienen sich zu bestätigen.

Bevorzugtes Angriffsziel der alliierten Luftstreitkräfte waren die Betriebe der Flugzeug- und Flugmotorenindustrie. Da die Luftwaffe diese nicht mehr zuverlässig schützen konnte, griff Göring im Oktober 1943 einen früheren Gedanken Hitlers wieder auf und forderte ultimativ von Speer, „schnellstens bombensichere Produktionsstätten, mindestens für die Motorenerzeugung und besondere Engpaßteile, zu erstellen".[1] Sofern nicht große Höhlen, aufgelassene Bergwerke oder ähnliches dafür verwendet werden

---

1 Schreiben Görings an Speer vom 10. Oktober 1943, zit. nach Speer, Sklavenstaat, S. 308.

könnten, „müssen Fabriken unter Betonschutz gestellt werden. Erforderlich halte ich die Erstellung von vorerst wenigstens 6–8 derartigen Anlagen *großen Stils*".[2] Damit war eine neue Phase der Rüstungsverlagerung eingeleitet worden. Die Devise lautete jetzt nicht mehr: „Dezentralisation der Produktion und Verlagerung in die Fläche", sondern „Konzentration der Produktion und Verlagerung in die Tiefe", unter die Erdoberfläche, sei es die von Natur aus gegebene oder eine künstlich unter Beton angelegte.

Ein gewichtiger Interessent für unterirdische Verlagerungen war die „Junkers Flugzeug- und Motorenwerke AG", einer der größten Luftrüstungsproduzenten Deutschlands, deren Fertigungswerke im Raum Sachsen-Anhalt/Sachsen/Thüringen/Nordhessen lagen, einem Gebiet mit dem Harz als geographischem Zentrum. Es ist daher nicht verwunderlich, daß man sich im Rüstungsministerium auf der Suche nach geeigneten Standorten für eine Untertageverlagerung von Junkers-Betrieben des Nordhäuser Anhydritgebietes erinnerte, in dem nicht nur gerade die ehemalige Wifo-Anlage „Nie" zur Raketenfabrik umgebaut wurde, sondern das auch durch die umfangreichen Untersuchungen der Wifo in den vorangegangenen Jahren geologisch gut aufgeschlossen war, wobei sich gezeigt hatte, daß es sich zum Bau weiterer „Anlagen großen Stils" grundsätzlich eignete.

Speer hatte sich am 10. Dezember 1943 im Kohnstein persönlich davon überzeugt, daß die Untertageverlagerung eines Großbetriebes der Rüstungsindustrie nicht nur prinzipiell möglich war, sondern unter der Leitung der SS-Bauorganisation auch schnell und kostengünstig durchgeführt werden konnte. Mit Schreiben vom 21. Dezember 1943 erhielt Kammler daher vom Amt Bau des Rüstungsministeriums den Anschlußauftrag:

„Herr Reichsminister Speer hat entschieden, daß das Anhydrit-Massiv bei Niedersachswerfen für die Schaffung eines weiteren bombensicheren Ausweichbetriebes ausgenutzt wird, und zwar soll zugunsten der Firma Junkers künftig eine Untertageanlage von zunächst 80 000 qm geschaffen werden, die eine Erweiterungsmöglichkeit auf die 3-fache Fläche bieten soll. Der Hauptausschuß Bau hat zusammen mit der Firma Junkers einen Vorentwurf aufgestellt, er schätzt die Bauzeit für den Ausbruch auf 1 Jahr.
Herr Reichsminister Speer hat bestimmt, daß hierfür unter dem Amt Bau eine besonders schlagkräftige Bauleitung aufgestellt werden soll, die Sie

2   Ebenda. Hervorh. d. Verf.

übernehmen sollen, um möglichst viel an Firmenkapazität und Arbeitskräften aus Ihrer jetzigen Wifo-Baustelle dorthin zu überführen."[3]

Die Beauftragung Kammlers durch Speer und der ausdrückliche Hinweis auf die „Arbeitskräfte" aus dessen „jetziger Wifo-Baustelle" sind ein Indiz dafür, daß man im Rüstungsministerium die Erfahrungen der SS beim Einsatz von Konzentrationslagerhäftlingen zum Um- und Ausbau der unterirdischen Anlage im Kohnstein als verallgemeinerungsfähig ansah und in weitere Bereiche der Rüstungswirtschaft hinein umzusetzen trachtete.

Der Modellcharakter „Doras" lag demnach nicht nur – wie in der Literatur bislang durchgängig vermutet – darin, daß hier vorgeführt wurde, wie sich auch im Bereich der Spitzentechnologie „arbeitsteilige Industrieproduktion und menschenmordende[r] Einsatz von KZ-Häftlingen" miteinander vereinbaren ließen.[4] Das gab es z. B. auch bei VW in Fallersleben, BMW in Allach und IG Farben in Monowitz. Der Einsatz in der Produktion stellte für „Dora" und die Mittelwerk GmbH lediglich die Endphase im Prozeß des Arbeitseinsatzes der Häftlinge dar. Was das „Modell Mittelwerk/ KZ Dora" reichsweit zum Musterfall im Programm der Untertageverlagerung der Rüstungsindustrie werden ließ – und es als Modell für die Zukunft empfahl –, war diese neue Form der Zusammenarbeit auf höherer Stufe zwischen Privatindustrie und SS unter Steuerung durch das Rüstungsministerium (als einer obersten Reichsbehörde), wie sie hier bei dem komplexen Prozeß des Aufbaus einer unterirdischen Fabrik bis hin zur Produktionsreife vorexerziert worden war.

Warum nun mit der Realisierung des Junkers-Projekts vom Dezember 1943 nicht unverzüglich begonnen wurde, läßt sich nicht mit Sicherheit sagen. Vermutlich hatte es im Rüstungsministerium noch nicht die erforderliche Dringlichkeitsstufe zuerkannt bekommen. Dennoch blieb man nicht untätig. So wurden beispielsweise ab Mitte Februar 1944 durch Umquartierung von Mittelwerkspersonal nach Ilfeld und Benneckenstein Unterbringungs- und Transportkapazitäten im Raum Ellrich schon vorsorglich

---

3   Zit. nach Demps, Zum weiteren Ausbau des staatsmonopolistischen Apparates, S. 263. Siehe in diesem Zusammenhang auch die Schreiben Speers an Kammler vom 17. Dezember 1943 und an Himmler vom 22. Dezember 1943 (Kapitel 3.5 dieser Arbeit).

4   So etwa Grieger, „Vernichtung durch Arbeit", S. 56. Siehe auch Bruno Mantelli, Untermenschen ed industria di guerra, in: F. Cereja/B. Mantelli (Hrsg.), La deportazione nei campi di sterminio nazisti, Milano 1986, S. 103, oder Eisfeld, Die unmenschliche Fabrik.

freigemacht.[5] Als dann Ende Februar 1944 im Rahmen der alliierten Luft-offensive „Operation Big Week" die deutschen Flugzeugwerke flächen-deckend bombardiert wurden, konnte sofort gehandelt werden.

Als Reaktion auf die massiven Zerstörungen in der Luftfahrtindustrie konstituierte sich am 1. März 1944 der „Jägerstab". Er sah es als eine seiner wichtigsten Aufgaben an, die Untertageverlagerung von sogenannten Eng-paßfertigungen zu forcieren. Schon am 4. März 1944 legte Göring hierzu in einem Erlaß zur „Sicherstellung der Jägerfertigung" – in offensichtlicher Abstimmung mit Rüstungsministerium und SS – Details und die Verant-wortlichkeiten fest. Die Art und Weise, wie in Görings Erlaß die Koopera-tion zwischen der SS und dem Rüstungsministerium normiert wurde, zeigt eine deutliche Orientierung am „Modell Mittelwerk/KZ Dora": Alle unter-nehmensstrategischen Entscheidungen würde das Rüstungsministerium im Einvernehmen mit der Luftwaffenführung treffen. Jenes würde auch in sämtlichen Projektphasen die Fäden in der Hand behalten, während die SS ausschließlich Dienstleistungen zu erbringen hätte: Gestellung von „Schutz-häftlinge[n] in ausreichendem Maße als Hilfskräfte" (durch Pohl) und „ver-antwortliche Leitung" der Baumaßnahmen (durch Kammler). Dabei legte Speer aber großen Wert darauf, daß deren praktische Durchführung in den Händen der – privaten – Bauwirtschaft lag (worin er sich mit Kammler grundsätzlich einig war), vor allem aber, daß das Verfügungsrecht über die beteiligten Firmen und deren Arbeitskräfte – zu denen auch die in den Betrieben beschäftigten KZ-Häftlinge gehörten – nicht an die SS überging, sondern beim Hauptausschuß Bau, einem der Organe der „Selbstverant-wortung der Industrie", verblieb.

4.2. Der „Sonderstab Kammler"

Wie schon erwähnt, hatte die US-Luftwaffe Ende Februar 1944 in einer sechstägigen Angriffsserie die deutschen Flugzeugwerke als Produktions-stätten praktisch ausgeschaltet. In dieser akuten Notlage wurde durch einen Erlaß Hitlers vom 1. März 1944 der „Jägerstab" aus Industriellen und Ver-

---

5   Dies läßt sich aus einer (erst kürzlich aufgefundenen) Direktionsanweisung des Mittel-werks vom 9. Februar 1944 schließen (Kopie in Sammlung Bornemann). Der Werksverkehr konnte – zur Entlastung der Reichsbahnstrecke Nordhausen-Ellrich – jetzt ganz über die Harzquerbahn abgewickelt werden; frdl. Mitteilung von Manfred Bornemann, Hamburg, an den Verf., 1. November 1996.

tretern des Reichsluftfahrt- und des Rüstungsministeriums ins Leben gerufen. Mit der Leitung des Jägerstabes, die mit weitreichenden Kompetenzen verbunden war, wurde Hauptdienstleiter Karl Otto Saur, einer der Spitzenbeamten des Speer-Ministeriums, betraut. Aufgaben des Jägerstabes waren der Wiederaufbau der zerschlagenen Luftfahrtindustrie, die Dezentralisierung besonders gefährdeter Betriebe und die beschleunigte Untertageverlagerung wichtiger Fertigungen.

Die Erfüllung dieser Aufgaben setzte eine umfangreiche Bautätigkeit voraus und diese wiederum die schnelle und flexible Bereitstellung zusätzlicher Arbeitskräfte. Der Generalbevollmächtigte für den Arbeitseinsatz, Sauckel, der noch am 4. Januar 1944 seinem „Führer" optimistisch mehr als vier Millionen Arbeiterinnen und Arbeiter für die Kriegswirtschaft versprochen hatte, mußte am 1. März in einer Sitzung der Zentralen Planung des Rüstungsministeriums das vollständige Scheitern seiner Politik eingestehen.

Hier nun konnte die SS ihre Dienste anbieten, denn sie war zu diesem Zeitpunkt die einzige Organisation im Deutschen Reich, die noch in nennenswertem Umfang Arbeitskräfte stellen konnte, die ferner über eine eingespielte Bauorganisation verfügte und zudem das Erfolgsbeispiel „Mittelwerk" vorzuweisen hatte. Es war daher nur folgerichtig, daß Kammler als Leiter der SS-Bauorganisation Mitglied des Jägerstabes wurde. In sein Ressort fielen die „Sonderbauaufträge", also die Bauaufgaben im Zusammenhang mit der Untertageverlagerung. Als Mitglied des Jägerstabes unterstand Kammler sowohl dem Rüstungsminister Speer als auch dem Oberbefehlshaber der Luftwaffe Göring, von welchem er sich zusätzliche weitreichende Vollmachten erteilen ließ.

Auch nach der Gründung des „Rüstungsstabes" am 1. August 1944, der die Arbeit des Jägerstabes auf wesentlich erweiterter Grundlage fortsetzte und in dem jener aufging, behielt Kammler seine Aufgaben im Bereich der jetzt mit noch mehr Nachdruck betriebenen Untertageverlagerung, die sich nun nicht mehr allein auf Produktionsstätten der Flugzeug- und „V-Waffen"-Fertigung beschränkte, sondern auch Kugellager- und Panzermotorenwerke sowie vor allem Betriebe der Erdölverarbeitung und Kohlehydrierung („Geilenberg-Programm") einbezog. Seine – im NS-System übliche – doppelte Unterstellung unter Himmler und Speer[6] nutz-

---

6   Göring mußte zum 1. August 1944 die gesamte Luftrüstung an Speer abtreten; vgl. Willi A. Boelcke (Hrsg.), Deutschlands Rüstung im Zweiten Weltkrieg, Frankfurt a. M. 1969, S. 19. Danach war sein Einfluß auf die Rüstungsplanung eine zu vernachlässigende Größe geworden.

te Kammler geschickt zur Erweiterung seiner Kompetenzen und Handlungsspielräume.

Die Durchführung der Kammler übertragenen Bauprojekte wurde von einem eigens dafür eingerichteten „Sonderstab Kammler" geleitet, dessen Chef Kammler in dieser Funktion wiederum dem Reichsführer SS Heinrich Himmler persönlich und unmittelbar unterstellt war. An der Spitze des Sonderstabes stand das „Baubüro Dr. Kammler" mit Sitz in Berlin, dem außer Mitarbeitern der Amtsgruppe C – Bauten – des SS-Wirtschafts-Verwaltungshauptamtes Fachleute aus allen Wehrmachtteilen angehörten.

Weitgehend auf der Basis der schon bestehenden SS-Baudienststellen richtete Kammler als regionale Mittelinstanzen vier „SS-Sonderinspektionen" ein:[7]

- SS-Sonderinspektion I für den Raum Mitteldeutschland ohne Bereich Nordhausen, aber mit Rottleberode
- SS-Sonderinspektion II für den Raum Nordhausen (ohne Rottleberode) und für Leitmeritz
- SS-Sonderinspektion III für den Raum West- und Südwestdeutschland (einschließlich Elsaß)
- SS-Sonderinspektion IV für den Raum Ostbayern und Österreich.

Diesen Sonderinspektionen unterstanden als nachgeordnete Dienststellen die lokalen „SS-Führungsstäbe". Jedem Bauprojekt war ein eigener Führungsstab zugeordnet, der mit demselben Kürzel wie die Baumaßnahme bezeichnet wurde. Hierbei unterschied man „A"-, „B"- und „S"-Projekte. Letztere waren spezielle Sonderbauvorhaben, so zum Beispiel S III, das große unterirdische Führerhauptquartier bei Ohrdruf in Thüringen. Die A- und B-Projekte waren Maßnahmen im Zusammenhang mit der unterirdischen Verlagerung von Rüstungsbetrieben. Dabei wurden mit „A 1" bis „A 10" die zehn Verlagerungen der Bauvorhaben der „Welle 1" bezeichnet. Das waren diejenigen Projekte, die man besonders schnell realisieren zu können glaubte und für die deswegen auf schon vorhandene, mit vermeintlich relativ geringem Aufwand herzurichtende unterirdische Hohlräume in Eisenbahntunnels, Höhlen oder Bergwerken zurückgegriffen wurde. Alle übrigen Untertageverlagerungsprojekte des Jägerstabs, vor allem diejenigen, die erst noch umfangreiche bergmännische Arbeiten erforderten und die daher

---

7   Stand August 1944. Quellenangaben für diesen und die folgenden Absätze bei Neander, Das Konzentrationslager Mittelbau in der Endphase der NS-Diktatur, S. 66 ff.

erst in einiger Zukunft realisierbar sein würden, bildeten die Bauvorhaben der „Welle 2" und wurden mit B 1, B 2 usw. bezeichnet.

Jedem Bauprojekt waren mehrere Decknamen zugeordnet: einer aus dem Mineralreich für die eigentliche Baumaßnahme und einer oder mehrere, je nach Bedarf, aus dem Tierreich für die geplante Produktion. So lief etwa das Bauprojekt B 11 im Kohnstein bei Niedersachswerfen unter dem Decknamen „Zinnstein", während die dort unter Tage eingebaute Hydrieranlage die Codebezeichnung „Kuckuck" und das im selben Stollensystem eingerichtete Sauerstoffverflüssigungswerk den Tarnnamen „Eber" erhielten. Die Decknamen wurden zentral vom Rüstungsministerium vergeben und lassen sich, zumal für Maßnahmen, die nicht über das Projektierungsstadium hinaus gekommen sind, heute oft nicht mehr mit letzter Sicherheit entschlüsseln.

Zu einem SS-Führungsstab gehörten etwa elfhundert Mann, und zwar als technisches Personal 20 Angehörige des eigentlichen Führungsstabes und der Bauleitung, 170 Mann Wachkompanie, 200 zivile (dienstverpflichtete) Bauarbeiter und 700 Bauhäftlinge. Die SS-Führungsstäbe wurden stets von einem Baufachmann im SS-Offiziersrang geleitet. Ihnen oblag die örtliche Bauleitung, aber sie „wirkten nicht als Baufirma. Bei den der SS anvertrauten Bauvorhaben übernahmen sie die Leitung und Verantwortung für den Bau, planten, organisierten und koordinierten den Einsatz der Baufirmen und der KZ-Häftlinge. Das Rüstungsministerium und das ihm untergeordnete Lenkungssystem beauftragten die SS mit Aufgaben und versahen sie mit Finanzmitteln, Rohstoffkontingenten usw".[8]

Auch im Bereich der Kammlerschen Sonderbauvorhaben wurden die KZ-Häftlinge also nicht in SS-Betrieben eingesetzt, sondern an die – privaten – Baufirmen verliehen. Die Globalzuweisung der Häftlingskontingente zu einem Bauprojekt erfolgte über die Amtsgruppe Arbeitseinsatz des Rüstungsministeriums im Benehmen mit dem SS-Wirtschafts-Verwaltungshauptamt. Dessen Fachämter waren auch weiterhin für Unterbringung, Verpflegung, Bekleidung, ärztliche Versorgung und Bewachung der Häftlinge zuständig. Über deren Arbeitseinsatz entschied jedoch nicht mehr das Fachamt D II, sondern eine Dienststelle der Kammler-Organisation.

Vor Ort organisierten die SS-Führungsstäbe den Arbeitseinsatz der Häftlinge. Die den Bauprojekten zugeordneten – und in der Regel für diese erst

---

8 Miroslav Kárný, Das SS-Wirtschafts-Verwaltungshauptamt, in: Hamburger Stiftung zur Förderung von Wissenschaft und Kultur (Hrsg.), „Deutsche Wirtschaft", Hamburg 1991, S. 163.

eingerichteten – Konzentrationslager wurden zu diesem Zweck teilweise aus dem Zuständigkeitsbereich der Amtsgruppe D des SS-Wirtschafts-Verwaltungshauptamtes herausgelöst und dem Sonderstab Kammler unterstellt. Für den Lagerkomplex „Mittelbau" wurde zum Beispiel in einem SS-Standortbefehl vom 10. September 1944 festgelegt: „Um die Arbeitseinteilung für die verschiedenen Bauvorhaben regeln zu können, werden den Chefs der Führungsstäbe weitere Sachbearbeiter beigegeben. [...] Häftlingsanforderungen sind von den Führungsstäben bei den jeweiligen Sachbearbeitern des Arbeitseinsatzes zu stellen. Dieser Sachbearbeiter hat zu erwägen, aus welchem Lager günstigenfalls die Häftlinge zu entnehmen sind und sich dann mit dem jeweiligen Arbeitseinsatzführer in Verbindung zu setzen. Der Arbeitseinsatzführer des Lagers übergibt dem Sachbearbeiter beim Führungsstab alle für die gesamten Kommandos vorgeschlagenen Häftlinge. Eine Aufteilung in Einzelkommandos innerhalb des Bauvorhabens erfolgt durch den Sachbearbeiter beim Führungsstab."[9]

Als flankierende Maßnahme war – zumindest im Bereich des Konzentrationslagers Mittelbau – der Kammlerschen Bauorganisation ein eigener, Kammler direkt und dem Reichssicherheitshauptamt nur fachtechnisch unterstellter SD-Stab zugeordnet worden. Der ehemalige Generaldirektor des Mittelwerks, Georg Rickhey, hat nach Kriegsende verschiedentlich hierzu Aussagen gemacht: „Die U[ntertage]-Anlagen [...] wurden de facto auch sicherheitsmäßig Kammler unterstellt. Das Reichssicherheits-Hauptamt stellte nämlich zu Kammler bzw. zu seinen Baustäben besondere SD-Kommissare ab."[10] „Außerdem hatte General Kammler die Vollmacht, über *die ihm persönlich unterstehende SD-Abteilung* jede Person, die nach seiner Ansicht in den Ablauf der von ihm angeordneten Maßnahmen unbefugt eingriff, verhaften zu lassen."[11]

Offizielle Aufgabe dieser besonderen SD-Abteilung war die Abwehr vermuteter oder tatsächlicher Sabotage im Mittelwerk und bei den Verlagerungsprojekten im „Mittelraum", einem Gebiet im Umkreis von etwa fünfzig Kilometern um das Lager „Dora". Ihre eigentliche Bedeutung gewann Kammlers SD-Abteilung aber dadurch, daß sie durch den Terror von

---

9   Zit. nach Walter Bartel, Wehrwirtschaftsführer – Geheimwaffen – KZ, Frankfurt a. M. 1970, S. 24 f.

10   Aussage im NDH-Prozeß, US Mikrofilm M 1079, Rolle 12 fr. 461.

11   Aussage am 21. Juni 1952 in Nordenham, zit. nach Bartel, Wehrwirtschaftsführer – Geheimwaffen – KZ, S. 25; Hervorh. d. Verf.

öffentlichen Massenexekutionen und exzessiver Anwendung der Folter ein Klima der Einschüchterung erzeugte, nicht nur unter den Häftlingen, sondern auch bei den „zivilen" und Zwangsarbeitern. Gerade weil sich gegen Kriegsende die Lebensumstände der Arbeiter und der Häftlinge objektiv und rapide verschlechterten, sahen SS und Betriebsführungen nur noch ein einziges Mittel, ein Absinken der Arbeitsproduktivität zu verhindern: den blanken Terror.

Wenn auch der Sonderstab Kammler vorwiegend Bauvorhaben für besonders wichtige Fertigungen („Prestigeprojekte") sowie Großvorhaben mit sehr hohem Arbeitsaufwand betreute, so darf nicht übersehen werden, daß die Mehrzahl der Verlagerungsprojekte von anderen Dienststellen (Organisation Todt, Rüstungslieferungsamt) oder den Industriebetrieben selbst durchgeführt wurde. Dabei beschäftigten diese, vor allem die Organisation Todt, gegen Kriegsende zunehmend auch KZ-Häftlinge, die ihnen über den „normalen" Verleihweg zugewiesen worden waren und deren Lager in der Regel nicht der Kammler-Organisation unterstanden.

Es war die qualitative, nicht die quantitative Bedeutung der vom Sonderstab Kammler betreuten Untertageverlagerungsprojekte, die es Kammler – und damit der SS – gestattete, in den Kompetenzbereich der Luftrüstung einzudringen. Möglich geworden war das dadurch, daß die zivilen Instanzen sich im Frühjahr 1944 nicht mehr in der Lage sahen, das gigantische Untertageverlagerungsprogramm aus eigener Kraft zu verwirklichen. So trat man notgedrungen etwas an Kompetenzen an die SS ab, war aber bei Industrie und Rüstungsministerium sorgsam darauf bedacht, nie das Heft ganz aus der Hand zu geben. Von unternehmensstrategischen und rüstungspolitischen Entscheidungen blieb die SS, mit wenigen Ausnahmen im letzten Vierteljahr des Krieges, grundsätzlich ausgeschlossen. Es wäre aber verfehlt, die SS deswegen nur in der Rolle eines untergeordneten Handlangers für die Privatindustrie, die „Konzerne" und „Monopole", zu sehen, wie dies die DDR-Geschichtsschreibung getan hat. Auf die materiellen und immateriellen Dienstleistungen, die die SS für die Rüstungswirtschaft erbrachte, konnte diese nicht mehr verzichten. Dadurch erhielt die SS auch ihren industriellen und ministeriellen Auftraggebern gegenüber ein nicht unerhebliches Eigengewicht. Hinzu kam noch, daß die SS in dem ihr zugestandenen Kompetenzbereich durchaus eigenverantwortlich handeln konnte und dies auch tat.

So lag denn auch auf einer übergeordneten Ebene die Bedeutung des Einsatzes des Sonderstabs Kammler im Qualitativen, im Politischen. Es war der

SS gelungen, mit Hilfe ihrer Bauorganisation bis zur Jahreswende 1944/45 eine Reihe von Steuerungsfunktionen auf mittlerer Ebene im Rüstungssektor zu übernehmen, die die Industrie zuvor als „Selbstverantwortung" in eigener Regie erfüllt hatte. Damit konnte die SS den Prestigeverlust wettmachen, den sie im Herbst 1942 durch den erzwungenen Verzicht auf eine eigene Rüstungsproduktion hatte hinnehmen müssen. Die zunehmende Schwäche der anderen an der Rüstung beteiligten Gruppen: Industrie, Staat, Wehrmacht und Partei, kam der SS als noch weitgehend intakter Organisation mit eigenem Überwachungs- und Unterdrückungsapparat zugute und ermöglichte ihr, ab Januar 1945 in steigendem Maße auch Kontroll- und Führungsfunktionen in der Rüstung zu übernehmen.

4.3. Junkers geht unter die Erde: das „Unternehmen Mittelbau"

Wie alle deutschen Flugzeugwerke waren auch die Junkers-Betriebe durch die erheblichen Zerstörungen, die die Offensive „Big Week" angerichtet hatte, in ihrer Substanz getroffen worden. So drängte die Junkers AG mit Vehemenz (und mit offensichtlicher Rückendeckung durch den Jägerstab) auf die Bereitstellung von bombensicheren Räumen im Harzgebiet. Das Rüstungsministerium, das spätestens seit Dezember 1943 in dieser Hinsicht bei Junkers im Wort stand, ließ als Sofortmaßnahme die „Heimkehle" bei Uftrungen beschlagnahmen, eine der größten natürlichen Höhlen im Gipskarst des Südharzes, um sie zu einer unterirdischen Fabrikationsstätte für Flugzeugfahrwerke („Thyra-Werk") ausbauen zu lassen. Das Bauprojekt wurde vom SS-Führungsstab A 5 geleitet, der seinen Sitz im benachbarten Rottleberode nahm.[12]

Das Projekt „A 5" wurde nach demselben Muster durchgeführt, wie es SS, Industrie und Rüstungsministerium beim „Modell Mittelwerk/KZ Dora" vorexerziert hatten, nur auf einer wesentlich kleineren Skala, etwa im Verhältnis 1 : 10. Als eine der ersten Maßnahmen wurde ein Werks-KZ eingerichtet. Am 13. März 1944 trafen die ersten Häftlinge aus Buchenwald in Rottleberode ein. Sie bezogen Räume in einer ehemaligen Porzellanfabrik, die die Junkers AG schon seit längerer Zeit gepachtet hatte, und

---

12 Vgl. „Zusammenstellung [...] der A-Vorhaben [...]" vom 16. März 1944; Archiv OBA CLZ Akte VS 85/II.

mußten dort das „Arbeitslager Heinrich" einrichten. Als Außenkommando Buchenwalds übernahm „Heinrich" für das Thyra-Werk dieselben Funktionen wie „Dora" für das Mittelwerk, mit dem einzigen strukturellen Unterschied, daß der Lagerführer von „Heinrich" nicht in der Leitung des Thyra-Werks vertreten war.[13]

Es begann die Aufbauphase des Werks, in der die Häftlinge so gut wie ausschließlich zu Bauhilfsarbeiten herangezogen wurden, für die keine besonderen beruflichen Qualifikationen erforderlich waren, die aber unter den barbarischen KZ-Bedingungen zu einem enormen Kräfteverschleiß bei den Häftlingen führten.[14] Für einen Teil von ihnen trat in der Ende Juli 1944 beginnenden Produktionsphase des Thyra-Werks eine relative Besserung der Lebensverhältnisse ein. Analog zur Situation im Lager „Dora" zu Beginn der Produktionsphase des Mittelwerks war es aber auch nur die verhältnismäßig kleine Gruppe der als „Facharbeiter" eingestuften und direkt in der Fertigung eingesetzten Häftlinge, die von diesem Wandel profitierten. Für diejenigen, die in Transport- oder Schachtkommandos arbeiten mußten oder gar dem Kommando „B 4" (Stollenbau bei Stempeda) zugeteilt waren, hatte sich nichts Wesentliches geändert. Und auch für die „Facharbeiter" gehörten Hunger und Kälte, Läuse und Furunkel, Prügel und Schikanen zum Lageralltag wie bisher.

Die 7000 m² Bodenfläche der Heimkehle konnten für die Junkers AG nicht mehr gewesen sein als der berühmte Tropfen auf dem heißen Stein. Die Suche nach geeignetem unterirdischen Verlagerungsraum im Harzgebiet mußte weitergehen. Es ist nicht verwunderlich, daß man hierbei sehr schnell, auf jeden Fall noch Anfang März 1944, wieder auf die ehemalige Wifo-Anlage „Nie" stieß. Es hatte sich nämlich längst herumgesprochen, daß das Mittelwerk dort absolut und relativ viel zu viel Untertageraum belegte. Das Produktionsziel von 2000 Raketen monatlich war längst auf weniger als die Hälfte reduziert worden, und auch davon war der tatsächliche Ausstoß weit entfernt. Dazu kam die technische Unzuverlässigkeit der vom

---

13   Es ist müßig, über Gründe hierfür zu spekulieren. Einen SS-Funktionär in die Leitung des Thyra-Werks zu übernehmen, hatte Junkers wahrscheinlich gar nicht nötig, da die SS seine Wünsche auch so erfüllte; vgl. Demps, Zum weiteren Ausbau des staatsmonopolistischen Apparates, S. 299 ff.

14   Daß die Sterblichkeit hier deutlich niedriger war als in der Aufbauphase Doras, ist allein dem Umstand zu verdanken, daß die Häftlinge eine feste Unterkunft vorfanden und daß die warme Jahreszeit begonnen hatte; vgl. Manfred Bornemann/Martin Broszat, Das KL Dora-Mittelbau, in: Studien zur Geschichte der Konzentrationslager, Stuttgart 1970, S. 176.

Mittelwerk gelieferten Raketen, die derart groß war, daß ein Fronteinsatz des A 4 noch in weiter Ferne zu liegen schien.

Hitler selbst hatte in der Speer-Konferenz vom 5. März 1944 Sinn und Nutzen des A 4-Projekts (wieder einmal) in Zweifel gezogen und gleichzeitig die Weichen gestellt für eine Umnutzung der vom Mittelwerk belegten Räumlichkeiten: „Der Führer verlangt auf Grund der in den letzten Wochen von den verschiedenen Seiten erhobenen Bedenken gegen die Aufwendigkeit von A 4-Geräten eine sofortige und umfassende Ermittlung der tatsächlich im A 4-Programm beschäftigten Kräfte und Aufstellung eines Vergleichs, was aus dem entsprechenden Material und besonders mit den entsprechenden Kräften, vor allem aber was in *den unterirdischen durch das A 4-Programm belegten Räumen* für Leistungsmöglichkeiten für die *Stärkung der Jäger-Waffe* liegen", vermerkt das Protokoll der Besprechung.[15]

Was im einzelnen dieser von Hitler befohlene „Vergleich" beinhaltete, mag dahingestellt bleiben. Auf jeden Fall hatten die „umfassenden Ermittlungen" zur Konsequenz, daß die Mittelwerk GmbH noch im April 1944 den nördlichen Teil der ehemaligen Wifo-Anlage zugunsten der „Stärkung der Jäger-Waffe" räumen mußte. In die Querstollen 1 bis 20 und den daran angrenzenden Teil der Fahrstollen A und B, ein Areal von 44 000 m² Stollenfläche, verlagerte die Junkers AG Zug um Zug Abteilungen ihrer Flugmotorenwerke Magdeburg, Köthen und Leipzig. In diesem „Nordwerk" begann schon im Mai 1944 die Produktion von Düsen- und Kolbentriebwerken. Die für den Umzug des Mittelwerks sowie die Herrichtung der Stollen 1 bis 20 für Zwecke von Junkers erforderlichen Transport- und Bauarbeiten hatten Häftlinge des Lagers „Dora" verrichten müssen.

Um Kontakte zwischen den Arbeitern des Nordwerkes (im wesentlichen ausländische Zwangsarbeiter, aber keine Konzentrationslagerhäftlinge) und den Beschäftigten des Mittelwerks möglichst zu verhindern, wurden Trennwände in den Fahrstollen A und B eingebaut. Außerdem durften Mittelwerker nur die südlichen, Nordwerker nur die nördlichen Eingänge in das Stollensystem benutzen. Diese Regelung führte unter anderem dazu, daß Häftlinge von „Dora", die in Kommandos im Bereich Niedersachswerfen/ Woffleben tätig waren, nicht den kürzesten Weg durch die Fahrstollen im Kohnstein nehmen konnten, um an ihre Arbeitsplätze zu gelangen, sondern südlich und östlich den Berg umgehen mußten (siehe auch Abb. 4.5).

---

15 Boelcke (Hrsg.), Deutschlands Rüstung im Zweiten Weltkrieg, S. 341; Hervorh. d. Verf.

Mit den 7000 Quadratmetern für das Thyra-Werk und den 44 000 für das Nordwerk, die schon Anfang März 1944 der Junkers AG sicher gewesen sein dürften, war aber deren Verlagerungsbedarf noch nicht im entferntesten gedeckt. So wurde jetzt die Realisierung des mit Junkers im Dezember 1943 abgesprochenen Bauprojektes im „Anhydrit-Massiv bei Niedersachswerfen" angegangen. Einen ersten Hinweis hierauf enthält die Anlage zum Schreiben Himmlers an Göring vom 9. März 1944 über den „Einsatz von Häftlingen in der Luftfahrtindustrie".[16] Dort ist gegen Ende vermerkt:

„Als weitere Einsätze wurden in diesen Tagen vereinbart:
Buchenwald: *Anhydrit*; vorgesehen 10 000 Häftlinge; Fertigung für Junkers in Stollen."[17]

„Anhydrit" war der Deckname für das erste unterirdische Hohlraumsystem im Raum Nordhausen, das speziell für die Aufnahme eines Fabrikationsbetriebes geplant und ausgesprengt wurde. Ein SS-Führungsstab mit der Bezeichnung „B 3" mit Sitz im Gutshof Bischofferode bei Woffleben wurde eingerichtet, um das Bauprojekt zu leiten.

Noch im März 1944 begann man mit den Bauarbeiten, und zwar an der Südwestecke des Himmelbergs nördlich von Woffleben, genau an derjenigen Stelle, die die Wifo einst für die Anlage eines unterirdischen Öldepots vorgesehen hatte. Die Konzentrationslagerhäftlinge, die man hier von Anfang an arbeiten ließ, kamen aus dem Lager „Dora" und wurden im Bereich des Gutes Bischofferode provisorisch im Lager „Anna" untergebracht. Hier entstand demnach das erste speziell für das „Unternehmen Mittelbau" eingerichtete Konzentrationslager. In ihm befanden sich nie mehr als etwa 500 Häftlinge. Es wurde schon am 9. Mai 1944 aufgelöst, seine Insassen in das Lager „Erich" verlegt.[18] Später im Jahr begannen auch Bauarbeiten am Mühlberg, an der gleichen Stelle, wo das andere, nordöstliche Ende eines Wifo-Depots „Himmelberg" gewesen wäre. Man unterschied beide Baumaßnahmen (die aber unter der Leitung desselben SS-Führungsstabes, B 3, standen) als „B 3 a" (Himmelberg bei Woffleben) und „B 3 b" (Mühlberg bei

---

16 Nbg. Dok. PS-1584 (III), wiedergegeben in: Der Prozeß gegen die Hauptkriegsverbrecher vor dem Internationalen Militärgerichtshof Nürnberg; 42 Bände, Nürnberg 1947–1949 (IMT), Bd. XXVII, S. 354 ff. Das Schreiben Himmlers ist Antwort auf ein Fernschreiben Görings vom 15. Februar 1944; Nbg. Dok. PS-1584 (I), in: IMT, Bd. XXVII, S. 352.
17 Nbg. Dok. PS-1584 (III) in: IMT, Bd. XXVII, S. 362; Hervorh. d. Verf.
18 Vgl. Bornemann, Geheimprojekt Mittelbau, S. 182 f.

Appenrode). Das Projekt B 3 b ist jedoch über Voruntersuchungen und einige Zehnermeter aufgefahrenen Stollens nicht hinaus gediehen.[19]

B 3 a und B 3 b waren – wie übrigens auch alle später im Nordhäuser Anhydritmassiv begonnenen oder geplanten Untertageverlagerungsbauten – „Tunnelwerke", das heißt Systeme von untereinander verbundenen Stollen mit großen Profilquerschnitten, die am Fuße eines Berghangs zu ebener Erde in diesen hineingetrieben waren. Der Grundriß eines Tunnelwerks orientierte sich an der Leiterstruktur eines Wifo-Öllagers, die sich im Mittelwerk als gut geeignet auch für einen Fabrikationsbetrieb erwiesen hatte, aber nun durch Vervielfachung weiterentwickelt worden war zu einer Gitterstruktur (siehe Abb. 4.1): Mehrere parallele Fahrstollen, im wesentlichen für die Zu- und Abfuhr von Material, Menschen, Luft, Wasser und Energie sowie für den Einbau von Taktstraßen vorgesehen, waren durch ein System großer Kammern zur Aufnahme von Werkstätten, Labors, Büros und Lagerräumen querschlägig miteinander verbunden. Die Gitterstruktur eines Tunnelwerks erlaubte beim Auffahren der Stollen eine gleichzeitige Belegung von zahlreichen Arbeitspunkten. Das ermöglichte relativ kurze Bauzeiten, verlangte aber einen hohen Einsatz an Maschinen, vor allem aber beim damaligen Stand der deutschen Bergbautechnik auch von menschlicher Arbeitskraft. Die in Himmlers Schreiben an Göring vom 9. März 1944 genannte Zahl von „10 000 Häftlingen" gab die Größenordnung durchaus realistisch wieder und ließ ahnen, was für ein Lagerkomplex in der Nähe dieser Baustellen in Kürze entstehen würde.

Auch mit der Anlage „Anhydrit" (der Deckname wurde später abgekürzt zu „Hydra") bzw. „B 3" war der unterirdische Raumbedarf der Junkers AG immer noch nicht gedeckt. Vor allem fehlte dem Konzern eine bombensichere Alternative zu den großräumigen Werkshallen, in denen Flugzeugzellen gefertigt wurden sowie Endmontage und Ausrüstung der Maschinen erfolgten und die ihrer Größe wegen besonders durch Luftangriffe gefährdet waren. „Betonwerke", das heißt Riesenbunker mit mehrere Meter dicken Betondecken und -wänden, wie sie von höchster Stelle favorisiert wurden, wären hierfür grundsätzlich geeignet gewesen. Aus Mangel an

---

19   Vgl. CIOS, Investigation of 13 Underground Factories in Central Germany, DokSt Mi-Dora, o. O., 1945, S. 40. B 3b wurde im Herbst 1944 in Angriff genommen (vgl. Schreiben des Oberbergamts Clausthal-Zellerfeld – III 1522/44g vom 1. September 1944; Archiv OBA CLZ Akte VS 85/III), ist aber Anfang 1945 zugunsten des Projektes S III (Ohrdruf) eingestellt worden; vgl. Bornemann, Geheimprojekt Mittelbau, S. 92.

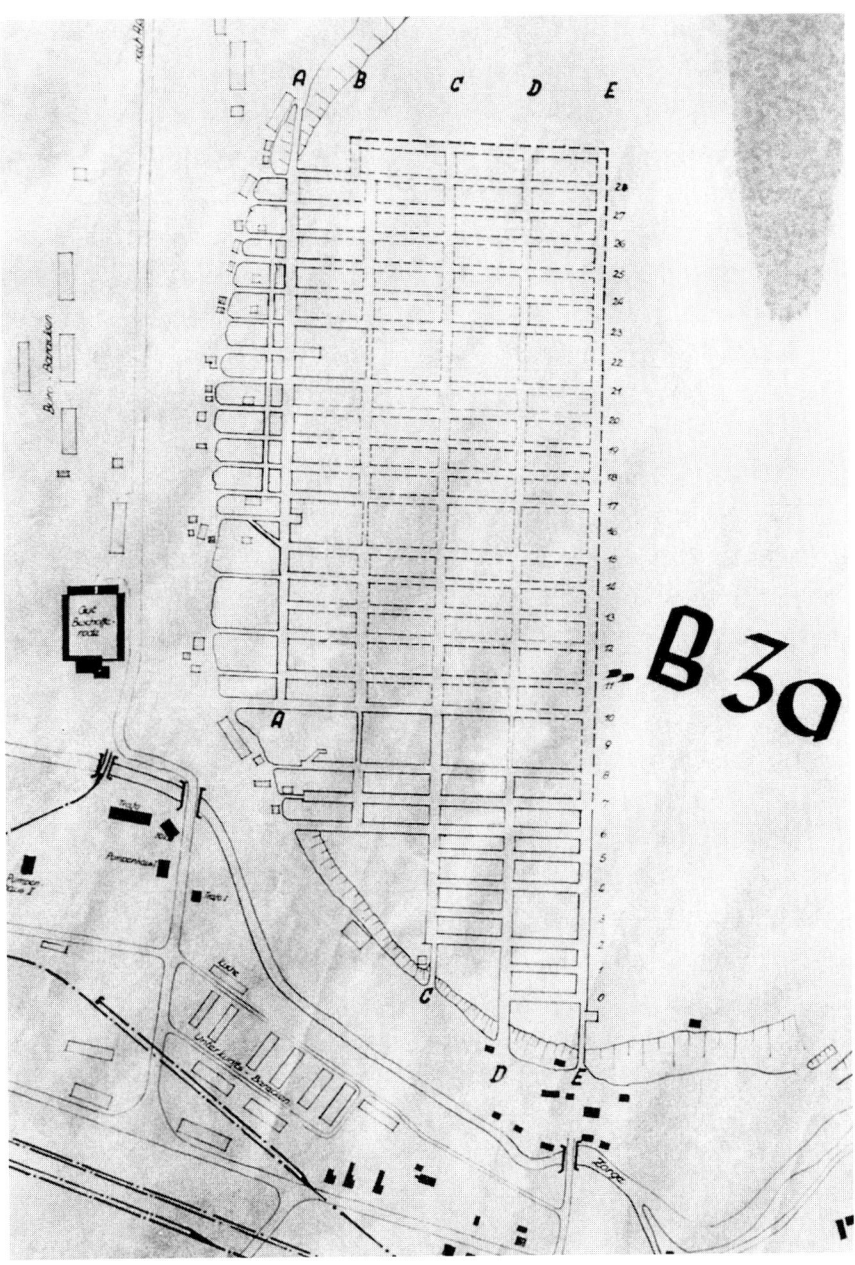

Plan der Anlage B 3 a „Anhydrit" (später „Hydra") im Himmelberg   **Abb. 4.1**
bei Woffleben
Zeichnung: Karl-August Bruno 1945.
Aus: Bornemann, Geheimprojekt Mittelbau, S. 91

Baukapazitäten, vor allem aber aus prinzipiellen Erwägungen heraus hatte das Rüstungsministerium jedoch auf die von Hitler schon im April 1943 gestellte, von Göring im Oktober desselben Jahres wiederholte Forderung nach dem Bau derartiger „Anlagen großen Stils" immer nur hinhaltend reagiert. Jetzt zwang aber die prekäre Luftkriegslage zum Handeln. Als Alternative zu den „Betonwerken" bot sich der Bau untertägiger Hohlräume in geologischen Strukturen wie etwa dem Südharzer Anhydrit an, der freitragende Hallenquerschnitte bis zu 20 x 20 m und mehr zuließ und damit eine erhebliche Einsparung an Beton, vor allem aber an dem knappen Baueisen gegenüber einem „Betonwerk" ermöglichte. In Räumen von diesen Abmessungen war der Zellenbau, ja sogar die Endmontage von Jagdflugzeugen prinzipiell möglich.

Es liegt nahe anzunehmen, daß spätestens in der zweiten Märzhälfte des Jahres 1944 im Jägerstab beschlossen wurde, Junkers weiteren bombensicheren Verlagerungsraum im Nordhäuser Anhydritmassiv zur Verfügung zu stellen. Ein Indiz dafür ist das Protokoll der Speer-Konferenz vom 6./7. April 1944, in dem unter Ziffer 17 festgehalten wurde: „Der Führer verlangt trotz [der außerordentlichen Angespanntheit der Gesamtlage], daß mit aller Energie die beiden von ihm geforderten Großwerke von je mindestens 600 000 qm errichtet werden. Er ist damit einverstanden, daß eines dieser Werke nicht als Betonwerk, sondern nach unserem Vorschlag in Erweiterung und unmittelbarer Nachbarschaft des jetzigen Mittelwerkes als sog. *Mittelbau* errichtet wird und daß dieses Werk *unter Führung der Junkers-Werke* kommt. Als Sofortaufgabe ist neben der Zug um Zug durchzuführenden Sicherstellung der Engpaßerzeugnisse der Junkers-Werke die Produktion der Me 262 mit 1000 Stück im Monat und eines weiteren Jägers mit 2000 Stück im Monat zu verplanen und sicherzustellen."[20]

In diesem Protokoll wurde zum ersten Mal in größerem Kreise der Begriff „Mittelbau" offiziell gebraucht, und zwar eindeutig als Bezeichnung für die Gesamtheit der im Raum Nordhausen für die Belange der Junkers AG zu schaffenden unterirdischen Bauten. Diese Deutung des Begriffs „Mittelbau" wird gestützt durch zahlreiche Schriftstücke höchster Dienststellen des Reiches (Oberkommando der Wehrmacht, Wehrmachtführungsstab, Reichsministerium des Innern) aus dem Mai 1944, in deren Bezug und Betreff regelmäßig die Wendung „Unternehmen Mittelbau (Jägerfertigung)"

---

20 Boelcke (Hrsg.), Deutschlands Rüstung im Zweiten Weltkrieg, S. 346; Hervorh. d. Verf.

gebraucht wird. Sie steht auch weitgehend in Einklang mit der Erklärung, die der Chefgeologe des Mittelbau-Projekts, Schriel, im Mai 1945 seinen britischen Vernehmungsoffizieren für diesen Begriff gegeben hat.[21]

Ob schon Ende März/Anfang April 1944 konkrete Pläne existierten, an welchem Standort welche Fabrikation und in welcher Betriebsgröße erfolgen sollte, oder ob sich diese Vorstellungen erst im Laufe des Sommers 1944 herausgebildet haben, mag dahingestellt bleiben. Sicher ist, daß immer wieder die Pläne geändert wurden, daß neue Prioritätensetzungen zu ständigen Improvisationen zwangen und zumal in den letzten Monaten des Krieges von einer Planung im eigentlichen Sinne kaum noch die Rede sein konnte. Aus den bei Kriegsende bekannt gewordenen Planungsunterlagen und dem Stand der bis dahin ausgeführten Arbeiten läßt sich aber das Folgende erschließen (siehe Tabelle 4.1 und Abb. 4.2, S. 94/95).

Für das „Unternehmen Mittelbau" waren unterirdische Fabriken an fünf Standorten geplant, davon vier in der engeren Umgebung von Woffleben, in unmittelbarer Nähe von Mittel- und Nordwerk. Zwei dieser Fabriken waren als Flugmotorenwerke vorgesehen, die dritte vermutlich ebenso, möglicherweise aber auch für Zellenbau und Endmontage von Strahltriebjägern. An den vierten Standort, direkt an Mittel- und Nordwerk angrenzend und unterirdisch mit beiden verbunden, sollte aller Wahrscheinlichkeit nach ursprünglich ebenfalls ein Junkers-Betrieb kommen. Dies wurde später geändert und statt dessen geplant, Flüssigsauerstoff (für das im Mittelwerk gefertigte A 4) und Treibstoffe zu produzieren, vor allem Flugbenzin. Der fünfte Standort lag in der Nähe von Rottleberode. Hier sollte auch ein Flugplatz angelegt sowie die Fertigung von Baugruppen konzentriert werden.

Noch im April und Mai 1944 wurden organisatorische Voraussetzungen für die Realisierung des „Unternehmens Mittelbau" getroffen. Unter dem Dach der SS-Sonderinspektion II mit Sitz in Bischofferode, die wiederum dem Sonderstab Kammler in Berlin unterstand, wurden für jedes Bauprojekt eigene SS-Führungsstäbe gebildet, die ihre Büros in unmittelbarer Nähe der Baustellen einrichteten, um mit den bauausführenden Firmen in enger Tuchfühlung zu bleiben. Da es bei einem derart gewaltigen Rüstungsvorhaben von etwa der sechsfachen Größe des Mittelwerks nicht damit getan war, die unterirdischen Hohlräume für die Fabrikationsanlagen auszusprengen, mit Estrich zu versehen und, soweit nötig, Ausbau in sie einzubringen,

---

21 Vgl. CIOS, Investigation of 13 Underground Factories, S. 30.

Tabelle 4.1:

Bauprojekte des „Unternehmens Mittelbau" *

Lfd. Nr.	SS-Führungs-stab	Deckname des Bau-vorhabens	Lage	Bau-beginn	Gepl. Stollen-fläche in m² [1]	Davon fertig bis 1.4.1945 [1]	Geplante Produktion
1	B 3 (a)	Anhydrit [4] Hydra [5]	Himmelberg (Woffleben)	März 1944 [4]	125 000	26 000	Strahltriebwerke (Junkers) [1]
2	B 13	—	„Mittelraum"	April 1944 [4]	—	—	Allgemeine Infrastruktur-maßnahmen
3	B 11	Zinnstein [5]	Kohnstein (Niedersachswerfen)	Mai 1944 [4]	80 000	53 000	? (Junkers); später: Treibstoffe (Leuna) und Flüssig-O2 [1][4]
4	B 4	Lava [6]	Alter Stolberg (Stempeda)	August 1944 [3]	** 55 000	5000	Baugruppen für Jäger (Junkers) [1]
5	B 12	Kaolin [5]	Kohnstein (Woffleben)	August 1944 [4]	250 000	12 500	Strahltriebwerke (Junkers) [1] bzw. Flugzeuge (Junkers) [4]
6	B 3(b)	Hydra [5]	Mühlberg (Appenrode)	Herbst 1944 [4]	90 000	500	Strahltriebwerke (Junkers) [1]
7	B 17	Gneis [5]	Kammerforst (Ellrich)	August 1944 [7]	12 000	3000	Treibstofflager (Leuna) [1][4]
8	Nie	—	Kohnstein (Niedersachswerfen)	August 1943 [4]	81 000	81 000	„V-Waffen" (Mittelwerk) [1][4]
9	A 5	Heller [2]	Heimkehle (Uftrungen)	März 1944 [2]	7000	7000	Flugzeugfahrwerke (Thyrawerk, Junkers) [1][4]
10	Nie	—	Kohnstein (Niedersachswerfen)	April 1944 [4]	44 000	44 000	Flugmotoren (Nordwerk, Junkers) [1][4]

* Zeilen 1 bis 6; zusätzlich sind in Zeile 7 das Tanklagerprojekt B 17 sowie in Zeilen 8 bis 10 die in vorgefundenen untertägigen Räumen eingerichteten Fabrikationsbetriebe aufgeführt.

** eigene Berechnung

Fett gedruckt sind die für Junkers geplanten bzw. von Junkers belegten Flächen.

Quellen: 1) CIOS: Investigation of 13 Underground Factories in Central Germany, DokSt Mi-Dora, o. O., 1945; 2) Demps, Zum weiteren Ausbau; 3) Pachaly/Pelny, Das ehemalige KZ „Mittelbau-Dora"; 4) Bornemann, Geheimprojekt Mittelbau; 5) Decknamenliste 6. Juli 1944; Archiv OBA CLZ Akte VS 85/III, unpag.; 6) Schreiben Oberbergamt Halle an OBA CLZ vom 9. Januar 1945; Archiv OBA CLZ Akte VS 95/I, unpag.; 7) Nbg.Dok. NI 8845, S. 3 ff.;

94

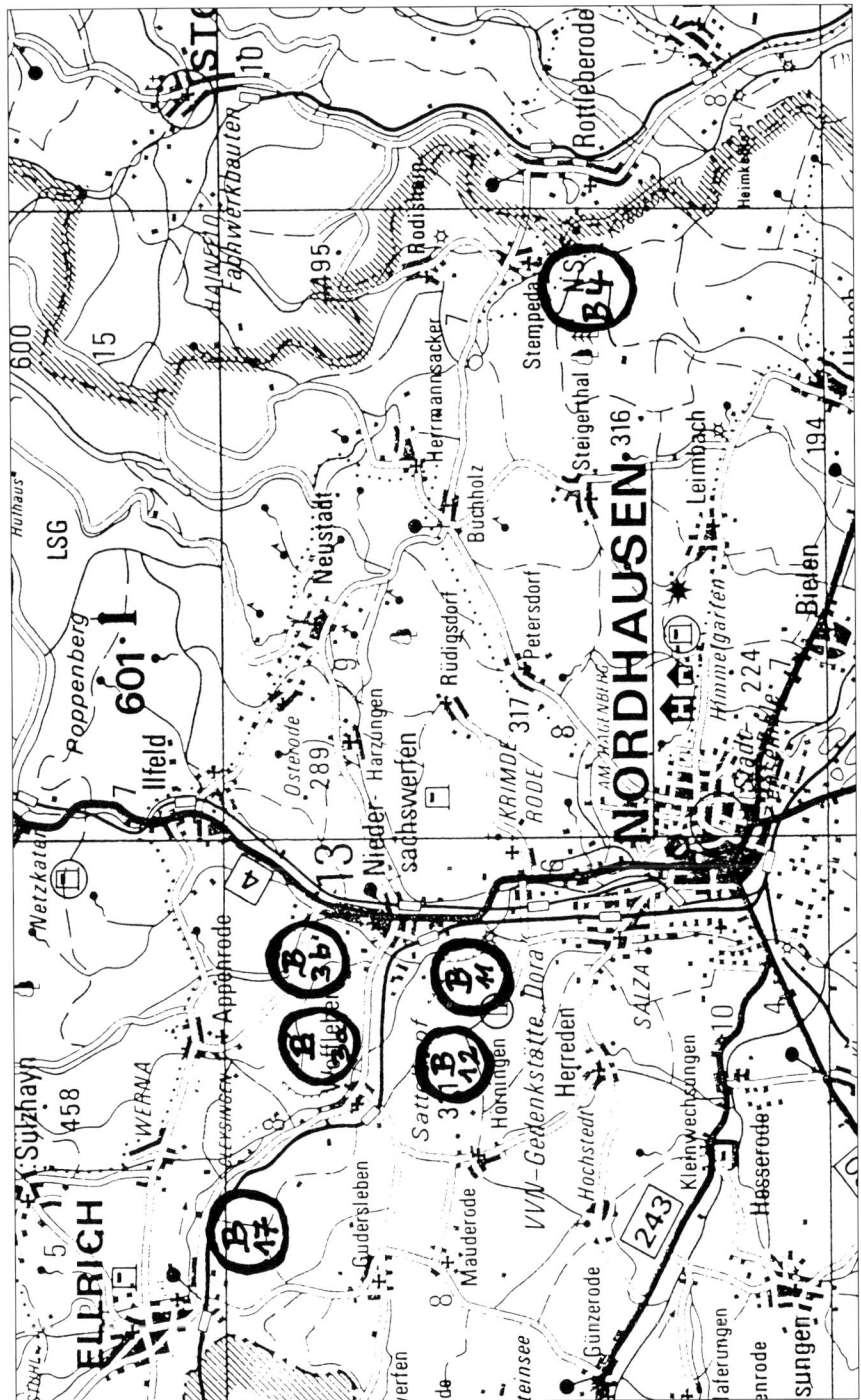

Lage der Bauprojekte des „Unternehmens Mittelbau"
Stand etwa Herbst 1944

Abb. 4.2

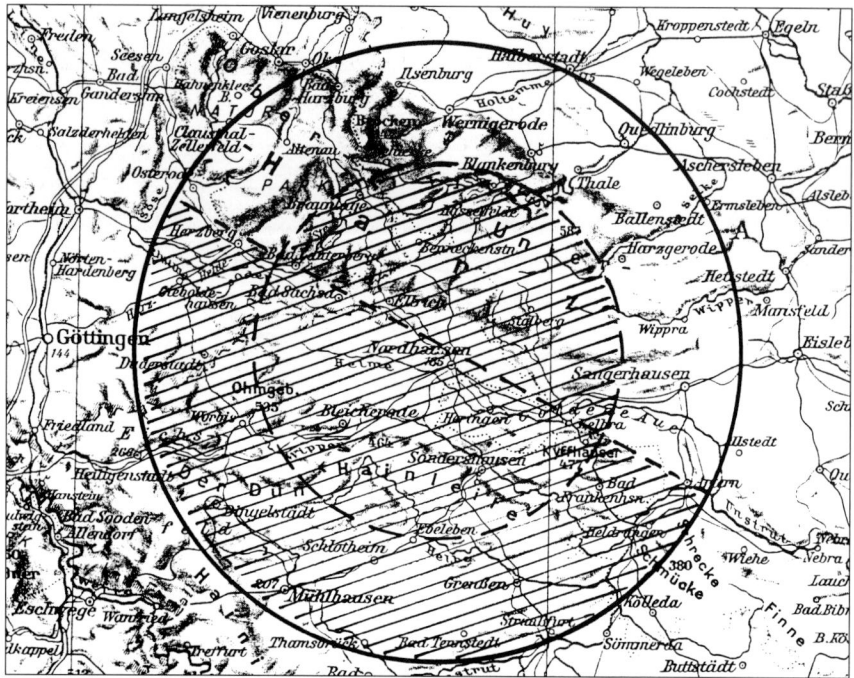

Abb. 4.3 *Ausdehnung des „Sperrkreises Mittelbau"*
Gestrichelte Linie: Grenze „Sicherungsbereich Südharz", zugleich
SS-Standort Mittelbau
Schraffiert: „Sperrkreis Mittelbau", Ende Mai 1944
Durchgezogene Linie: Grenze „Sperrkreis Mittelbau" ab Herbst 1944;
ab September 1944 als „Sperrgebiet Mittelbau" bezeichnet

sondern auch der Aufbau einer leistungsfähigen Verkehrs-, Energie- und
Betriebswasser-Infrastruktur nötig wurde, kam noch ein weiterer SS-
Führungsstab mit der Bezeichnung „B 13" und Sitz vermutlich in Woffleben
hinzu. Seine Aufgabe war es, den Bau der Anlagen zur Wasser- und Elektri-
zitätsversorgung, der Personalunterkünfte sowie von Straßen und Eisen-
bahnen verantwortlich zu leiten.[22]

Alle diese Arbeiten erforderten einen immensen Material-, vor allem aber
auch Personaleinsatz. Menschen heranzuschaffen und auch unterzubringen, die diesen riesigen Industriekomplex aufbauen und später in ihm arbeiten sollten, stellte eines der größten Probleme für die Rüstungsplaner

---

22 Ebenda, S. 8; Bornemann, Geheimprojekt Mittelbau, S. 87. Ein weiterer SS-Führungsstab, B 15, soll ebenfalls mit Bauarbeiten „in der Nähe von Mittelbau" befaßt gewesen sein.
Näheres ist über „B 15" jedoch nicht bekannt.

dar. Diese gingen davon aus, daß für das „Unternehmen Mittelbau" rund 200 000 zusätzliche Arbeitskräfte benötigt würden, davon 20–25 000 deutsche und 180 000 ausländische Arbeiter, in deren Zahl anscheinend auch schon die KZ-Häftlinge eingerechnet waren.[23] Diese vielen Menschen sollten in kürzester Zeit in der Region Nordhausen eintreffen und mußten untergebracht werden. Um die Möglichkeit zu haben, hierfür auf öffentliche Gebäude, Liegenschaften der Wehrmacht und Räume in Privatbesitz schnell und unbürokratisch zugreifen sowie zugleich Mitbewerber um diese Quartiere fernhalten zu können, verfügte das Reichsministerium des Innern Ende Mai 1944 die Einrichtung eines „Sperrkreises Mittelbau"[24] mit einem Radius von 30 Kilometern nach Norden und 50 Kilometern nach Süden um den Ort Niedersachswerfen, der später auch nach Norden auf 50 Kilometer vergrößert wurde (siehe Abb. 4.3). Die Einrichtung eines derartigen „Sperrkreises" ist nördlich der Mainlinie nirgendwo sonst belegt und unterstreicht noch einmal die herausragende Bedeutung, die höchste Dienststellen des Reiches dem „Unternehmen Mittelbau" zumaßen.

Einen nicht unerheblichen Teil des Arbeitskräftebedarfs für die Verlagerungsprogramme der Luftrüstung sollten Konzentrationslagerhäftlinge decken. Das war Konsens zwischen den für die Planung Verantwortlichen in Industrie, Rüstungsministerium und Luftwaffe und hatte auch die Zustimmung der SS gefunden. Göring, oberster Chef der Luftwaffe und bis zum 31. Juli 1944 auch für die Luftrüstung zuständig, bat Himmler in einem Fernschreiben vom 14. Februar 1944 – also noch vor der Gründung des Jägerstabes, aber schon unter dem Eindruck der beginnenden alliierten Luftoffensive gegen die deutschen Flugrüstungswerke:

„Lieber Himmler,
[...] bitte ich Sie, mir für die Luftwaffenrüstung noch *eine möglichst große Anzahl KZ-Sträflinge* zur Verfügung zu stellen, da die bisherige Erfahrung diese Arbeitskräfte als *sehr brauchbar* herausgestellt hat. Die Luftkriegslage macht die Verlegung der Industrie unter die Erde erforderlich.

---

23 Schreiben des Oberkommandos der Wehrmacht an das Feldwirtschaftsamt vom 3. Mai 1944 und Aktennotiz des Wehrmachtführungsstabes/Organisationsabteilung vom 6. Mai 1944; auszugsweise wiedergegeben bei Demps, Zum weiteren Ausbau des staatsmonopolistischen Apparates, S. 310.

24 Schnellbrief des Reichsministers des Innern vom 23. Mai 1944, wiedergegeben in: ebenda, S. 311 f. Der „Sperrkreis Mittelbau" deckte sich in etwa mit dem geographisch nicht so präzise gefaßten „Mittelraum".

Gerade hierbei lassen sich KZ-Sträflinge arbeitsmäßig und lagermäßig besonders gut zusammenfassen. [...] Zwischenbesprechungen haben zwischen meinen und Ihren Dienststellen bereits stattgefunden. Für eine Unterstützung bei der Durchführung dieser Aufgabe wäre ich Ihnen besonders dankbar.

Heil Hitler
Ihr Göring, Reichsmarschall des Großdeutschen Reiches."[25]

In seiner Antwort vom 9. März 1944 an den „Hochverehrten Herrn Reichsmarschall" – inzwischen hatte der Jägerstab seine Arbeit aufgenommen – gab Himmler zuerst eine mehrseitige Übersicht über den bisherigen Einsatz von Konzentrationslagerhäftlingen in der Luftfahrtindustrie. Am Schluß des Schreibens ging er kurz auf Görings Wunsch nach Gestellung von Häftlingen für Untertageverlagerungsmaßnahmen ein:

> „Die Verlegung von Produktionsstätten der Luftfahrtindustrie unter die Erde erfordert einen *weiteren*[26] Einsatz von ca. 100 000 Häftlingen. Die Planungen für diesen Einsatz auf Grund Ihres Schreibens vom 14. [Februar] 1944 sind bereits in vollem Gange.
> Ich werde Ihnen, hochverehrter Herr Reichsmarschall, hierüber laufend weiter berichten.
> Heil Hitler! (gez. Unterschrift)".[27]

Bei einem dieser „Einsätze", für die „die Planungen [...] bereits in vollem Gange" waren, handelte es sich um das oben schon erwähnte Projekt B 3 „Anhydrit". Für dieses und die anderen Mittelbau-Projekte stellte Buchenwald als federführendes Konzentrationslager die Häftlingsarbeitskräfte bereit. Zu deren Unterbringung wurden – neben dem schon erwähnten Lager „Anna" bei Bischofferode – in rascher Folge neue Lager eingerichtet. So mußte Ende März 1944 die Mittelwerk GmbH das für ihre Werksangehörigen errichtete Barackenlager am westlichen Ortsrand von Harzungen

---

25 Nbg. Dok. PS-1584(I), in: IMT, Bd. XXVII, S. 352 f.; Hervorh. d. Verf. Man beachte, daß auch hier wieder die Initiative zur Beschäftigung von KZ-Häftlingen vom Oberbefehlshaber der Luftwaffe, also von militärischer Seite, ausging, nicht von der SS.

26 Das heißt, über die 90 000 für Aufgaben der Luftrüstungsfertigung eingeplanten Häftlinge hinaus. Hervorh. im Original.

27 Nbg. Dok. PS-1584(III), in: IMT, Bd. XXVII, S. 354 ff. Man beachte übrigens bei diesem Schriftwechsel den unterschiedlichen Tenor der Anreden – auch dies ein Indiz mehr für die dienende, nicht herrschende Rolle der SS im Rüstungsverlagerungsprogramm.

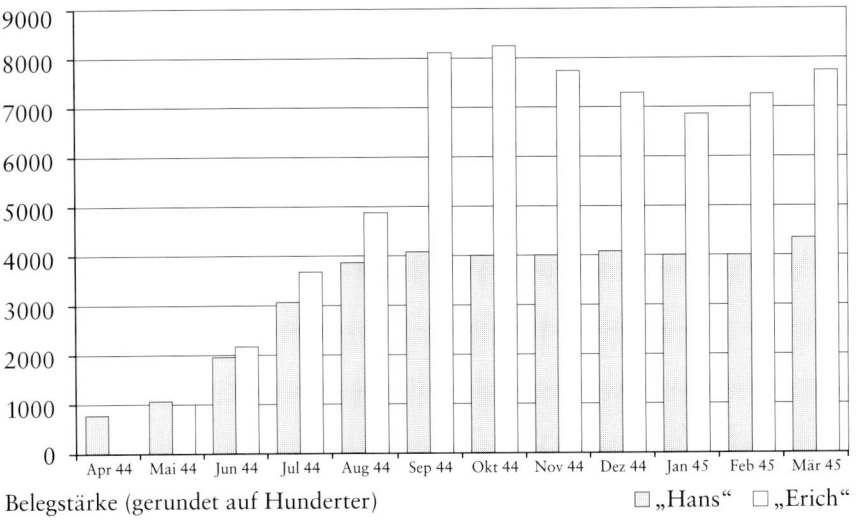

Belegstärke (gerundet auf Hunderter)   □ „Hans" □ „Erich"

Durchschnittliche Belegstärken der Lager „Hans" und „Erich"   **Abb. 4.4**

Kammler überlassen. Es wurde am 1. April 1944 als „Arbeitslager Hans" mit einem Außenkommando des Konzentrationslagers Buchenwald belegt. Zugleich wurde damit begonnen, auf dem Gelände einer stillgelegten Gipsfabrik am südlichen Rande des Städtchens Ellrich, westlich vom Bahnhof, ein weiteres Häftlingslager aufzubauen, das offiziell am 2. Mai 1944 als „Arbeitslager Erich" eingerichtet und dem Konzentrationslager Buchenwald unterstellt wurde. Die Belegstärke beider Lager stieg – ähnlich wie ein halbes Jahr zuvor die „Doras" – anfangs rasch an, um sich ab Ende August 1944 bei etwa 4000 („Hans") bzw. 7500 Mann („Erich") einzupendeln (siehe Abb. 4.4).[28]

In der Literatur wird in diesem Zusammenhang häufig noch ein weiteres KZ-Außenlager „Niedersachswerfen" erwähnt, dessen Existenz aber mehr als zweifelhaft ist. Vermutlich ist hier das (Häftlings-)„Außenkommando Niedersachswerfen" mit dem „Lager- und Verwaltungskomplex Niedersachswerfen"[29] verwechselt worden. Die Begriffe „Außenkommando" und „Außenlager" waren eben nicht deckungsgleich: Es gab Außenlager wie „Erich" oder „Hans", deren Insassen auf verschiedene Außenkommandos

---

28   Daten hierzu wurden der Literatur entnommen (Bornemann/Broszat, Das KL Dora-Mittelbau; Pachaly/Pelny, Das ehemalige KZ „Mittelbau-Dora", Bornemann, Geheimprojekt Mittelbau) und einer graphischen Mittelung (Integralmethode) unterzogen.

29   Hier waren SS-Führungsstäbe, andere Verwaltungsstellen, deutsche Dienstverpflichtete sowie Zwangsarbeiter untergebracht, aber keine KZ-Häftlinge.

verteilt waren, und Außenkommandos wie „B 3" oder „Nie", deren Häftlingsarbeiter aus verschiedenen (Außen-)Lagern stammten, in die sie täglich nach Arbeitsende wieder zurückkehrten. Unkenntnis dieser Tatsache bei Interpreten und die Gewohnheit der SS, auch die Außenlager als „Kommandos" zu bezeichnen (und gelegentlich auch umgekehrt), vor allem aber die schiere Unmöglichkeit, „die Identität einzelner dieser Kommandos [...] infolge des Nebeneinanders von Ortsangaben und Tarnbezeichnungen im Schriftverkehr der SS bzw. in den Angaben ehemaliger Häftlinge [...] zweifelsfrei zu klären",[30] mußten zwangsläufig zu Fehldeutungen führen, die ein Autor vom anderen übernahm.[31]

Unter den Infrastrukturmaßnahmen für das „Unternehmen Mittelbau" ragte eine besonders heraus: Der Bau der „Helmetalbahn", einer Entlastungsstrecke für die Reichsbahnlinie von Northeim nach Nordhausen. Sie sollte von dort in fast gerader Linie nach Osterhagen führen und den Streckenabschnitt zwischen Niedersachswerfen und Ellrich, der vom künftigen unterirdischen Rüstungskomplex stark beansprucht werden würde, vom Durchgangsverkehr freihalten. Mitte Mai 1944 wurden für diese Baumaßnahme zwei SS-Baubrigaden, beide ebenfalls Außenkommandos von Buchenwald, mit je etwa 1000 Häftlingen in den „Mittelraum" verlegt. Die SS-Baubrigade III nahm ihren Sitz in Wieda und begann unverzüglich mit dem Aufbau von Außenlagern bei den Dörfern Osterhagen, Nüxei und Mackenrode im Westabschnitt der projektierten Bahnlinie. Für den östlichen Streckenabschnitt war die SS-Baubrigade IV zuständig. Sie errichtete im Gasthof „Bürgergarten" mit seinem großen, jetzt ungenutzten Festsaal, mitten in der Stadt Ellrich, vor den Augen der Bevölkerung ihr stacheldrahtumzäuntes Hauptlager. Ein Außenlager hatte diese SS-Baubrigade bei Günzerode an der projektierten Bahntrasse. Während die SS-Baubrigade III offenbar nur beim Bahnbau eingesetzt war, bauten Kommandos der SS-Baubrigade IV auch Straßen, Barackenlager, Wasserleitungen und andere Infrastruktureinrichtungen im Bereich Ellrich-Woffleben. Auch verlieh die Lager-SS – illegal – Häftlinge einzeln oder in kleinen Gruppen an Bauern,

---

30 Bornemann/Broszat, Das KL Dora-Mittelbau, S. 179.

31 So dürften alle bisher veröffentlichten Zusammenstellungen der Außenlager des KZ Mittelbau einerseits sowohl „Scheinlager" (wie „Niedersachswerfen") als auch Dubletten enthalten (so z. B. „Rottleberode A 5" und „Rottleberode Thyrawerke"), andererseits auch Lücken aufweisen (siehe „Bischofferode"). Auch die Lagerliste in dieser Arbeit steht unter dem gleichen Irrtumsvorbehalt.

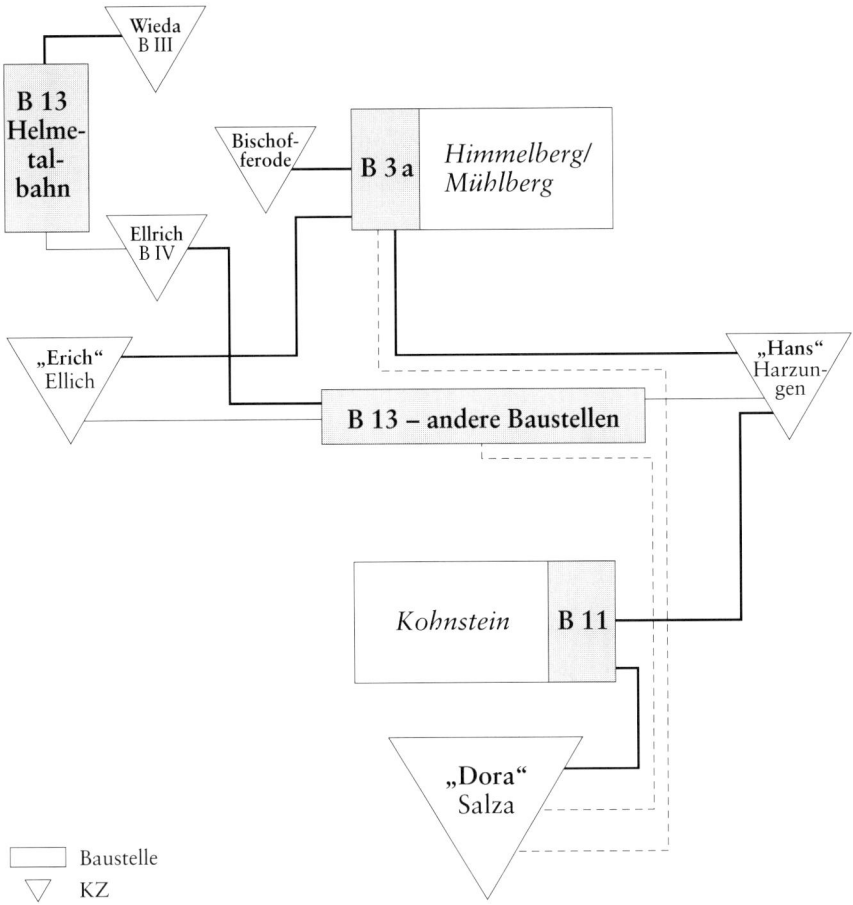

Schema des Häftlingseinsatzes (tägliche Arbeitswege) in den Bauprojekten des **Abb. 4.5**
„Unternehmens Mittelbau" – Mai 1944

Handwerker und Geschäftsleute im Ort im Tausch gegen Naturalien für Kantine und Lagerbetrieb.[32]

Wo und in welchen Bauvorhaben Konzentrationslagerhäftlinge zur Zeit des Anlaufs des „Unternehmens Mittelbau", also etwa im Mai 1944, eingesetzt und wo sie untergebracht waren, zeigt schematisch Abb. 4.5. Den Arbeitseinsatz der Häftlinge organisierten die SS-Sonderinspektion II und

32 Vgl. die Hinweise hierauf in den Protokollen von Befragungen Ellricher Bürger nach dem Kriege; DokSt Mi-Dora Sign. 50.1.5-Ellrich. Zu Harzungen, von wo ähnliche Praktiken überliefert sind, vgl. etwa die Aussage des Angeklagten Josef Fuchsloch im NDH-Prozeß, US Mikrofilm M 1079, Rolle 12 Defense Exhibit D-50; zu Ilfeld: Manfred Bornemann, Ilfeld 1940–1950, Hamburg 1984.

die lokalen SS-Führungsstäbe in arbeitsteiliger Kooperation mit den zu ver-
lagernden Betrieben einerseits und den am Ort tätigen Baufirmen andererseits nach dem erprobten „Modell Mittelwerk/KZ Dora".

Alle in das „Unternehmen Mittelbau" einbezogenen Häftlingslager einschließlich des Lagers „Heinrich" in Rottleberode waren in den beiden
wichtigsten Funktionsbereichen, nämlich Arbeitseinsatz und Innere Sicherheit, aus den Zuständigkeitsbereichen von SS-Wirtschafts-Verwaltungshauptamt bzw. Reichssicherheitshauptamt herausgelöst und Kammler direkt unterstellt worden. Das Gebiet, in dem sie sich befanden, durfte als
„Sicherungsbereich Südharz" nur mit Genehmigung der Kammler unterstehenden SD-Stelle betreten und verlassen werden und wurde an seinen
Grenzen von einer Sondereinheit der Polizei mit Kavallerie und motori-
sierten Einheiten überwacht. Hier hatte Kammler begonnen, sich einen
eigenen, auch territorial definierten Machtbereich aufzubauen.

Die Integration der SS in das „Unternehmen Mittelbau" hatte zur Einrichtung neuer Häftlingslager und SS-Führungsstäbe sowie zur Erweiterung
des Lagers „Dora" und des Abwehr- und Sicherungsapparates geführt. Die
dadurch sprunghaft angewachsene Anzahl SS-Angehöriger im „Sicherungsbereich Südharz", vor allem aber deren gemeinsame Einbindung in das
„Unternehmen Mittelbau", veranlaßten Kammler, Ende Mai oder Anfang
Juni 1944 einen eigenen „SS-Standort Mittelbau" einzurichten, dessen Ge-
biet sich mit dem „Sicherungsbereich Südharz" bzw. dem Kernbereich des
„Sperrkreises Mittelbau" deckte. Zum Standortführer wurde Otto Förschner, Lagerführer von „Dora", ernannt.[33] Auffällig ist die Wahl des Namens
„SS-Standort Mittelbau". Wollte Kammler – auf dessen Initiative ja diese
Standorterrichtung erfolgt war – damit deutlich machen, daß es ein SS-
Standort seines Machtbereiches, der SS-Bau-Organisation, war? Sollte der
Name vielleicht auch Programm sein, indem er den funktionalen Zusam-
menhang zwischen SS-Organisation und Baumaßnahme aufzeigte und da-
mit – ob gewollt oder unbewußt – auch nach außen hin dokumentierte, daß
hier ein SS-Standort neuen Typs entstand?

Es war nur konsequent, daß nach der Einrichtung des „SS-Standortes
Mittelbau" auch die in dessen Bereich liegenden Konzentrationslager von

---

[33] Eine SS-Standortführung erfüllte für die SS-Angehörigen ihres Zuständigkeitsbereiches
in etwa dieselben Aufgaben wie eine Standortverwaltung der Wehrmacht für deren Angehörige. Sie war eine reine Verwaltungsdienststelle für Belange der SS und hatte weder mit den
Baumaßnahmen noch mit den Häftlingslagern zu tun.

der SS als „Lager des Mittelbaus" bezeichnet wurden. Unter ihnen verfügte „Dora" als das älteste und größte schon über eine eingespielte Lagerverwaltung. Es besaß ein relativ großes Krankenrevier und seit dem 27. März 1944 auch ein eigenes Krematorium, so daß die bisherigen Leichentransporte nach Buchenwald entfallen konnten. Auch war sein Lagerführer zugleich SS-Standortältester. Das alles bot die Voraussetzungen dafür, daß „Dora" für die neu errichteten Häftlingslager „Anna", „Hans" und „Erich" zentrale Funktionen wahrnehmen konnte, die sich bald auf alle Konzentrationslager im SS-Standortbereich „Mittelbau" erstreckten. So übertrug Buchenwald de facto die Verwaltung des Häftlingsbestandes dieser Lager an „Dora", indem es nämlich Häftlinge, die für einen Einsatz im „Unternehmen Mittelbau" vorgesehen waren, grundsätzlich erst einmal nach „Dora" schickte, von wo aus sie von Fall zu Fall an die neuen Lager weitergeleitet wurden. Kranke verteilte man von „Dora" aus auf die Reviere anderer Lager, und auch die „rationelle Verwertung der Häftlingsleichen"[34] – wie es im Jargon der SS-Bürokratie hieß – besorgte das Krematoriumskommando von „Dora". So übernahm „Dora" allmählich die Funktion eines Haupt- oder Stammlagers für die Lager des Mittelbaus, blieb dabei aber, genau wie jene, weiterhin formal ein Außenkommando von Buchenwald.

In dem Vierteljahr von etwa Mitte März bis Mitte Juni 1944, in dem das „Unternehmen Mittelbau (Jägerfertigung)" mit erheblichem Nachdruck in Gang gesetzt wurde, rasch expandierte und die ersten Erfolge erwarten ließ, geriet das A 4-Programm – und damit das Mittelwerk – in eine existenzbedrohende Krise, die sich zwangsläufig auch auf das mit diesem eng verbundene Konzentrationslager „Dora" auswirken mußte. Da waren einmal die technisch-organisatorischen Probleme der anlaufenden Serienfertigung (verschärft durch den Umzug des Mittelwerks in den Südteil der Anlage), die zur Folge hatten, daß statt einsatzfähiger Kampfraketen „Berge von Edelschrott" den Kohnstein verließen. Dazu kam das Problem der „Luftzerleger", des Zerplatzens der Rakete im absteigenden Ast der Flugbahn, von denen 80 bis 90 Prozent aller gestarteten Projektile betroffen waren. Ursache war ein Konstruktionsfehler, der erst im August 1944 ermittelt und dann auch schnell behoben werden konnte. Es war jedoch um die Monatswende Mai/Juni 1944 überhaupt nicht abzusehen, ob das A 4 je fronttauglich sein würde, und wenn ja, zu welchem Zeitpunkt.

---

34 So die Formulierung in einem Dokument aus dem SS-WVHA, wiedergegeben bei Kogon, Der SS-Staat, S. 357.

Aber gerade jetzt, da alle Anzeichen darauf hinwiesen, daß die Alliierten eine Invasion Nordfrankreichs vorbereiteten, wäre die Raketenwaffe für Reichs- und Wehrmachtführung von höchstem psychologischen Nutzen gewesen. Als am 6. Juni 1944 die Landung in der Normandie begann, war jedoch kein einziges A 4 startklar. Der von Goebbels schon lange und mit viel Pathos angekündigte „Tag der Vergeltung" lag immer noch in weiter Ferne. Reichsführung und Wehrmacht mußten sich von den Verantwortlichen für das mit immensem Aufwand an Material und Personal betriebene A 4-Programm im Stich gelassen fühlen. Als eine Konsequenz dieses „Versagens" befahl Hitler ein deutliches Herunterfahren der Produktion auf nur noch 150 Stück im Monat.

Kammler, einst als „Sonderbeauftragter des Reichsführers-SS für Baufragen der A 4-Fertigung" an vorderster Front im Raketenprogramm, war jetzt zu dessen schärfstem Kritiker geworden und drohte seinem Intimfeind Dornberger gar mit dem Kriegsgericht, weil dieser jahrelang „riesige Rüstungskapitale von Menschen und Material an die mehr als fragwürdige Verwirklichung eines Hirngespinstes gebunden" und damit Deutschlands Rüstungspotential entscheidend geschwächt habe. „Jeder Pfennig, der noch in das aussichtslose Vorhaben gesteckt würde, sei ein Verbrechen."[35]

Es ist unerheblich, ob Kammler tatsächlich an ein Aus für das A 4-Programm geglaubt hat oder ob er nur die Gunst der Stunde nutzte, „Dora" dem Einfluß der Raketenbauer ein Stück weit zu entziehen und dafür enger an seine Bauorganisation zu binden. Auf jeden Fall gab es im Juni 1944 für die Kammler unterstehenden Lager im SS-Standortbereich Mittelbau einige organisatorische Veränderungen. Die Lager wurden umbenannt: „Dora" hieß ab jetzt „Arbeitslager Mittelbau I", während die benachbarten Lager unter der Bezeichnung „Mittelbau II" zusammengefaßt wurden.

Die neuen Namen waren Programm. Sie signalisierten zum einen die Zugehörigkeit dieser Lager zum SS-Standort gleichen Namens, zum anderen deuteten sie auch deren strukturelle Verflechtung an. Parallelen zur Umorganisation der Auschwitzer Lager einige Monate zuvor sind unübersehbar. So war dort das Stammlager, dessen Kommandant gleichzeitig Standortführer des SS-Standortes Auschwitz war, zu „Auschwitz I" geworden; das mit Abstand größte Außenlager, Birkenau, hatte eine eigene Nummer (II) erhalten, und alle anderen Außenlager hatte man zu „Auschwitz III" zusammengefaßt.

---

35 Dornberger, V 2 – Der Schuß ins Weltall, S. 229. Zwei Monate später, als die Fehler am A 4 behoben waren, änderte Kammler seine Meinung wieder.

Für das Lager „Dora" speziell drückte sich in der Namensänderung aber zugleich noch ein teils schon vollzogener, teils erst beabsichtigter Funktionswandel aus. Ursprünglich als Werks-KZ für die Raketenfabrik gegründet, hatte „Dora" mit der Zeit immer mehr Aufgaben außerhalb des Mittelwerks übernommen, für das im Juni 1944 nur noch knapp 40 Prozent seiner Insassen arbeiteten. So stellte „Dora" Häftlingskommandos für eine Vielzahl von Firmen in der Nordhäuser Region, vor allem aber in steigendem Maße für die Baustellen des „Unternehmens Mittelbau", für dessen Lager es wiederum immer mehr zentrale Aufgaben übernahm. Damit änderte sich sein Charakter zusehends vom „Raketen-KZ" fort und auf ein „Bau-KZ" hin. Der alte Name „Außenkommando Dora" signalisierte unterschwellig „Werks-KZ der Mittelwerk GmbH". Der neue Name deutete die Orientierung auf eine neue Aufgabe an: „Mittelbau I" und „Mittelbau II" als gemeinsames Werks-KZ der an der Untertageverlagerung der Junkers-Betriebe beteiligten Firmen im „Mittelraum". Der neue Name konnte jedoch den traditionellen außerhalb des amtlichen Schriftverkehrs nicht verdrängen. „Dora" oder „Mittelbau-Dora" statt „Mittelbau I" hat sich in der Literatur der Nachkriegszeit eingebürgert und soll deswegen auch im folgenden verwendet werden.

4.4. Expansion des Lagerkomplexes und Strukturwandel des Häftlingseinsatzes

Die im Frühjahr und Sommer 1944 angelegten Trends – Rückgang der Häftlingsbeschäftigung im Mittelwerk, verstärkter Häftlingseinsatz in Bauprojekten der unterirdischen Verlagerung – setzten sich auch in der ab Ende August 1944 beginnenden Expansionsphase der Lager im „Mittelraum" fort. Diese Periode ist gekennzeichnet

- quantitativ durch ein starkes Anwachsen der Gesamtzahl an Häftlingen im „Mittelraum", bedingt einerseits durch die Gründung neuer Lager, vor allem aber durch eine Steigerung der Belegung bestehender bis zur hochgradigen Überfüllung im Februar/März 1945;
- qualitativ durch organisatorische Veränderungen, durch die die Lager im „Mittelraum" unter einheitlicher Leitung zusammengefaßt und in ihrer Gesamtheit in den Rang eines selbständigen Konzentrationslagers erhoben wurden.

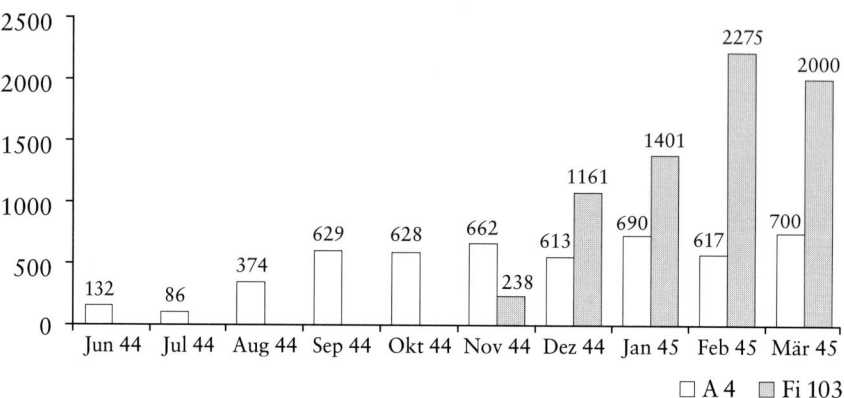

Abb. 4.6 *Ausstoß des Mittelwerks an „V-Waffen" A 4 und Fi 103*
Juni 1944 bis März 1945

Am Anfang stand die Überwindung der Krise des A 4-Programms. Mitte
August 1944 hatte man endlich den Grund für die „Luftzerleger" herausge-
funden und durch eine verhältnismäßig einfache konstruktive Änderung an
der Rakete beseitigt. Ein Fronteinsatz war in greifbare Nähe gerückt. So
wurde die Produktion im Mittelwerk wieder hochgefahren und erreichte im
September 1944 mit 629 Stück gut zwei Drittel des Planziels. Auf dieser
Höhe blieb sie in etwa bis zur Einstellung der Produktion am 30. März 1945
(siehe Abb. 4.6).[36]

Parallel hierzu gab es wieder Umzüge im Tunnel. Kriegsbedingte Ausfälle bei Zulieferern machten es erforderlich, bestimmte „Engpaßferti-
gungen" ins Mittelwerk selbst hineinzunehmen (etwa der Firmen Argus,
Askania, Siemens und Voss-Werke). Ferner wurden im September die Hallen 43 bis 46 – die ehemaligen Blöcke des unterirdischen KZ der Aufbauzeit – geräumt und als „Werk II" für die Serienfertigung von Flugbomben
Fi 103 („V 1") hergerichtet, wobei die Häftlingsfacharbeiter in der Regel
zusammen mit den Maschinen nach Dora verlagert wurden. Die Produktion lief im Oktober 1944 an und übertraf schnell die des „Werks I" an
A 4-Geräten (Abb. 4.6).[37]

36 Die Zahl „700" für März 1945 hat Rickhey (ehemaliger Generaldirektor der Mittelwerk GmbH) angegeben.
37 Zahlen für November 1944 bis Februar 1945 übernommen aus Bornemann, Geheimprojekt Mittelbau, S. 117; Zahl für März 1945 aus Angaben bei Hölsken, Die V-Waffen,
S. 80, abgeschätzt. Angaben für den Monat des Anlaufens der Produktion (Oktober 1944)
fehlen.

Der letzte produktionsbedingte Umzug im Mittelwerk fand im März 1945 statt: die Verlagerung der Fertigung der Flugabwehrrakete „Taifun" in die Halle 40, wo eine Taktstraße aufgestellt wurde, auf der noch einige hundert Stück dieser Waffe produziert wurden. Ein weiteres Projekt, für den „Volksjäger" He 162 eine Fertigung im Mittelwerk aufzuziehen, scheint nicht über das Planungsstadium hinaus gekommen zu sein; zumindest fanden die Ingenieuroffiziere des britischen CIOS-Teams im Mai 1945 nichts vor, was auf eine Konkretisierung dieses Vorhabens hätte hindeuten können.

Tabelle 4.2:

Beschäftigte im Mittelwerk und Häftlinge im KZ „Dora"

Monat	Bei A 4-Produktion im Mittelwerk beschäftigt			Häftlinge im KZ „Dora"	
	Gesamt	davon Häftlinge	Häftlinge, Prozent	Gesamt	Davon in A 4-Produktion, Prozent
März 1944	7300	5000	68	11 800	42
Juli 1944	7400	4000	54	11 700	34
Oktober 1944	7500	3500	47	14 500	24
März 1945	6900	2000	29	18 100	11

Quellenangaben bei Neander, Das Konzentrationslager Mittelbau in der Endphase der NS-Diktatur, S. 226

Die Anzahl der im Mittelwerk bei der A 4-Fertigung beschäftigten Konzentrationslagerhäftlinge nahm seit Frühjahr 1944 kontinuierlich ab (siehe Tabelle 4.2). Die relative Abnahme zeigt sogar einen linearen Trend, gleich ob man die Gesamtbelegschaft des Mittelwerks oder die Lagerstärke „Doras" als Bezugsgröße wählt. Die Gesamtzahl der im Mittelwerk in der A 4-Fertigung Beschäftigten nahm jedoch nur geringfügig ab, da deutsche Arbeitskräfte die Ausscheidenden ersetzten. Ordway/Sharpe geben als Grund dafür kommentarlos an, der Arbeitseinsatz der Häftlinge sei „immer unrentabler" geworden.[38] Die Ursachen hierfür liegen auf der Hand: Einmal sank die physische Leistungsfähigkeit der Häftlingsarbeiter, deren Lebensbedingungen sich gegen Kriegsende zunehmend

---

38 Ordway/Sharpe, The Rocket Team, S. 71.

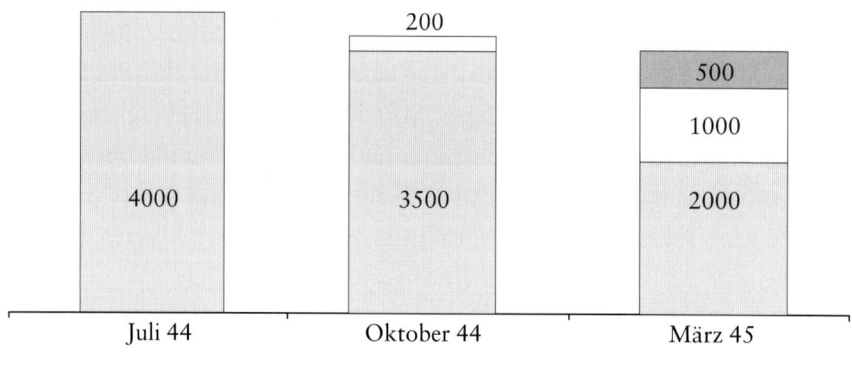

Abb. 4.7 *In der „V-Waffen"-Produktion des Mittelwerks beschäftigte*
„Dora"-Häftlinge
Juli 1944 bis März 1945

verschlechterten, zum anderen stieg das Angebot an deutschen Fachkräf-
ten durch die „Rückverlagerung" von am A 4-Programm beteiligten Betrieben und Dienststellen. Beide Trends wirkten in dieselbe Richtung und
ließen den Wert der Arbeitskraft eines Häftlings – der ja immer ein relativer gewesen ist – für die Mittelwerk GmbH sinken, bis der Punkt erreicht
war, an dem die Beschäftigung eines Häftlings bei der A 4-Fertigung „un-
rentabel" wurde.

Dennoch scheint die Zahl der im Mittelwerk insgesamt beschäftigten
Häftlinge ab Sommer 1944 nur geringfügig abgenommen zu haben. Denn
in der seit Oktober hochlaufenden Fertigung der Fi 103 im „Werk II" sowie
in der kurz vor Kriegsende begonnenen „Taifun"-Produktion wurden fast
selbstverständlich wieder Häftlinge von „Dora" eingesetzt. Anhaltswerte,
die zumindest die Größenordnung des Häftlingseinsatzes richtig wiedergeben dürften, sind in Abb. 4.7 zusammengestellt.[39]

Der technologische Durchbruch beim A 4 im August 1944 hatte den
Fronteinsatz der Rakete prinzipiell möglich gemacht. Jetzt mußte beschleu-
nigt eine teils militärische, teils zivil-industrielle Bodenorganisation aufgebaut werden, die vor allem die schwierige Logistik des hochkomplexen

---

[39] Quellenangabe bei Neander, Das Konzentrationslager Mittelbau in der Endphase der
NS-Diktatur, S. 227.

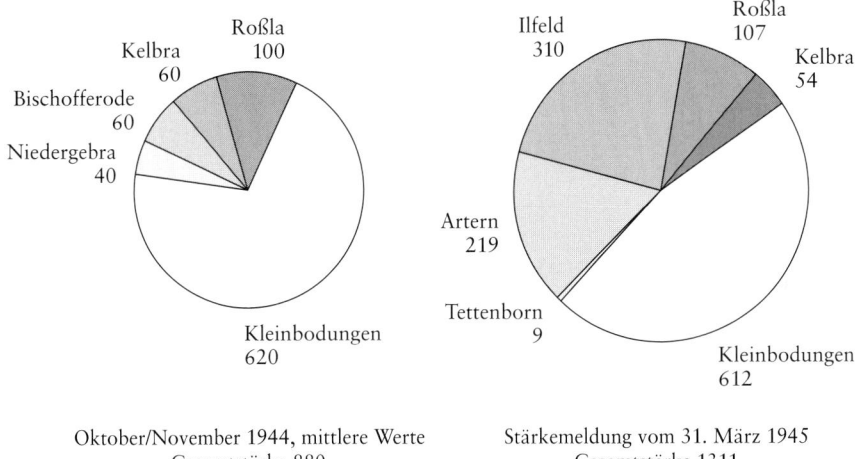

Lagerstärken der Sublager von „Dora"   **Abb. 4.8**

Zahlen aus: Dieckmann, Existenzbedingungen und Widerstand im
Konzentrationslager Mittelbau-Dora, S. 445–451

Waffensystems zu meistern hatte. Dazu kam der Zwang, unter dem Druck
der näherrückenden Fronten weitere Zulieferer in das Innere des Reiches
zu verlagern. So begann man, ab Ende August 1944 an verschiedenen Orten
des südlichen „Mittelraums" Hilfsbetriebe für das Mittelwerk zu instal-
lieren: Depots zur Lagerung von „V-Waffen", Zubehör und Ersatzteilen sowie Werkstätten für Prüf-, Reparatur- und Wartungsarbeiten in Nieder- und
Obergebra, Klein- und Großbodungen, in Roßla, Kelbra, Trebra, Artern,
Bischofferode und Tettenborn.

Für Aufbau und Betrieb dieser Einrichtungen (mit Ausnahme von Großbodungen, Obergebra und Trebra) ist der Einsatz von Konzentrationslagerhäftlingen dokumentiert. Für diese wurden Außenkommandos von „Mittelbau" mit eigenen Häftlingsunterkünften eingerichtet. So entstanden die
ersten Sublager von „Dora". Zu diesen sind auch die ab Anfang Januar 1945
im Ilfelder Tal untergebrachten Häftlingskommandos zu rechnen, die zu
einem großen Teil zu Arbeiten für das Mittelwerk herangezogen wurden.
In das „V-Waffen"-Programm eingebunden waren auch einige Häftlinge
der SS-Baubrigade I in Hohlstedt, die in Roßla arbeiteten. Die Belegstärke
der Sublager „Doras" war, verglichen mit der des Hauptlagers, immer relativ gering (siehe Abb. 4.8). Knapp die Hälfte der Gesamtzahl entfiel auf das
beim „Reparaturwerk" für die A 4-Raketen eingerichtete Außenkommando

109

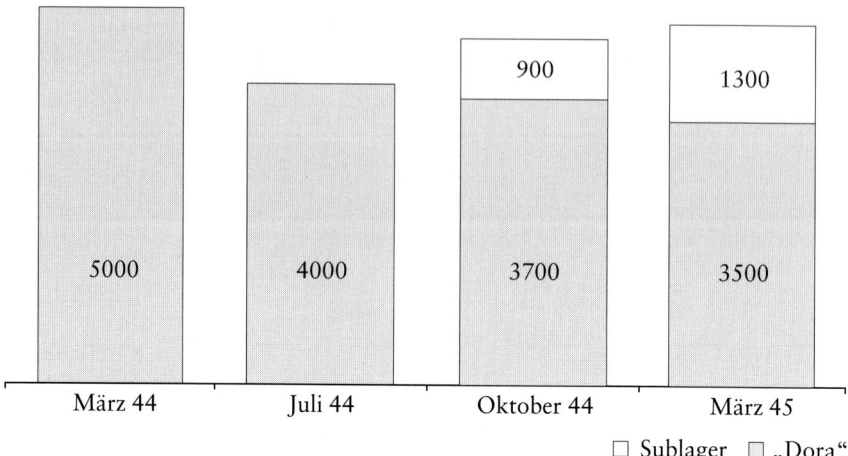

März 44   Juli 44   Oktober 44   März 45

□ Sublager   □ „Dora"

Abb. 4.9 *Häftlinge der „Mittelbau"-Lager im „V-Waffen"-Programm*
März 1944 bis März 1945

Kleinbodungen (Deckname „Emmi"). Im Verhältnis zu „Dora" oder gar
den Lagern von „Mittelbau II" herrschten in den meisten dem A 4-Pro-
gramm zuzuordnenden Außenlagern für die Häftlinge günstigere Lebensbedingungen, was sich in deutlich niedrigeren Todesraten sogar noch auf
den Evakuierungsmärschen ausdrückte.

Rechnet man die Anzahlen der in den Sublagern „Doras" im A 4-Pro-
gramm eingesetzten Häftlinge zu denen hinzu, die im Mittelwerk mit der
„V-Waffen"-Fertigung beschäftigt waren, so ergibt sich, daß mit Ausnahme
des Einbruchs in den Beschäftigtenzahlen im Frühsommer 1944 (aufgrund
der Probleme mit dem A 4) die Anzahl der im „Mittelraum" im „V-Waffen"-Programm eingesetzten Häftlinge seit März 1944 annähernd konstant
zwischen etwa 4000 und 5000 Mann geblieben ist (siehe Abb. 4.9). Man
sollte sich diese Tatsache stets vergegenwärtigen, um den Stellenwert des
„V-Waffen"-Programms im Arbeitseinsatz der Häftlinge der „Mittelbau"-
Konzentrationslager richtig einschätzen zu können.

Für diejenigen Häftlinge, die auf den Baustellen des „Unternehmens Mittelbau" eingesetzt waren, ergaben sich im Laufe des Sommers 1944 ebenfalls einige Änderungen in ihren Arbeitsbedingungen. So hatten sich durch
die Auflösung des Lagers Bischofferode (B 3 a) und die Belegung neuer Baustellen (B 3 b, B 12 und B 17) Einsatzorte und Arbeitswege gegenüber der
Situation im Frühjahr 1944 verändert. Eine Bahnverbindung zwischen dem
Lager „Hans" (Harzungen) und Woffleben war eingerichtet worden und

verkürzte die Anmarschzeiten. Auch Häftlinge aus den Ellricher Lagern wurden jetzt häufiger mit der Bahn von und zu ihren Baustellen transportiert, um die Arbeitszeit besser auszunutzen.

Einschneidende organisatorische Veränderungen im Bereich der Lager leitete ein Sonderbefehl der Standortführung Mittelbau vom 10. September 1944 ein. In ihm wurde eine erneute Umgruppierung und Umbenennung der Lager des Mittelbaus verfügt. „Dora" blieb „Mittelbau I", während „Erich" (Ellrich-Juliushütte) zu „Mittelbau II" und „Hans" (Harzungen) zu „Mittelbau III" wurde. Bemerkenswert an diesem Vorgang ist, daß die Umorganisation am Befehlsstrang des SS-Wirtschafts-Verwaltungshauptamtes vorbei erfolgte. Nicht das Zentralamt D I der Amtsgruppe D „Konzentrationslager", geschweige denn die Kommandantur von Buchenwald – dem die Lager des „Mittelraums" immer noch formal unterstellt waren –, sondern die Kammler unterstehende Standortführung Mittelbau traf die Verfügung. Auch der im gleichen Standortbefehl gestellte Antrag auf Errichtung eines eigenen Häftlingslagers für das Bauvorhaben B 12 (es wurde gut ein Vierteljahr später in Woffleben eingerichtet) war direkt an „SS-Gruppenführer und Generalleutnant der Waffen-SS, Dr.-Ing. Kammler" gerichtet.

Es liegt nahe anzunehmen, daß diese „Eigenmächtigkeiten" Kammlers und seiner Untergebenen bei der Amtsgruppe D des SS-Wirtschafts-Verwaltungshauptamtes nicht auf ungeteilte Zustimmung stießen. Einerseits scheint man sie dort schlichtweg ignoriert zu haben, andererseits kam man aber Kammler entgegen, indem man die von ihm geschaffenen Fakten nachträglich sanktionierte, ja ihm sogar zusätzlich fast alle im „Mittelraum" gelegenen Außenkommandos von Buchenwald unterstellte, auch wenn sie weder mit der Untertageverlagerung von Junkers noch mit dem „V-Waffen"-Programm in Zusammenhang standen. So verfügte Amtsgruppenchef Glücks mit Schreiben vom 30. September 1944:

„1. Mit Wirkung vom 1. Oktober 1944 wird das bisher dem Konz.-Lager Buchenwald unterstellte Arbeitslager ‚Dora' selbständiges Konzentrationslager.

2. Es führt die Bezeichnung Konzentrationslager Mittelbau. […]

3. Als Kommandanten setze ich den SS-Sturmbannführer Otto *Förschner*, bisher Führer des Arbeitslagers ‚Dora', ein. […]

4. Mit der Übergabe des Arbeitslagers ‚Dora' werden gleichzeitig ubergeben:

5. SS-Baubrigade I, III und V, die 5., 6. und 7. SS-Baubrigade (E), das Arbeitslager Kloster-Werk, Blankenburg, das Arbeitslager der Firma Kurt Heber, Osterode, die Arbeitslager A 5, B 4, B 3 mit Nebenlagern a und b, B 11, B 12, B 15, B 17, B 18 und das Arbeitslager Rautal-Werke in Wernigerode. [...]

6. Die erfolgte Übergabe des Außenarbeitslagers ‚Dora' als selbständiges Konzentrationslager an SS-Sturmbannführer Förschner durch SS-Standartenführer Pister ist mir schriftlich zu melden."[40]

Mit dieser Verfügung des SS-Wirtschafts-Verwaltungshauptamtes war Kammler nicht mehr nur de facto, sondern auch de jure oberster Chef der Konzentrationslager im „Mittelraum" geworden. Hatte er zuvor schon die Befehlsgewalt innegehabt, so trug er ab jetzt auch die Verantwortung für Geschehenes und Unterlassenes, ein Gesichtspunkt, der auch im Zusammenhang mit der späteren Auflösung des KZ Mittelbau zu beachten sein wird. Es dauerte noch einige Wochen, bis alle Formalitäten der Übergabe, vor allem die Unterstellung der Nebenlager und der Baubrigaden, abgewickelt waren, so daß erst am 28. Oktober 1944 offiziell die „Übergabe der ‚Dora'-Betriebe [sic!] als selbständiges Konzentrationslager"[41] erfolgen konnte. Faktisch trat sie erst ab 1. November 1944 in Kraft, so daß die drei in der Literatur zu findenden Daten für die Verselbständigung „Doras", 1. Oktober, 28. Oktober und 1. November 1944, alle für sich mit einer gewissen Berechtigung genannt werden können.

Die Unterstellung der Außenkommandos von Buchenwald im „Mittelraum" unter das neu geschaffene Konzentrationslager Mittelbau erfolgte offensichtlich nach dem Territorialprinzip, wurde aber aus Gründen, die derzeit noch unbekannt sind, nicht konsequent durchgeführt. So blieben die Außenkommandos Duderstadt (Polte-Werk, Munitionsfabrik), Mühlhausen („Martha", oberirdischer Verlagerungsbetrieb von Junkers) und Niederorschel (Langen-Werke, oberirdischer Verlagerungsbetrieb von Junkers) im Südwesten, vor allem aber das große Lager Langenstein-Zwieberge im Norden außen vor. Ein weiteres Problem bereiten die SS-Eisenbahnbaubrigaden 1 (bzw. 6), 2 (bzw. 7), 3 und 8, von der nur die 1. (Berga) und die 3. (Heringen) einige Tage im „Mittelraum" stationiert, ansonsten aber in

---

40 In Faksimile bei Fiedermann u. a., Konzentrationslager Mittelbau DORA, S. 48 f. Hervorh. im Original.

41 Nbg. Dok. NO-2317.

Süd- und Westdeutschland eingesetzt waren. Was der Grund für ihre zeit-
weilige Unterstellung (bis Mitte Januar 1945) unter das KZ Mittelbau war,
ist bis heute nicht geklärt. Ebenfalls unklar ist, warum das Außenkommando Wernigerode trotz Nennung in der Verselbständigungsverfügung vom
30. September 1944 und im Übergabebericht vom 28. Oktober 1944 weiterhin beim KZ Buchenwald verblieb.

Unter den dem KZ Mittelbau ab 1. November 1944 unterstellten Außenkommandos von Buchenwald befanden sich einmal die damals schon exi-
stierenden Sublager von „Dora", dann die im Frühjahr 1944 eingerichteten Lager des „Unternehmens Mittelbau" sowie das Lager Blankenburg,
ebenfalls zu einem unterirdischen Verlagerungsprojekt gehörig (Deckname
des Bauvorhabens: „Porphyr", des Verlagerungsbetriebes: „Klosterwerke"), aber in Regie der „Organisation Todt", ferner die beiden kleinen Lager
Quedlinburg und Trautenstein, deren Häftlinge am Bau einer Hochspannungsleitung zur Energieversorgung des „Sperrgebiets Mittelbau" arbeiteten, und das Hauptlager Sollstedt der SS-Baubrigade I, dessen Häftlinge an
der Herrichtung eines unterirdischen Bekleidungs- und Ausrüstungsdepots
der SS arbeiteten.

Hinzu kamen Lager, die ab Ende August 1944 bei mittelständischen Rüstungsbetrieben eingerichtet worden waren, ohne erkennbaren Zusammenhang mit dem „V-Waffen"-Programm: Osterode Heber und Bleicherode.
Nach der Verselbständigung „Doras" wurden noch weitere Lager dieser
Kategorie eingerichtet: Mitte Januar und Anfang März 1945 zwei Lager mit
italienischen Häftlingen in Wickerode bzw. Ilsenburg, Mitte März 1945 eines in Großwerther mit jüdischen Frauen, in der zweiten Märzhälfte, wenige Tage vor der Evakuierung, noch zwei Kommandos in Ballenstedt. Bis auf
die Lager Osterode Heber und Großwerther, die einige hundert Häftlinge
zählten, waren dies kleine Lager mit etwa zehn bis fünfzig Mann Belegschaft.

Von wesentlich größerer Bedeutung als die Lager der eben erwähnten
Kategorie waren die zwischen Ende November 1944 und Anfang Februar
1945 neu gegründeten Lager für Häftlingskommandos, die bei Baumaßnahmen für Untertageverlagerungen eingesetzt wurden. Ende November
1944 wurde in Osterode beim Bauprojekt „Dachs IV" (Ölraffinerie) ein
Außenkommando von Mittelbau eingerichtet, zum 1. Januar 1945 das Lager Woffleben (B 12), und am 1. Februar 1945 im Nordharz bei Blankenburg ein Lager zum Bauprojekt „Turmalin". Eine Sonderrolle spielte das
Lager Nordhausen, Anfang Dezember 1944 auf dem Gelände des dortigen

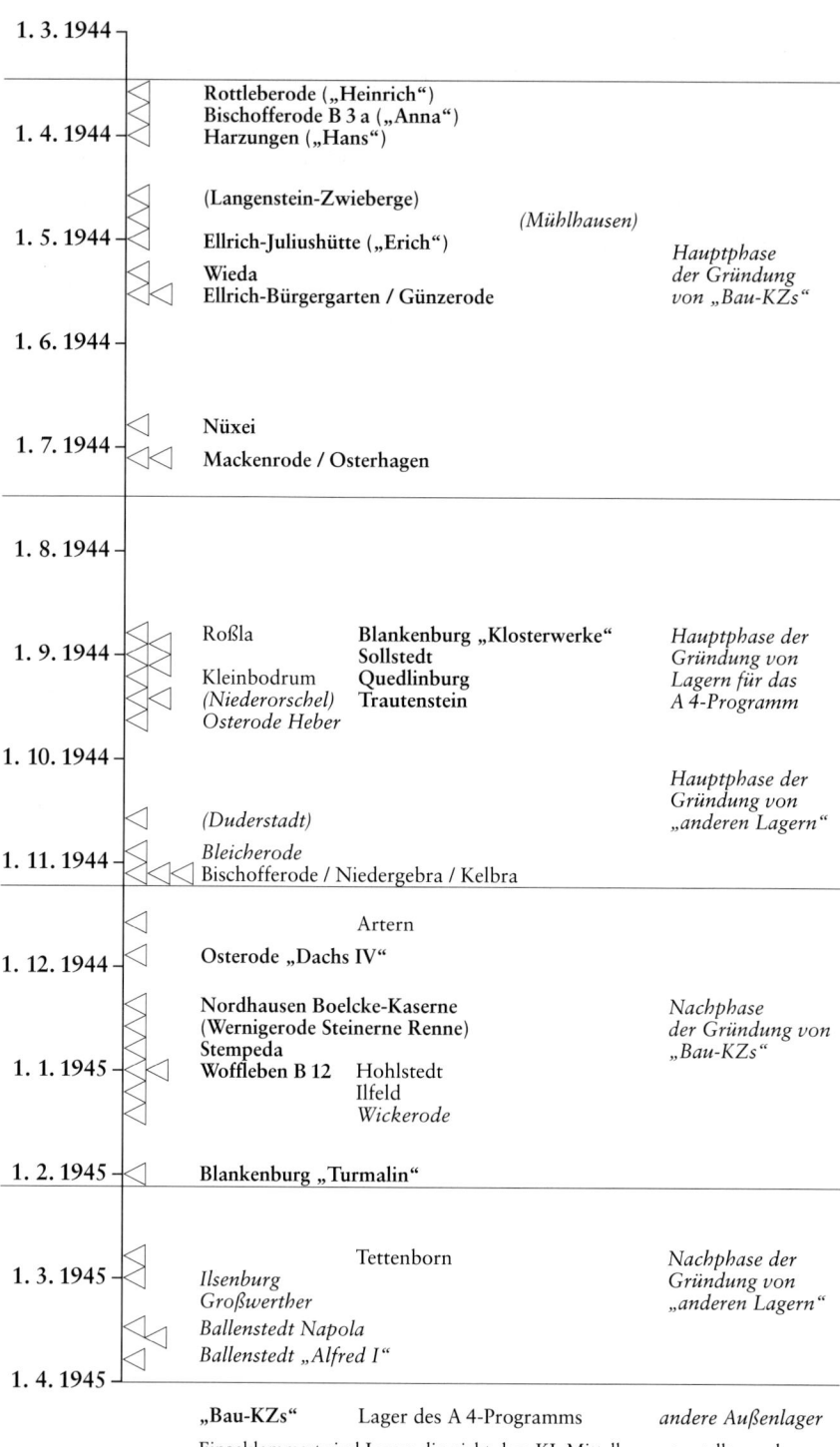

Abb. 4.10 *Zeittafel zur Gründung der Konzentrationslager im „Mittelraum"*

Fliegerhorstes in einer Garage und einer dreistöckigen ehemaligen Kaserne („Boelcke-Kaserne") eingerichtet. Es sollte angeblich als „Erholungslager" dienen, das heißt, schonungsbedürftige Häftlinge aus dem gesamten KZ Mittelbau sollten hier eingewiesen werden, um sich bei leichteren Arbeiten zu „erholen". Zugleich sollte es als Quartier für die bei Nordhäuser Firmen und Dienststellen beschäftigten Häftlinge dienen. Am 9. Januar 1945 wurden 800 Häftlinge aus „Dora", fünf Tage später weitere 500 aus anderen Lagern Mittelbaus nach Nordhausen überstellt.

Mit den Evakuierungstransporten aus dem Osten Ende Januar/Anfang Februar 1945 kam jedoch eine derart große Anzahl kranker und arbeitsunfähiger Häftlinge nach „Dora", daß dessen Aufnahmekapazität schnell überschritten war. So wurde ein Großteil der Kranken in das Lager Nordhausen abgeschoben, das sich dadurch rasch zum Massen-Elends- und Sterbequartier entwickelte. Mit über 5000 Häftlingen war es im März 1945 zum zweitgrößten Außenlager Mittelbaus geworden. Ungeachtet ihres miserablen Gesundheitszustandes wurden diejenigen Häftlinge, die sich noch aus eigener Kraft fortbewegen konnten, als Bauarbeiter im Projekt B 11 eingesetzt, eine Maßnahme, die bar jeden ökonomischen Sinnes war und nur den Tod dieser Menschen beschleunigen konnte.

Einen Überblick über Gründungsdaten und Hauptfunktionen der Konzentrationslager im „Mittelraum" gibt die Zeittafel Abb. 4.10. Die deutlich erkennbare zeitliche Struktur der Lagergründungen dokumentiert den Wandel im Setzen von Prioritäten beim Einsatz von KZ-Häftlingen für Rüstungsvorhaben in dieser Region. Sieht man von der – relativ isolierten – Einrichtung „Doras" Ende August 1943 ab, so lassen sich vier Zeiträume gut voneinander abgrenzen:

- Mitte März bis Mitte Juli 1944 (4 Monate): Hauptphase der Gründung der „Bau-KZ", im Zusammenhang mit dem „Unternehmen Mittelbau".
- Mitte Juli bis Anfang November 1944 (3 1/2 Monate): Hauptphase der Gründung der Lager des A 4-Programms sowie von Lagern ohne erkennbaren Zusammenhang mit „V-Waffen" oder Untertageverlagerungen („andere Lager"). Den Abschluß dieser Phase bildet die Einrichtung des selbständigen KZ Mittelbau.
- Anfang November 1944 bis Anfang Februar 1945 (3 Monate): Nachphase der Gründung von „Bau-KZ" für laufende oder neu beginnende Untertageverlagerungen.

- Anfang Februar bis Ende März 1945 (2 Monate): Nachphase der Gründung „anderer Lager".

Gleichzeitig mit der Zahl der Außenlager und -kommandos stieg auch die Zahl der Häftlinge des Konzentrationslagers Mittelbau erheblich an. Befanden sich Ende Mai 1944 in den Lagern des „Mittelraums" erst insgesamt 16 700 Häftlinge, so stieg deren Anzahl Ende Oktober 1944 auf rund 31 000 an, um kurz vor der Auflösung der Lager, am 31. März 1945,

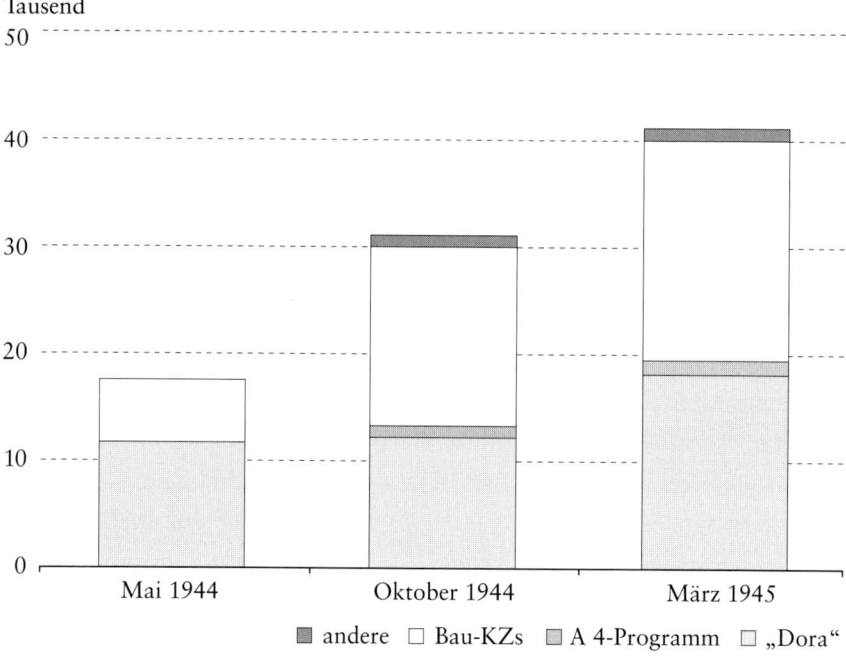

Abb. 4.11 *Belegstärken der Lager des KZ Mittelbau* Ende Mai 1944 bis März 1945

ihren Höhepunkt mit über 41 000 Häftlingen zu erreichen. Deren Aufteilung auf das Hauptlager „Dora", auf die im Zusammenhang mit dem A 4-Programm errichteten Außenlager, die „Bau-KZ" sowie andere Kommandos zeigt Abb. 4.11. Man sieht, daß „Dora" immer noch das mit Abstand größte Lager im „Mittelraum" geblieben war. Das starke Anwachsen der Häftlingsgesamtzahl verdankte sich in erster Linie der Expansion der „Bau-KZ", in denen ab Oktober 1944 etwa die Hälfte aller Konzentrationslagerhäftlinge im „Mittelraum" registriert war. „Dora" und den „Bau-KZ" gegenüber stellten alle übrigen Außenlager quantitativ eine fast zu vernachlässigende Größe dar.

Eine detaillierte Betrachtung für das Hauptlager „Dora" zeigt, daß dessen Belegstärke in Abhängigkeit von der Zeit in guter Näherung durch eine Treppenfunktion wiedergegeben werden kann (siehe Abb. 4.12). Deutlich lassen sich drei Zeitabschnitte annähernd konstanter Lagerstärke ausmachen: Von Mai bis August 1944 mit durchschnittlich 11 900 Häftlingen, von September 1944 bis Januar 1945 mit im Mittel 14 400 und von Februar bis März 1945 mit durchschnittlich 18 000 Mann. Die Sprünge in der mittleren Belegstärke hängen jeweils mit Häftlingstransporten nach „Dora" im

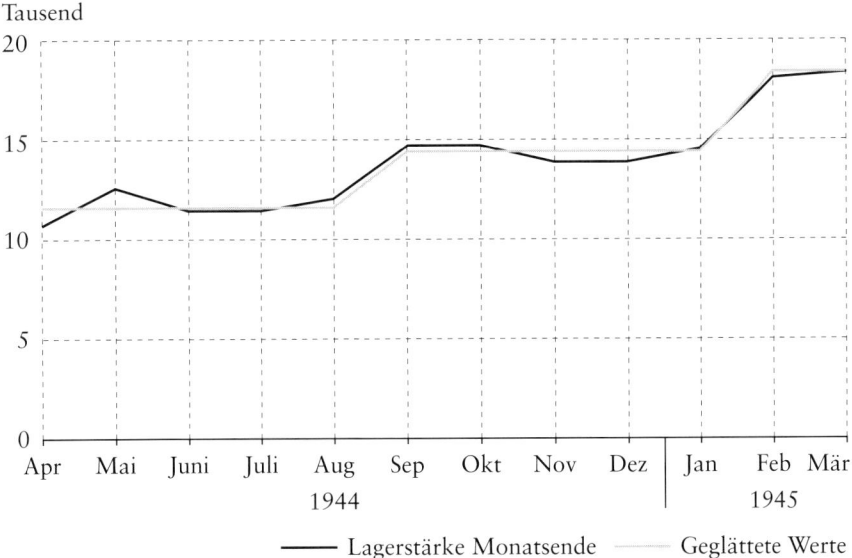

Lagerstärke Monatsende ——— Geglättete Werte

Lagerstärken von „Dora" Mai 1944 bis März 1945   **Abb. 4.12**
Zahlen aus: Dieckmann, Existenzbedingungen und Widerstand im
Konzentrationslager Mittelbau-Dora, S. 445–450

Zuge von „Rückverlagerungs"-Maßnahmen zusammen. So kamen im September 1944 aus Friedrichshafen 762, aus Ravensbrück 992 und aus Natzweiler 1383 Häftlinge an.[42] Der größte Schub traf Ende Januar/Anfang Februar 1945 im Zuge der Evakuierungen der Konzentrationslager Auschwitz und Groß Rosen im „Mittelraum" ein und sorgte in allen größeren Lagern für einen sprunghaften Anstieg der Belegstärke.

Gliedert man die Lagerstärke nach der Beschäftigungsstruktur der Häftlinge auf, so zeigt sich, daß auch in „Dora" ab Mai 1944 die „Bauhäftlinge"

---

42 Zahlen nach Dieckmann, Existenzbedingungen und Widerstand im Konzentrationslager Mittelbau-Dora, S. 446.

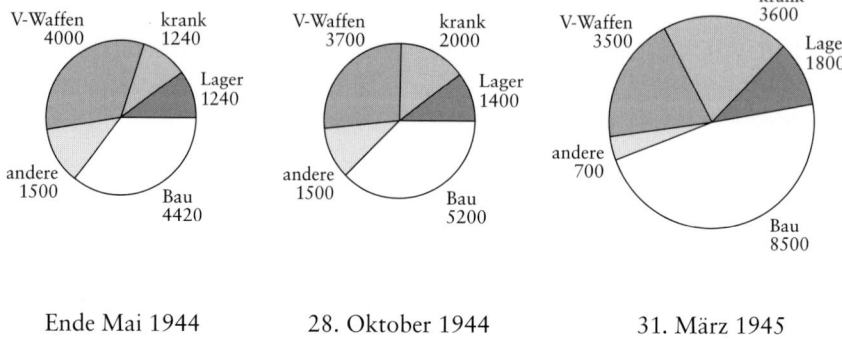

| Ende Mai 1944 | 28. Oktober 1944 | 31. März 1945 |

Abb. 4.13 *Beschäftigungsstruktur der Häftlinge des KZ Mittelbau – Hauptlager „Dora"* Ende Mai 1944 bis Ende März 1945

die zahlenmäßig größte Gruppe stellten und daß diese die absolut und relativ höchsten Zuwachsraten aufwies.[43] Demgegenüber sank die Anzahl der im Produktionssektor (Mittelwerk und andere Firmen) beschäftigten „Dora"-Häftlinge sogar absolut und fiel gegen Ende unter ein Viertel der Lagerstärke (siehe Abb. 4.13). Auch im Vergleich mit dem Gesamtlager zeigen sich erstaunliche Übereinstimmungen (siehe Abb. 4.14): Die Beschäftigungsstruktur des gesamten Konzentrationslagers Mittelbau war ein getreues Abbild von der „Doras".

„Dora" war als Teil zugleich Modell des Ganzen und erlangte so, über seine beispielhafte Funktion im „Modell Mittelwerk/KZ Dora" für die Kooperation zwischen Rüstungsministerium, Industrie und SS hinaus eine weitere, SS-interne Modellfunktion innerhalb des KZ-Kosmos. Nicht mehr chaotischer Wildwuchs wie bei der Expansion der „alten", noch vor 1940 entstandenen Konzentrationslager, auch nicht das widersprüchliche Nebeneinander von Gaskammer und Arbeitskommando wie in Auschwitz prägten den Charakter Mittelbaus. Hier ordneten sich Haupt- und Nebenlager einem einzigen Zweck unter: In möglichst kurzer Zeit ein gigantisches Bau-Projekt „durchzuziehen", ohne Rücksicht auf Verluste an Menschenleben.

43 Daten und detaillierte Zahlenangaben, die auch die Grundlage für die Graphiken in Abb. 4.13 liefern, finden sich bei Neander, Das Konzentrationslager Mittelbau in der Endphase der NS-Diktatur, S. 242 ff.

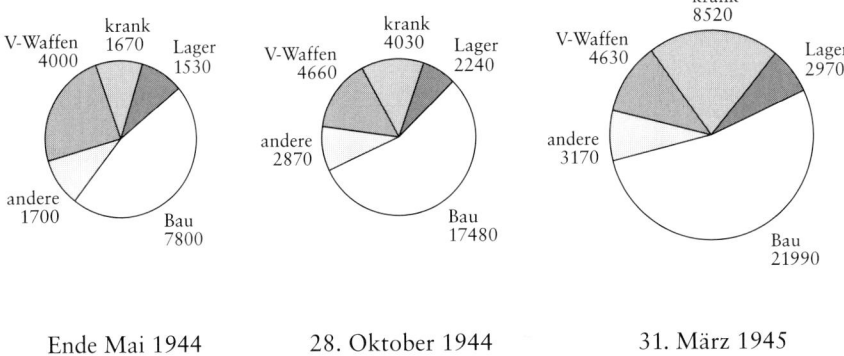

| Ende Mai 1944 | 28. Oktober 1944 | 31. März 1945 |

Beschäftigungsstruktur der Häftlinge des KZ Mittelbau – Gesamtlager **Abb. 4.14**
Ende Mai 1944 bis Ende März 1945

Die Waffenproduktion durch KZ-Häftlinge spielte weiterhin eine wichtige, aber keinesfalls mehr die Hauptrolle im Arbeitseinsatz der Häftlinge aus den Lagern des Mittelbaus.

4.5 Kammler und das „Sperrgebiet Mittelbau"

Es ist notwendig, sich noch einmal mit Person und Funktion von „SS-Gruppenführer und Generalleutnant der Waffen-SS Dr.-Ing. Kammler" – so seine Anrede und Unterschrift im offiziellen Schriftverkehr – zu beschäftigen. Denn das ganze Geschehen im „Mittelraum" während der letzten sieben Monate des Krieges, etwa von August 1944 bis zur Eroberung des Gebietes durch amerikanische Armee-Einheiten in der zweiten Aprilwoche 1945, ist eng mit der beruflichen Karriere Kammlers verknüpft. Und diese wiederum basiert auf dem Machtzuwachs, den die SS nach dem mißglückten Putschversuch vom 20. Juli 1944 für sich verbuchen konnte.

Hitler hatte der – in seinem Verständnis unzuverlässigen – Wehrmacht nach dem Attentat wesentliche Befugnisse entzogen und seinem „treuen Paladin" Himmler übertragen, so unter anderem den Oberbefehl über das Ersatzheer. Himmler unterstanden damit nicht nur die Reservetruppen der Wehrmacht, sondern auch der Chef der Heeresrüstung mit den nachgeordneten militärischen Dienststellen einschließlich der in Aufstellung befind-

119

lichen Raketentruppe. Am 8. August 1944 ernannte Himmler Kammler zu seinem „Sonderbevollmächtigten 2"[44] und übertrug ihm militärische Aufgaben, nämlich „die Führung des Einsatzes, die allgemeinen Führungsaufgaben im Bereich Chef H Rüst u BdE und die Entscheidung in grundsätzlichen Fragen des A 4-Einsatzes".[45]

Ein halbes Jahr später, am 31. Januar 1945, übertrug Himmler Kammler den gesamten „V-Waffen"-Einsatz, also auch das Verschießen der Luftwaffen-Entwicklung Fi 103 („V 1"). Kammler wurde im Generalsrang Kommandeur einer größeren militärischen Einheit, des aus der V 1-Division, der V 2-Division und einer besonderen Nachschubdivision gebildeten „Armeekorps z. b. V.".[46]

Gut fünfunddreißig Jahre danach behauptete Speer in seinen Memoiren, er selbst habe die Beauftragung Kammlers mit der „militärischen Leitung des Verschießens dieser und der anderen V-Waffen" als Ablenkungsmanöver eingefädelt, um Kammler von seinem – Speers – „eigentlichen Arbeitsgebiet fernzuhalten".[47] Das soll den Eindruck erwecken, Speer habe zu Kammler in Opposition gestanden. Die überlieferten Dokumente, zumindest diejenigen aus der Zeit von November 1944 bis Mitte April 1945, sprechen jedoch eine andere Sprache. In ihnen ist grundsätzlich von „Beauftragung" Kammlers sowie von „Einvernehmen" zwischen diesem und Speer die Rede, und auch zwischen den Zeilen lassen sich keine Mißtöne im Verhältnis der beiden zueinander herauslesen.

So konnte sich Kammler in einem Schreiben vom 6. Februar 1945 mit Briefkopf „Der Reichsführer-SS – Sonderbevollmächtigter 2" auf nachstehende, ihm erteilte Vollmachten berufen:

„1. Der Reichsmarschall des Großdeutschen Reiches v. 26. 1. 45

2. Der Reichsführer-SS v. 31. 12. 44

3. Der Reichsminister für Rüstung und Kriegsproduktion v. 13. 11. 44"

44   Im amtlichen Schriftverkehr meist als „Sb 2" abgekürzt. Datum der Ernennung nach Dornberger, V 2 – Der Schuß ins Weltall, S. 229.

45   Dies geht aus einem Befehl von SS-Obergruppenführer Jüttner, Chef der Heeresrüstung und Befehlshaber des Ersatzheeres („Chef H Rüst u BdE") hervor; vgl. Demps, Zum weiteren Ausbau des staatsmonopolistischen Apparates, „Dokument 2", S. 464–468.

46   Vgl. Urteil des Landgerichts Arnsberg – 3 Ks 1/57 – vom 12. 2. 1958, in: JuNSV, Bd. XIV, S. 573. „Z. b. V." bedeutete „zur besonderen Verwendung", d. h. außerhalb der regulären Wehrmachtorganisation stehend. In seiner Eigenschaft als Kommandeur des Armeekorps z. b. V. war Kammler Hitler direkt unterstellt.

47   Speer, Sklavenstaat, S. 297. Die apologetische Absicht des Autors liegt hier offen zutage.

und verfügen, welche Fernkampf- und Luftabwehrwaffen weiter produziert werden sollten, welche zur Fertigungsreife zu entwickeln und bei welchen die Entwicklung vorläufig abzuschließen oder gänzlich einzustellen sei.[48] Das war eine rüstungspolitische Entscheidung, die zu treffen im Grunde eine ureigene Aufgabe des Rüstungsministeriums bzw. seiner Organe der „Selbstverantwortung der Industrie" gewesen wäre.

Dokumente aus späterer Zeit, bis in die zweite Aprilhälfte 1945 hinein, sprechen ebenfalls ausdrücklich vom „Einvernehmen" zwischen Kammler und Speer. Auch die Ernennung Kammlers durch Göring zum „Beauftragten für das Programm ‚Brechung des Luftterrors'" (auf die sich Kammler im oben zitierten Schreiben unter Ziffer 1 bezog) geschah mit Zustimmung Speers. Es spricht somit nichts gegen die Annahme, daß alle rüstungstechnischen und -politischen Maßnahmen, die Kammler im Jahre 1945 ergriffen hat, in Abstimmung und im Einvernehmen mit Speer und dessen Ministerium erfolgt sind.

Berührten Kammlers militärische Kompetenzen den „Mittelraum" bisher nur am Rande – etwa durch die Zusammenarbeit mit dem Reparaturwerk für beschädigte A 4-Raketen in Kleinbodungen –, so griffen seine Entscheidungen über Fortführung bzw. Stopp von Raketenentwicklungen erheblich in die Struktur des im Mittelraum entstehenden Rüstungsindustriekomplexes ein. Grundsätzlich hatte Himmler in einem Befehl vom 5. Februar 1945 verfügt: „Entwicklung, Erprobung und Fertigung von Fernkampfwaffen und Luftabwehrgeräten gemäß Vollmacht Reichsmarschall an Sb 2 wird im Raum *Mittelbau* im Einvernehmen mit Reichsminister für Rüstung und Kriegsproduktion sichergestellt. Dieser Raum trägt die Bezeichnung ‚Sperrgebiet Mittelbau'."[49]

Kammler hatte längst die Fragwürdigkeit des militärischen Nutzens der „V-Waffen" erkannt und sein Engagement zunehmend von diesen weg und hin auf den Strahltriebjäger Me 262 sowie auf Flugabwehrraketen verlagert, insbesondere auf die kurz vor der Fronteinsatzreife stehende

---

48 Das Schreiben ist in Abschrift wiedergegeben bei Demps, Zum weiteren Ausbau des staatsmonopolistischen Apparates, als „Dokument 8", S. 481 f.; Speer stattete, während er das Rhein-Ruhr-Gebiet vom 15. bis 23. November 1944 bereiste, auch Kammlers Raketendivision einen Besuch ab; vgl. Boelcke (Hrsg.), Deutschlands Rüstung im Zweiten Weltkrieg, S. 445.

49 Zit. in Fernschreiben Kammlers vom 7. Februar 1945, in Abschrift wiedergegeben bei Demps, Zum weiteren Ausbau des staatsmonopolistischen Apparates, als „Dokument 7", S. 479 f.; Hervorh. im Original.

ungelenkte Boden-Luft-Rakete „Taifun". So wurde als Konsequenz der von Kammler in seinem oben zitierten Schreiben vom 6. Februar 1945 getroffenen Verfügungen noch im gleichen Monat das „Taifun"-Programm in das Mittelwerk verlegt, das zudem einen Fertigungsauftrag für die ungelenkte Luft-Luft-Kleinrakete „Orkan" erhielt. Die Flugabwehr-Raketenentwicklungen von Henschel (Hs 117 „Schmetterling") und Ruhrstahl (X 4, X 7) kamen in die schon fertiggestellten Teile der Anlage B 3 a im Himmelberg bei Woffleben.

Vor allem aber verfügte Kammler die Verlagerung aller 35 Dienststellen, Firmen und Firmenabteilungen, die an der Entwicklung, Erprobung und Fertigung dieser und der anderen im „Programm ‚Brechung des Luftterrors'" verbliebenen Raketen arbeiteten und die seit Ende Januar 1945 durch Befehl Himmlers in einer „Entwicklungsgemeinschaft Mittelbau" zusammengeschlossen waren, in den südlichen Bereich des „Sperrgebietes Mittelbau". Größte Einzelfirma war die „Elektromechanische Werke GmbH Karlshagen/Pommern", die Nachfolgerin der Heeresversuchsanstalt Peenemünde, die mit fast 4500 Mann Personal, unter anderem dem Leiter der Entwicklungsabteilung, Wernher von Braun, im Februar 1945 Quartiere in Bleicherode bezog. Die Werkstätten sollten in den dortigen, im Krieg stillgelegten Kaligruben untergebracht werden. Insgesamt rechneten die Rüstungsplaner allein mit 15 000 Wissenschaftlern und Ingenieuren, die mit der „Entwicklungsgemeinschaft Mittelbau" in das „Sperrgebiet" verlagert werden sollten. Von ihnen hielten sich am 19. März 1945 schon 7742 Mann dort auf.

Auch der Arbeitsstab des „B. z. b. V. Heer" Dornberger[50] wurde Anfang Februar 1945 in den „Mittelraum" verlegt, und zwar nach Bad Sachsa. Sogar Speers „rechte Hand", Karl Otto Saur aus dem Rüstungsministerium, ließ sich Anfang Februar 1945 mit dem gesamten „Rüstungsstab" einschließlich des Büropersonals in Blankenburg nieder, von wo aus er am 5. März 1945 noch einmal umzog, und zwar in den bombensicheren Kohnstein. Rübeland war Sitz des „Sonderausschusses z. b. V.", der unter der Leitung von Direktor Kunze stand und die Nachfolge des schon im Januar 1944 dorthin verlegten Sonderausschusses A 4 angetreten, aber sein Arbeitsgebiet

---

50   Für alle technischen Belange des A 4-Programms war Dornberger durch Verfügung Himmlers Kammler als „B. z. b. V." („Beauftragter zur besonderen Verwendung") beigeordnet worden. Dornberger durfte zwar koordinieren, Grundsätzliches entschied jedoch Kammler selbst.

auf alle noch laufenden Raketenentwicklungen ausgedehnt hatte. Wenn man jetzt noch berücksichtigt, daß im „Sperrgebiet Mittelbau" auch in großem Maßstab Produktionsanlagen für strahlgetriebene Jagdflugzeuge im Bau waren und sich – in Bad Lauterberg und Rhumspringe – die größten Anlagen zur Produktion von hochkonzentriertem Wasserstoffperoxid („T-Stoff") befanden,[51] so wird deutlich, daß hier das Zentrum für Entwicklung, Erprobung und Fertigung der modernsten Waffensysteme ihrer Zeit im Entstehen war.

Sogar an den durch die massierten Verlagerungen zu erwartenden Mehrverbrauch an elektrischer Energie im Raum Nordhausen hatte Kammler gedacht. Vermutlich weil ihm der Bau einer Hochspannungsleitung in die nördlich des Harzes gelegenen Braunkohlenreviere nicht schnell genug voranging, bemühte er sich Anfang Februar 1945, das in Leeuwarden (Niederlande) im Bau befindliche Kohle-Großkraftwerk abbrechen und „im Raum Mittelbau aufstellen" zu lassen.[52] Das Kraftwerk sollte mit der – für solche Zwecke weder geeigneten noch in genügender Menge vorhandenen – Südharzer Permkohle betrieben werden.[53] Der Plan wurde nicht ausgeführt, die Verlagerung scheiterte vermutlich am Vormarsch der Alliierten.

Kammler hatte bis Ende Januar 1945 im „Sperrkreis Mittelbau" schon erhebliche Kompetenzen in seiner Hand vereinigt:

• Leitung der Bauaufgaben für die Untertageverlagerungsmaßnahmen
• Verfügung über die Häftlinge des Konzentrationslagers Mittelbau
• Wahrung sicherheitspolizeilicher und SD-mäßiger Belange
• Unterbringungs- und Unterkunftsfragen der zivilen und Zwangsarbeiter sowie der KZ-Häftlinge

Durch den oben erwähnten Befehl Himmlers vom 5. Februar 1945 erhielt Kammler nun zusätzliche, sehr weitreichende Vollmachten. Unter anderem war befohlen worden: „Für alle militärischen und zivilen Angelegenheiten im Raum Mittelbau ist dem Reichsführer-SS, als Reichsführer-SS, Reichs-

---

51   „T-Stoff" wurde nicht nur für den Antrieb des A 4, sondern auch in anderen modernen Waffensystemen (U-Boote, Torpedos, Strahljäger, Raketen, Flug- und Gleitbomben) als Energieträger eingesetzt.

52   Dokument in Abschrift wiedergegeben bei Demps, Zum weiteren Ausbau des staatsmonopolistischen Apparates, S. 405 (Anm. 179).

53   Vgl. ebenda, S. 327. Vgl. in diesem Zusammenhang auch das Gutachten des Oberbergamts Clausthal-Zellerfeld vom 1. März 1945; Archiv OBA CLZ Akte VS 120/I.

minister des Innern und Oberbefehlshaber des Ersatzheeres der Sb 2 verantwortlich."[54]

Damit nahm Kammler im „Sperrgebiet Mittelbau", stellvertretend für
Himmler, die Funktionen des obersten SS-Führers, des Reichsinnenmini-
sters und des Befehlshabers des Ersatzheeres wahr. Als Vertreter des Reichs-
führers SS und des Oberbefehlshabers des Ersatzheeres konnte er zum
Beispiel der SS- und Militärgerichtsbarkeit im „Mittelraum" Weisungen
erteilen. SS-intern wurden ferner dadurch, daß Kammler Himmler in
dessen Eigenschaft als Reichsführer SS vertrat, auch die Höheren SS-und
Polizeiführer für das „Sperrgebiet Mittelbau" ausgeschaltet.

Über Himmlers eigenen Verantwortungsbereich hinaus muß Kammler
aber auch noch Vollmachten von allerhöchster Stelle erhalten haben, denn
er konnte offensichtlich sogar in den Kompetenzbereich hochrangiger Par-
teiorgane eingreifen. So ist im obigen Befehl Himmlers unter anderem von
einer Übertragung von „Befugnissen der beteiligten Reichsverteidigungskommissare" durch Kammler auf einen Stellvertreter die Rede. Die „beteiligten Reichsverteidigungskommissare" waren im konkreten Fall die vier
Gauleiter, deren Gaue Anteil am „Sperrgebiet Mittelbau" hatten: Sauckel
für Thüringen, Lauterbacher für Südhannover-Braunschweig, Jordan für
Magdeburg-Anhalt und Eggeling für Halle-Merseburg (siehe Abb. 4.15).
Als Gauleiter unterstanden sie Hitler direkt, und grundsätzlich konnte
ihnen niemand außer dem „Führer" selbst Weisungen erteilen.

Unter anderem waren die Gauleiter verantwortlich für die Aufstellung
der „Volkssturm"-Einheiten, also von Kampfgruppen, die nicht von der
Wehrmacht, sondern von der Partei gebildet wurden und deren Führungs-
personal auch aus den Rängen der Parteiorganisationen kam. Wenn Kammler in einem Schreiben vom 6. Februar 1945, das unter anderem an „Partei-
kanzlei z. Hd. Herrn Reichsleiter Bormann [,] zur Unterrichtung der Herren
Gauleiter und Reichsverteidigungskommissare" adressiert war, unwider-
sprochen verfügen konnte: „Sämtliche Entwicklungen, Erprobungen und
Fertigungen der R-Geräte, soweit sie zum Programm ‚Brechung des Luftterrors' gehören, erhalten *vollen Schutz gegen Einziehung* zur Wehrmacht,
zum Volkssturm oder sonstigen Sicherungs- und Alarmmaßnahmen",[55] so

---

54 Zit. in Fernschreiben Kammlers vom 7. Februar 1945, in Abschrift wiedergegeben bei
Demps, Zum weiteren Ausbau des staatsmonopolistischen Apparates, „Dokument 7", S. 479 f.
55 In Abschrift wiedergegeben in: ebenda, „Dokument 9", S. 484 f.; Hervorh. d. Verf. Das
„R" steht hier offenbar für „Raketen".

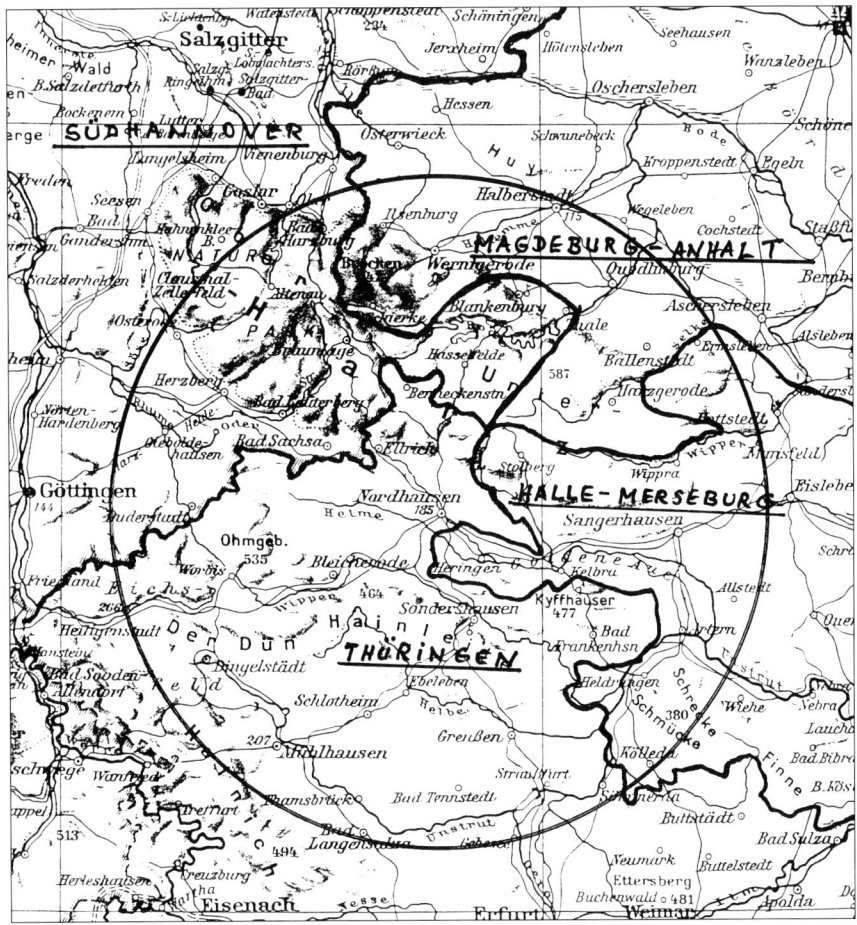

Gaugrenzen im „Sperrgebiet Mittelbau" – 1945
Nach: Bornemann, Schicksalstage im Harz, S. 9

Abb. 4.15

griff er in ureigenes Gebiet der Gauleiter ein. Ohne Rückendeckung durch Hitler selbst wäre dies gerade in einem innenpolitisch so sensiblen Bereich wie dem der Freistellung von der Dienstpflicht im „Volkssturm" nicht möglich gewesen.

Einen weiteren erheblichen Machtzuwachs brachte für Kammler kurz darauf eine Verfügung Kaltenbrunners, des Chefs des Reichssicherheitshauptamtes. Am 9. Februar 1945 ordnete dieser „in Ausführung" von Himmlers „Befehl vom 5. 2. 45 [zur] Errichtung eines ‚Sperrgebietes Mittelbau'" unter anderem an: „Zur Wahrung sicherheitspolizeilicher und SD-mäßiger Belange wird für den Bereich ‚Sperrgebiet Mittelbau' die Dienststelle ‚Der Kommandeur der Sicherheitspolizei – z. b. V.' errichtet. Er ist unmittelbar dem RSHA – Amt IV – unterstellt und dem Stabe des SS-Gruppenführers und Gen. Lt. der Waffen-SS Dr. Ing. *Kammler* zugeteilt."[56]

Die Funktion des „Kommandeurs der Sicherheitspolizei – z. b. V." übernahm der von Kammler zu seinem Vertreter „in Bezug auf Abwehrangelegenheiten" ernannte SS-Obersturmbannführer Bischoff. „Unmittelbar unterstellt" zu sein unter das Reichssicherheitshauptamt bedeutete in diesem Fall, daß die Mittelinstanz „Befehlshaber der Sicherheitspolizei" fortfiel, ihre Funktionen folglich vom Kommandeur der Sicherheitspolizei selbst wahrgenommen wurden.

Das Institut der „Befehlshaber/Kommandeure der Sicherheitspolizei und des SD" war zu Kriegsbeginn geschaffen worden, um den zu erwartenden Widerstand der Zivilbevölkerung in den besetzten Ländern Europas mit terroristischer Gewalt zu brechen bzw. im Keime zu ersticken.[57] Diese Organisationsform auch auf das „Altreich" zu übertragen, war erklärtes Ziel der SS-Führung spätestens seit Oktober 1941, konnte sich aber gegen den zähen Widerstand der traditionellen Innenverwaltung und Ordnungspolizei in nennenswertem Umfange erst gegen Kriegsende durchsetzen, und dann auch nur in Gebieten, denen sich die Front unmittelbar näherte. Daß im „Sperrgebiet Mittelbau" ein Kommandeur der Sicherheitspolizei auch ohne akute Feindbedrohung eingesetzt wurde, wirft ein bezeichnendes Licht auf die eminente Bedeutung, die die NS-Machthaber dem Rüstungskomplex im „Mittelraum" zumaßen.

Die letzte Stufe auf der Karriereleiter erklomm Kammler sechs Wochen vor Kriegsende, als er durch Befehl Hitlers am 27. März 1945 zum „Beauftragten des Führers für Strahltriebflugzeuge" ernannt und zugleich zum SS-Obergruppenführer und General der Waffen-SS befördert wurde. Damit waren Kammler weitere umfangreiche Befugnisse und Vollmachten zugewachsen, die er jedoch letztlich nur noch dazu nutzen konnte, Menschen, Material und Dokumente vor den heranrückenden alliierten Truppen in die „Alpenfestung" zu verlagern.

Zur Abrundung sei schließlich erwähnt, daß am Schluß zu Kammlers zivilen auch noch militärische Befehlsbefugnisse im „Sperrgebiet Mittelbau" hinzukamen, als ihn der Oberbefehlshaber West, Generalfeldmarschall Kesselring, am 5. April 1945 mit der Verteidigung des Raumes Nordhausen

---

56 In Abschrift wiedergegeben in: ebenda, „Dokument 11", S. 487 f.; Hervorh. im Original.
57 Dazu kam, vor allem im Osten, die Ausrottung der Juden.

beauftragte. Zwar war kurz zuvor Kammlers Armeekorps z. b. V. in ein Infanteriekorps umgegliedert worden. Dessen Führung hatte jedoch ein Heeresgeneral übernommen. Dieses Infanteriekorps setzte sich aus Westfalen in Richtung Berlin ab. Weder deutsche noch amerikanische Militärgeschichtswerke erwähnen auch nur eine Kampfgruppe unter Kammlers Führung im Harz, geschweige denn einen größeren Truppenverband.

Nach der Auslagerung der „Taifun"-Fertigung in die „Alpenfestung" und der Evakuierung der „Entwicklungsgemeinschaft Mittelbau" nach Oberbayern in den ersten Apriltagen des Jahres 1945 dürfte Kammler auch kaum noch Interesse an einer (ohnehin aussichtslosen) militärischen Verteidigung des „Sperrgebiets Mittelbau" gehabt haben. Beim Einmarsch der Amerikaner wich er nach Südosten aus.

„[Habe] meine Dienststelle von Halle nach Dresden, Niederwaldstraße 2 abgesetzt", telegrafierte er am 14. April seinem „Generalbevollmächtigten" Degenkolb nach Oberammergau.[58] Nach fast 20 Monaten war die Ära Kammler im „Mittelraum" zu Ende gegangen.

Über Kammlers Schicksal nach Ende des Krieges gibt es nur Spekulationen. Speer gibt an, ihn zuletzt Anfang April 1945 in Berlin gesehen zu haben. Kammler habe sich von ihm verabschiedet und „dunkle, sehr vage Andeutungen" der Art gemacht, daß er sich nach Süddeutschland absetzen und den Amerikanern stellen wolle. Als Gegenleistung für seine Freiheit wolle er ihnen die gesamten Unterlagen über Raketen und Strahlflugzeuge anbieten.[59] Dokumentarisch belegt ist, daß Kammler Mitte April 1945 in München einen „Meldekopf" einrichtete. „Ich selbst befinde mich ständig auf Fahrt."[60] Gunter d'Alquen, ehemaliger SS-Chefjournalist, erinnerte sich 1951, Kammler zuletzt Ende April 1945 in Salzburg gesehen zu haben. Kammler sei im Begriff gewesen, sich mit einigen Ingenieuren und „sämtlichen Plänen über Fertigung und Verwendung von V 1, V 2 und Düsenjägern" nach Prag abzusetzen. D'Alquen vermutete, Kammler habe später in der Sowjetunion gearbeitet.[61] Von einer Flucht Kammlers nach Prag, um

---

58 Archiv des IfZ München, Mikrofilm MA 382 fr. 8636. Ein Postfach in Halle/Saale war Deckadresse der SS-Sonderinspektion II und der am „Unternehmen Mittelbau" beteiligten SS-Bauführungsstäbe.

59 Vgl. Speer, Sklavenstaat, S. 341 f.

60 Fernschreiben Kammlers vom 16. April 1945, aufgegeben in München, an Himmler, Pohl, Göring und Speer; Archiv des IfZ München Mikrofilm MA 382 fr. 8656.

61 Protokoll einer Unterredung mit Jürgen Thorwald am 13. und 14. März 1951; Archiv des IfZ München, Sign. ZS 2/I, S. 71.

sich der Roten Armee zu stellen, will auch Saur gehört haben.[62] Das letzte dokumentierte Lebenszeichen von Kammler, ein eigenhändig unterzeichnetes Fernschreiben, datiert vom 23. April 1945.[63]

Vermutlich ist Kammler im Mai 1945 in oder bei Prag ums Leben gekommen. Während Ludwig wissen will: „Nach der deutschen Kapitulation wurde Kammler in Prag hingerichtet",[64] schreibt Speer von „Gerüchten", denen zufolge er „in Prag von seinem eigenen SS-Adjutanten erschossen" worden sei.[65] Eine dritte Version gaben Kammlers Ordonnanzoffizier und sein Fahrer im Arnsberger „Langenbachtal"-Prozeß 1957/58: Sie hätten ihn am 9. Mai 1945 in einem Waldgebiet südlich Prags tot aufgefunden; er habe vermutlich Zyankali genommen.[66] Keine dieser Versionen konnte bisher amtlich bestätigt werden.

Zusammenfassend läßt sich festhalten: Im „Sperrgebiet Mittelbau" war gegen Ende des Krieges ein gigantischer Rüstungskomplex zur Fabrikation von Hochtechnologie-Waffen mit modernster Produktionstechnik im Aufbau begriffen. Durch Vollmachten, die SS-Obergruppenführer Kammler von höchsten Partei-, Wehrmacht- und Regierungsstellen erhalten hatte, waren diese rund 8000 Quadratkilometer als geschlossenes Territorium aus der Verwaltung des übrigen Reichsgebietes weitgehend herausgelöst und einheitlich in allen entscheidenden Belangen der Führung Kammlers unterstellt worden.

Es ist legitim, sich die Frage zu stellen, ob hier im „Sperrgebiet Mittelbau" nicht schon Tendenzen sichtbar werden, die über den engeren Bereich der Rüstungswirtschaft hinaus weisen. Die hochgradige vertikale und horizontale Machtkonzentration, der Aufbau eines neuen „Kräftefeldes" in einer auf Kompetenzen gegründeten eigenen Hoheitssphäre läßt sich durchaus als Keimzelle für einen „Staat im Staate" interpretieren, als Muster für einen „SS-Staat" moderner, effizienzorientierter Prägung auf der Grundlage einer vielschichtigen Ausbeutung der Arbeitskraft von „freien" und

---

62 Aussage am 4. Februar 1947 in Nürnberg; nach Karl-Heinz Ludwig, Technik und Ingenieure im Dritten Reich, Düsseldorf 1974, S. 514.

63 Archiv des IfZ München, Mikrofilm MA 382, fr. 8664.

64 Ludwig, Technik und Ingenieure im Dritten Reich, S. 514; ohne Quellenangabe.

65 Vgl. Speer, Sklavenstaat, S. 342.

66 Vgl. Urteil des Landgerichts Arnsberg – 3 Ks 1/57 – vom 12. 2. 1958, in: JuNSV, Bd. XIV, S. 573. Es ging in diesem Prozeß um die Ermordung von 208 russischen und polnischen Zwangsarbeitern Ende März 1945. Den Befehl hierzu soll Kammler gegeben haben; vgl. ebenda.

Zwangsarbeitern, ein Geflecht aus Großindustrie, traditioneller Staats-
bürokratie und SS, in dem die technokratischen Funktionseliten dieser drei
Bereiche arbeitsteilig miteinander kooperierten – grundverschieden vom
ideologisch eingefärbten „SS-Staat" der beschränkten Geister vom Schlage
eines Eicke, Glücks oder Pohl, wie ihn Kogon so treffend beschrieben und
analysiert hat.

Der SS wären in einem derartigen „modernen SS-Staat" außer Koordinie-
rungsaufgaben die Bereitstellung beliebig einsetzbarer Arbeitskräfte auf unterster sozialer Stufe durch ihre Konzentrationslager zugefallen, vor allem
aber die innenpolitische „Befriedung" durch Spitzelsystem und Gestapo-
terror. Als wichtiges Instrument außerökonomischen Zwanges hätte das
Konzentrationslager hierbei eine Schlüsselrolle gespielt. In diesem Rahmen
ist die dritte bedeutsame Funktion des Konzentrationslagers Mittelbau zu
sehen, nämlich als wesentlicher Bestandteil des „Sperrgebiets Mittelbau",
des Musters für einen möglichen „SS-Staat der Zukunft".

Es ist müßig darüber zu spekulieren, ob es in Kreisen der SS Planungen für
diese Zukunft gegeben hat oder nicht. Mit der Besetzung Nordhausens
durch Einheiten der 3. US-Armee am 11. April 1945 war das „Sperrgebiet
Mittelbau" nur noch Geschichte. Aber gesetzt den Fall, es wäre anders gekommen: Wer sonst, wenn nicht Kammler mit seiner SS-Bauorganisation,
hätte die gigantischen Pläne Himmlers für den Wiederaufbau Deutschlands
nach dem Kriege mit Hilfe von KZ-Häftlingen – der Baufachmann Speer hat
errechnet, daß über vierzehn Millionen von ihnen dafür nötig gewesen
wären – in die Wirklichkeit umsetzen sollen? Fand hier, im „Mittelraum",
nicht schon der „Probelauf" statt? Wenn ja, dann war das Konzentrationslager Mittelbau nicht nur Modell für die Gegenwart, sondern auch schon
der Prototyp des „KZ der Zukunft".

5. Das Ende des Konzentrationslagers „Mittelbau"

5.1. Vorboten des nahen Endes

„Anfang Februar, an einem kalten Sonntagvormittag, kam über Lautsprecher der Befehl an alle Revierarbeiter und die Kräftigsten aus den Schachtkommandos 1 und 2, sich mit ihren Kapos, Vorarbeitern und Helfern auf dem Appellplatz zu versammeln. Für alle übrigen Häftlinge galt Blocksperre, damit die Lagerstraßen frei blieben. Offenbar erwartete man einen neuen großen Transport.

Von den oben am Hang gelegenen Baracken aus ließ sich tatsächlich auf der großen Straße, die von Salza her kommt, ein langer schwarzer Streifen beobachten, einer nicht enden wollenden Schlange gleich, scheinbar unbeweglich auf dem Asphaltband. Sah man aber genauer hin, so entpuppte sie sich als eine Menschenmenge in unendlich langsamer Fortbewegung.

Es dauerte über eine Stunde, bis ihre Spitze das Lagertor erreicht hatte und bis sich die Menschen zu je Hundert auf dem Appellplatz aufgestellt hatten. Erst jetzt begann die formlose Masse, präzise Umrisse anzunehmen. Es waren schwankende, zum Skelett abgemagerte Wesen, schwarz von Kohlenstaub und in Zivilkleidung. Kurz nachdem sie halt gemacht hatten, brachen viele von ihnen zusammen, überwältigt von Müdigkeit und Schwäche. Auf dem ganzen Weg hatten sie am Straßenrand kleine schwarze Bündel zurückgelassen: Kameraden, die im Sterben lagen."[1]

Es waren ein knappes Dutzend Evakuierungstransporte aus dem Osten, die jeweils in Abständen von zwei bis drei Tagen in der Zeit vom 28. Januar bis 17. Februar 1945 in „Dora" eintrafen. Der erste mit 4500 fast ausschließlich jüdischen Häftlingen kam aus verschiedenen Auschwitzer Lagern. Den Weg bis Gleiwitz hatten die Gefangenen zu Fuß zurücklegen müssen. Dort wurden sie in offene Kohlenwaggons verladen und nach Mauthausen dirigiert,

---

[1]   Osiride Brovedani, Da Buchenwald a Belsen, Trieste 1971, S. 81 f.; Übersetzung aus dem Italienischen d. Verf. Der Transport kam übrigens am 28. Januar 1945 an.

das aber die Aufnahme der Häftlinge ablehnte – vermutlich wegen Überfüllung, vielleicht aber auch aus Angst, Seuchen einzuschleppen. Der Transportzug wurde dann über Buchenwald nach „Dora" weitergeleitet.

Im Februar 1945 kamen mit acht Transporten 11 367 Häftlinge, davon vermutlich etwa die Hälfte Juden, aus dem Lagerkomplex Groß Rosen in den „Mittelraum".[2] Die Leichen der vielen Hundert als Tote Eingetroffenen sowie der vor ihrer Erfassung im Lager Verstorbenen, deren genaue Zahl niemand kennt, wurden an verschiedenen Plätzen im Lager aufgestapelt, da die Kapazität des Krematoriums nicht ausreichte, sie umgehend zu verbrennen. Als der neue, aus Auschwitz gekommene Lagerkommandant Baer bei einer Besichtigung diese Leichenberge sah, soll er befohlen haben: „Morgen will ich diesen Dreck nicht mehr sehen!"[3]

Was daraufhin geschah, hat der italienische Häftling Osiride Brovedani in seinem Erinnerungsbericht festgehalten (siehe auch Abb. 5.1, S. 133):

„Außerhalb des Lagers wurden Scheiterhaufen hergerichtet. [...] Das ‚Parkett' aus Baumstämmen hatte 25 m² Grundfläche. Darauf wurden etwa ‚vierzig Stück', wie die SS sagte, gelegt, nebeneinander, Kopf gegen Fuß. Auf diese wieder ein ‚Parkett' aus Baumstämmen, darauf nochmals vierzig Leichen, usf.

Kurz nachdem man sie mit Benzin übergossen hatte, wurden die Scheiterhaufen in Brand gesetzt. Imponierend und furchterregend zugleich war der Anblick des riesigen Stapels. Nachts leuchteten die Leichen im Widerschein der Flammen. Nach und nach züngelte das Feuer an den Körpern hoch, begannen die Gliedmaßen, sich zu bewegen, blähten sich die Leiber auf, zerplatzte die Haut.

Unter das Prasseln des brennenden Holzes mischten sich die undefinierbaren Geräusche brutzelnder Leichname. Dem unheimlichen Schauspiel zuzusehen war, als durchlebte man einen Alptraum, als stünde man bei jenen Scheiterhaufen, wie sie von primitiven Völkern in Brand gesetzt werden, um irgend eine grausame, zerstörerische Gottheit zu besänftigen."[4]

---

2   Zahlen nach Alfred Konieczny, Das Konzentrationslager Groß Rosen, in: Dachauer Hefte 5 (1989), S. 27 (Transporte) bzw. S. 21 (Prozentsatz Juden).

3   Zitiert nach Ingrid Burghoff/Lothar Burghoff/Kurt Pelny, „Mittelbau-Dora", Nordhausen o. J., S. 43. „Dreck" war unter der Lager-SS von Auschwitz die gängige Bezeichnung für Häftlingsleichen.

4   Brovedani, Da Buchenwald a Belsen, S. 84 f., Übersetzung aus dem Italienischen d. Verf.

Tagelang brannten die riesigen Stapel aus Holz und Leichen am Rande des Lagers „Dora", am Hang in der Nähe des Krematoriums. Ihre Säulen aus Feuer und Rauch waren weithin leuchtende Fanale des drohenden Untergangs, signalisierten dem Kundigen das baldige Ende auch dieses Konzentrationslagers. Noch aber ging auf den Baustellen, in den Fabriken, in den Lagern des „Mittelraums" alles weitgehend seinen gewohnten Gang. Noch liefen die Taktstraßen im Mittelwerk auf Hochtouren, fraßen sich in den Stollen die Bohrer ins Anhydritgestein, ratterten die Feldbahnzüge auf den Baustellen über und unter der Erde, rückten tagein, tagaus Zehntausende von KZ-Häftlingen zum Einsatz für den „Endsieg" des „Dritten Reiches" auf ihre Arbeitsstellen aus.

Nicht nur die Kälte – im Januar und Februar 1945 sank in Nordhausen das Thermometer bis unter −15° C – machte den Häftlingen dabei zu schaffen. Ganz allgemein hatten sich ihre Lebensbedingungen seit Beginn des Winters 1944/45 dramatisch verschlechtert. Generell war die Versorgungslage im Reich prekär geworden. Die ehemals von Deutschland besetzten und ausgeplünderten Gebiete Europas waren befreit, der Zustrom an Lebensmitteln aus ihnen versiegt. Verteilungsprobleme, bedingt durch die Zerstörung der Verkehrswege, kamen hinzu. Bis auf die dünne Schicht der „Bonzen", hohen Militärs und Kriegsgewinnler, die weiterhin in Saus und Braus lebten,[5] mußte jedermann im Reich den Gürtel enger schnallen.

Besonders hart bekamen dies natürlich diejenigen zu spüren, die ohnehin schon am Rande des Existenzminimums bzw. sogar darunter vegetierten: russische und polnische Zwangsarbeiter sowie italienische Militärinternierte, vor allem aber die Häftlinge in den Konzentrationslagern. Hier traf es in erster Linie die große Masse derjenigen, die weder einen Posten in der Lagerhierarchie innehatten noch Protektion besaßen oder Pakete bekamen. Der generelle Mangel an Lebensmitteln und Bekleidung wurde im KZ – auch hierin wieder ein getreues Spiegelbild der NS-Gesellschaft – nach unten hin umverteilt.

„Wir bekamen tagelang nur drei Pellkartoffeln, meistens schon halb verfault, ein kleines Stück Margarine und ein kleines Stück undefinierbare Schmierwurst sowie einen Becher Kaffee", berichtete ein russischer ehe-

---

5   Vgl. etwa die Schilderungen des „dolce vita" der Führungscrew des Mittelwerks sowie der Angehörigen des Rüstungsstabes bei Friedrich Kochheim, Bilanz, Hannover 1952, S. 67 f., und Bornemann, Geheimprojekt Mittelbau, S. 74 f. bzw. S. 143.

„Scheiterhaufen", Zeichnung des italienischen Häftlings Carlo Slama, 1945   **Abb. 5.1**

maliger Häftling nach Kriegsende.[6] Bei der großen Masse der Häftlinge sank damit die körperliche Leistungsfähigkeit weiter ab, was wiederum erhöhten Arbeits- und damit Vernichtungsdruck von seiten der Beschäftigungsfirmen nach sich zog.

Zugleich nahm infolge der katastrophalen Fehl- und Unterernährung auch die Widerstandskraft der Häftlinge gegen Krankheiten ab. Beide Tendenzen führten zu einem raschen Anstieg der Sterberaten. Eine deutliche Verbesserung der Lebensbedingungen der Häftlinge hätte dem entgegenwirken können, wäre aber nur schlecht mit der SS-Ideologie von „Herren-" und „Untermenschen" zu vereinbaren gewesen. So reagierte die Lager-SS wie gewohnt: Den vermeintlich „faulen" Häftlingen gegenüber wurde der Terror verstärkt, und die immer größeren Lücken, die der Tod in die Reihen der Lagerinsassen riß, wurden mit neuen „Figuren" aufgefüllt.

So dürften den SS-Führungsstäben und den Firmen im „Sperrgebiet Mittelbau" die Evakuierungstransporte aus Auschwitz und Groß Rosen gerade recht gekommen sein. Die Neuankömmlinge wurden, sofern sie überhaupt noch zu irgend einer Art von Arbeit fähig waren, baldmöglichst auf die Außenkommandos, zumeist die Bau-KZ, verteilt. Probleme bereitete nur die große Zahl völlig Arbeitsunfähiger, die mit den Transporten aus dem Osten eintrafen. Schwerkranke schob man vor allem in das „Sterbelager" Boelcke-Kaserne ab. Eine große Zahl Invalider verblieb aber auch im Hauptlager „Dora", dessen Revier rasch überfüllt war, so daß weitere Krankenbaracken provisorisch eingerichtet werden mußten, die ebenfalls in kurzer Zeit überbelegt waren. Welche Ironie der Geschichte: Hatte Pohl zwei Jahre zuvor noch geäußert, er wolle in seinen Konzentrationslagern „keine Siechenstationen unterhalten",[7] so blieb Kammler jetzt – zumindest vorerst – nichts anderes übrig, als solche einzurichten.

Die bewußte und systematische Vernachlässigung der Kranken, Schwachen, nicht mehr Arbeitsfähigen war keine Besonderheit des KZ Mittelbau. Sie ersetzte im Endstadium des Zerfalls des Konzentrationslagersystems die im Reichsinneren aus innenpolitischen Opportunitätsgründen nicht durchführbare massenhafte Ermordung durch Gaskammern oder Erschießungen, wie sie gängige Praxis in den Lagern des Ostens gewesen war, die zudem der SS als Vernichtungsstätten mittlerweile nicht mehr zur Verfügung standen.

---

6   Erlebnisbericht Wassili Iwanow, zit. nach Pachaly/Pelny, Das ehemalige KZ „Mittelbau-Dora", S. 115.

7   Pohl an Reichsjustizminister Thierack, 10. April 1943; Nbg. Dok. NO-1285.

Zugleich mit den aus Auschwitz und Groß Rosen vor der herannahenden Roten Armee ins Reichsinnere evakuierten Häftlingen kehrte auch die SS dieser Lager „heim ins Reich". In diesem Zusammenhang erhielt Mittelbau eine neue Aufgabe: Im Februar 1945 wurde das Büro der „Abwicklungsstelle des Lagers Auschwitz" im Lager „Dora" eingerichtet.[8] Innerhalb der noch im deutschen Machtbereich verbliebenen Konzentrationslager fand ein letzter großer Personalwechsel statt, der vor allem die Lager Dachau, Bergen-Belsen und Mittelbau betraf. Die Führungsmannschaft dieser Lager wurde weitgehend gegen SS-Leute aus Auschwitz ausgetauscht, das im Kriege Dachau in seiner Funktion als zentrale Trainingsstätte für KZ-Führungskräfte abgelöst hatte. So ersetzte man die bisher für den Arbeitseinsatz der Häftlinge von Mittelbau zuständigen SS-Männer durch Personal aus Auschwitz, und auch der Lagerkommandant Förschner mußte seinen Posten am 1. Februar 1945 zugunsten von Richard Baer räumen, SS-Sturmbannführer und bislang Kommandant des Stammlagers Auschwitz I.

Die neue Auschwitzer Führungscrew des Konzentrationslagers Mittelbau schlug gegenüber den Häftlingen eine deutlich härtere Gangart ein. So soll der neue Arbeitseinsatzführer Sell geäußert haben, „Dora" sei „bisher als ‚Kinderbewahranstalt' und nicht als Konzentrationslager geführt worden".[9] Die SS verschärfte ihren Terror gegenüber den Häftlingen. Schikanen und Prügeleien nahmen zu, vor allem aber die Hinrichtungen wegen vermuteter Sabotage. Um den Preis einer dramatischen Steigerung der Todesrate unter den Häftlingen gelang es so der SS, trotz wachsender Probleme beim Materialnachschub die Produktion im Mittelwerk und den Arbeitsfortschritt auf den Baustellen zumindest bis in die erste Märzhälfte des Jahres 1945 hinein konstant hochzuhalten.

Dabei scheint man darauf geachtet zu haben, daß das KZ Mittelbau trotz Überfüllung noch im wesentlichen „arbeitsfähig" blieb. So stiegen etwa im vergleichbaren Zeitraum die Belegstärken von Ebensee um knapp 100 %, von Dachau um über 100 %, von Bergen-Belsen gar um fast 175 % an. Auch Sachsenhausen und Buchenwald waren bis zu ihrer Teilräumung Anfang Januar bzw. Anfang April 1945 zu je etwa 100 % überbelegt. In allen diesen Lagern konnten die Häftlingsmassen praktisch nur noch „verwaltet" werden. Anders in Mittelbau, das mit einer Steigerung seiner Belegstärke um

---

8 Vgl. Andrzej Strzelecki, Endphase des KL Auschwitz, Oświęcim 1995, S. 253 f.
9 Wilhelm Simon im NDH-Prozeß, US Mikrofilm M 1079, Rolle 12 fr. 243.

nur rund 28 % eines der am wenigsten überfüllten Konzentrationslager war, weshalb ein im Sinne von SS und Rüstungsfirmen „effizienter" Arbeitseinsatz immer noch möglich blieb.[10]

Auch in der Geschäftsführung der Mittelwerk GmbH fanden weitreichende personelle Veränderungen statt. So erhielten am 29. Januar 1945 die Raketenfachleute Arthur Rudolph, Otto von Bovert, Hugo Börner und Albert Hieret Prokura und konnten fortan jeder für sich die Mittelwerk GmbH gemeinsam mit einem der Geschäftsführer vertreten. Mit Wirkung vom 1. März 1945 schieden SS-Sturmbannführer Förschner und Direktor Otto-Karl Bersch aus der Mittelwerk GmbH aus. Dafür wurde mit gleichem Datum Albin Sawatzki zum weiteren Geschäftsführer berufen. Die Leitungsaufgaben wurden unter den drei Geschäftsführern wie folgt aufgeteilt:

> „Vorsitzender der Gesamt-Geschäftsführung – Gen.-Dir. Rickhey
> a) die Zentralbüros (technische und allgemeine Zentralstellen)
> b) das Gefolgschaftswesen
> c) das Hauptbüro des Betriebsführers
>
> Kaufmännische Geschäftsführung – Dir. Dr. Ing. Kettler
> a) das Materialwesen
> b) das Finanz- und Rechnungswesen
> c) die Allgemeine Verwaltung
> d) der Vertrieb
>
> Technische Geschäftsführung – Dir. Sawatzki
> a) die Fertigungsbetriebe mit Fertigungshilfsstellen
> b) die Werkserhaltung
> c) das Transportwesen."[11]

Daß für Förschner nicht dessen Nachfolger Baer als Lagerkommandant und SS-Standortältester in die Geschäftsführung der Mittelwerk GmbH nachrückte, kann nicht allzusehr verwundern. In der Aufbauphase des Mittelwerks war Förschner für Werk wie SS gleichermaßen nützlich gewesen.

---

10   Daten für die betreffenden Lager bei Neander, Das Konzentrationslager Mittelbau in der Endphase der NS-Diktatur, S. 263, Fußnote 30. Diese Vergleiche dürften ein wenig die „katastrophale Überfüllung" der Lager des Mittelbaus relativieren, von der durchgängig in der „Dora"-spezifischen Literatur die Rede ist.

11   Direktions-Anweisung der Mittelwerk GmbH „Betrifft: Gesamt-Organisation der Mittelwerk GmbH" vom 7. März 1945; US Mikrofilm M 1079, Rolle 1 fr. 325.

Nach deren Abschluß im Frühjahr 1944, den die Berufung Georg Rickheys zum Geschäftsführer mit dem Titel eines „Generaldirektors" und der Funktion des „Betriebsführers im Sinne des Gesetzes zur Ordnung der nationalen Arbeit" markierte,[12] war der Lagerführer von „Dora" auf den Posten eines „Sicherheitsbeauftragten" abgeschoben worden; das unternehmensstrategisch wichtige Personalressort („Gefolgschaft") hatte Rickhey selbst übernommen.

Aber auch als „Sicherheitsbeauftragter" hatte Förschner dem Mittelwerk wenig genützt, wie die Häufung von Fällen echter und vermeintlicher „Sabotage" deutlich machte. Seine Versetzung in den süddeutschen Raum bot somit die günstige Gelegenheit, ihn auf elegante Weise loszuwerden. Statt seiner einen altgedienten, intellektuell beschränkten SS-Mann wie Baer in die Führungsmannschaft der Mittelwerk GmbH aufzunehmen, hätte nicht mehr in das moderne Konzept der Kooperation von SS, Rüstungsministerium und Industrie gepaßt, wie sie sich im „Sperrgebiet Mittelbau" zu entwickeln begonnen hatte. So wie Kettler, der dienstälteste Mann an der Spitze der Mittelwerk GmbH, die traditionelle Richtung der Schwerindustrie verkörperte und so wie Rickhey der „Mann der Partei" in der Firmenleitung war, so repräsentierte der erst 35jährige Sawatzki die „Junge Garde" fachlich befähigter Technokraten, zu denen Männer wie Kammler und Speer eine deutliche Seelenverwandtschaft empfanden. Die Berufung Sawatzkis zu einem von drei Geschäftsführern der Mittelwerk GmbH (die im Februar 1945 ohnehin gegen das Votum Kammlers und Speers nicht möglich gewesen wäre) ist somit ein weiteres Indiz für die These vom „Modell Sperrgebiet Mittelbau" als Muster für den „SS-Staat der Zukunft".

Zeitgleich mit den Evakuierungstransporten von Häftlingen und SS-Personal aus den Lagern des Ostens kamen Anfang 1945 andere, zivile Evakuierungstransporte in das „Sperrgebiet Mittelbau". Zum 1. Februar 1945 hatte Kammler die Verlagerung der in der „Entwicklungsgemeinschaft Mittelbau" zusammengeschlossenen Firmen, Firmenabteilungen und Dienststellen in den „Mittelraum" befohlen. Ab Mitte Februar rollten täglich LKW-Kolonnen und Eisenbahnzüge mit Maschinen, Material und Menschen in das „Sperrgebiet". Den in den dortigen Konzentrationslagern beschäftigten Häftlingen konnte das nicht verborgen bleiben: „Wir hatten die Aufgabe, die in Kisten verpackten Werkzeuge und Maschinen in die Hallen

---

12 Direktionsanweisung der Mittelwerk GmbH vom 26. Mai 1944, zit. nach Bornemann, Geheimprojekt Mittelbau, S. 71.

zu stellen bzw. die Werkzeuge in die Regale zu bringen",[13] erinnerte sich der jüdische ehemalige Häftling Wolfgang Groß. Auch beim Umzug des Rüstungsstabes Anfang März 1945 mußten Häftlinge des KZ Mittelbau Wohnungen für dessen Personal in beschlagnahmten Häusern sowie Büroräume in den Stollen herrichten.

Ab Mitte März 1945 mehrten sich für die Häftlinge die Anzeichen, daß die alliierten Fronten dem „Mittelraum" näherrückten. Die Essenrationen wurden immer kleiner, fielen oft tagelang aus. Statt Brot gab es oft nur zwei bis drei gekochte Kartoffeln. Luftalarm war jetzt täglich, und es erfolgten erste kleinere Luftangriffe durch alliierte Jagdbomber auf Ziele in der Umgebung des Lagers „Dora". Dabei wurden jedoch die teilweise im Freien lagernden „V-Waffen" nicht beschossen, vermutlich, weil die Amerikaner sie heil in die Hände bekommen wollten. Die Energieversorgung für Baustellen und Fabrikationsbetriebe war weitgehend zusammengebrochen. Lokomotiven und Bergwerksmaschinen standen aus Mangel an Kohle und Dieselkraftstoff still. Im Mittelwerk wurde die Ventilation abgestellt und die Beleuchtung gedrosselt. Lieferungen wichtiger Teile kamen nicht mehr an, so daß die Arbeit im Tunnel tagelang ruhte. „An all dem merkten wir, daß Deutschland den Krieg verloren hatte."[14]

Auf Befehl des Kommandanten durfte der Wehrmachtsbericht nicht mehr im Lager übertragen werden. Die SS wurde immer nervöser, ein Zustand, der sich auch auf ihre Helfershelfer unter den Häftlingen übertrug. Willkürlicher, individueller Terror gegen die Häftlinge nahm zu, öffentliche Hinrichtungen waren an der Tagesordnung und folgten immer schneller aufeinander. „Eine teuflische Wut schien sich der SS-Führung des Lagers ‚Dora' bemächtigt zu haben",[15] empfand einer der Betroffenen. „Aber hinter dieser hemmungslosen Brutalität stand nichts weiter als die Angst um das eigene bißchen Leben, das spürten wir nur zu gut."[16]

Unter den Deutschen breitete sich Endzeitstimmung aus. Lager-SS und „grüne" Häftlingsprominenz ließen sich ganz offen anmerken, daß sie Nacht für Nacht dem Alkohol zusprachen. Das Lagerbordell, praktisch ausschließlich von „grünen" Kapos besucht, hatte Hochbetrieb. Und angewidert muß-

---

13   Zitiert nach Pachaly/Pelny, Das ehemalige KZ „Mittelbau-Dora", S. 99.
14   Charles Sadron, A l'usine de Dora, in: Témoignages Strasbourgeois, Paris 1947, S. 225; Übersetzung aus dem Französischen d. Verf.
15   Brovedani, Da Buchenwald a Belsen, S. 93 f.; Übersetzung aus dem Italienischen d. Verf.
16   Kochheim, Bilanz, S. 65.

ten die Häftlinge, die im Tunnel arbeiteten, mit ansehen, wie sich deutsche – dienstverpflichtete – Frauen vor ihren Augen ungeniert mit wildfremden Männern amüsierten, wie in den vom Rüstungsstab belegten Bürostollen „frühmorgens die leeren Sektflaschen herum[lagen] und man die ,Damen' noch um 10 Uhr vormittags in Schlafmänteln herumlaufen [sah]".[17]

Natürlich gelang es der Lager-SS nicht zu verhindern, daß Nachrichten über die militärische Lage durchsickerten und sich im Lager verbreiteten. Es gab Häftlinge, die in SS-Wohnungen beschäftigt waren und dort Radio hören konnten, andere, die Kontakte zu Zivilisten hatten, die „Feindsender" hörten, und es soll auch in „Dora" selbstgebaute Rundfunkempfänger gegeben haben. „Mundfunk" („radio baracca") verbreitete, wenn auch oft verzerrt, diese Nachrichten in wenigen Stunden lagerweit und bis hinein in die Außenkommandos. Für die Häftlinge hatten diese Informationen eine überlebenswichtige Funktion, halfen sie ihnen doch, trotz ihrer immer mißlicher werdenden Situation die Hoffnung auf baldige Befreiung und den Mut zum Weiterleben nicht zu verlieren.

5.2. Vorbereitungen zur Evakuierung

Ein Nahziel der amerikanischen Militärführung auf dem europäischen Kriegsschauplatz im Frühjahr 1945 bestand zweifellos in der raschen Eroberung und Besetzung des Raumes Thüringen/Westsachsen. Dieses Gebiet war zwar auf der Konferenz von Jalta (4. bis 11. Februar 1945) den Sowjets für ihre Besatzungszone zugesprochen worden. Aber die Amerikaner wußten schon lange, daß sich hier nicht nur Unmengen an „ausgelagerten" Wertobjekten wie Gold, Devisen und Kunstgegenstände befanden, sondern daß hier auch das Zentrum der Entwicklung, Erprobung und Fertigung der modernsten Waffensysteme ihrer Zeit lag. Die in diesem Gebiet gelagerten Schätze, vor allem aber das hier konzentrierte militärtechnologische Potential des Gegners für ihre eigenen Belange zu sichern, lag im nationalen Interesse der USA. So begann sich schon im März 1945 deutlich abzuzeichnen, daß eine militärische Bedrohung des „Sperrgebiets Mittelbau" nicht aus dem Osten kommen würde, sondern von der Westfront, an der die Amerikaner seit ihrem Rheinübergang bei Remagen am 7. März 1945 zielstrebig und zügig vom Mittelrhein aus in breiter Front nach Osten vorrückten.

---

17 Ebenda, S. 66.

Ob es auf deutscher Seite vor dem 5. April 1945 Planungen gegeben hat, das „Sperrgebiet Mittelbau" und speziell den dortigen Rüstungskomplex militärisch zu verteidigen, und wenn ja, welcher Art diese waren, ist bislang noch nicht untersucht worden. Immerhin befand sich seit Frühjahr 1944 im Kernbereich des „Sperrgebiets Mittelbau" eine speziell zur Sicherung des Mittelwerks aufgestellte militärische Einheit unter dem Kommando des Oberstleutnants Friedrich Großkreutz, „ein vollständig ausgerüstetes Bataillon der Wehrmacht [...] mit Panzern, [Flug-]Abwehrkanonen, Flammenwerfern und Maschinengewehrstellungen".[18] Es soll auf eine Anforderung der Direktion des Mittelwerks hin aufgestellt worden sein, da man einen Angriff auf die Raketenfabrik durch alliierte Luftlandetruppen befürchtete.

Wieder zeigt sich eine Parallele zu Auschwitz, in dessen Nähe ebenfalls größere Militärkontingente zur Sicherung des Bunawerks stationiert waren. Bei Eintreten des „A-Falles" sollten sie gegen aufständische oder ausbrechende Häftlinge eingesetzt werden. Es spricht nichts gegen die Annahme, daß dem Sicherungsbataillon Großkreutz im „A-Fall" ebenso ein Einsatz gegen die Häftlinge der Lager des Mittelbaus zugedacht war. Pläne für einen Häftlingsaufstand bei unmittelbarer Annäherung der Alliierten wurden in allen größeren Lagern geschmiedet. Es gehört nicht viel Phantasie dazu, sich das Blutbad auszumalen, das SS-Verbände, Polizeieinheiten und Wehrmacht gemeinsam im „A-Fall" unter den Häftlingen angerichtet hätten.

Vorbereitungen zur militärischen Verteidigung der unterirdischen Rüstungswerke im Nordhäuser Anhydritmassiv gegen die von Westen herandrängenden Amerikaner sind offenbar nicht getroffen worden. Zwar soll Hauptdienstleiter Saur vom Rüstungsministerium noch am 4. April 1945 angeordnet haben, das Mittelwerk als „kriegsentscheidende Produktionsstätte" so zu schützen, daß die Produktion weitergehen könne,[19] es ist aber nicht bekannt, daß diesen Anordnungen in irgendeiner Weise Folge geleistet worden wäre. Auch das seinerzeit eigens zum Schutz des Mittelwerks aufgestellte Bataillon Großkreutz griff in die Kampfhandlungen, die etwa in der zweiten Aprilwoche 1945 im „Sperrgebiet Mittelbau" stattfanden, nicht ein. Anfang April in die XI. Armee (General Lucht) als „Kampfgruppe Großkreutz" eingegliedert, zog es sich mit jener um den 10. April 1945, ohne einen Schuß abgegeben zu haben, in die Harzberge zurück.

---

18 Aussage Heinrich Detmers im NDH-Prozeß, US Mikrofilm M 1079, Rolle 12 fr. 276.
19 Vgl. Manfred Bornemann, Schicksalstage im Harz, Clausthal-Zellerfeld 1980, S. 59.

Ungefähr zu Beginn der zweiten Märzhälfte 1945, als schon absehbar war, daß sich in Kürze alliierte Truppen dem „Mittelraum" und damit dem KZ Mittelbau samt seinen Außenlagern nähern würden, muß die Grundsatzentscheidung getroffen worden sein, diese Lager[20] beim Herannahen des militärischen Gegners räumen zu lassen. Ein Indiz hierfür sind erste Maßnahmen zur Evakuierung, die für Mitte März 1945 belegt sind (siehe unten). Die Entscheidung zur Räumung kann nur Kammler getroffen haben, denn niemand – abgesehen von Himmler und Hitler selbst – konnte ihm damals im „Sperrgebiet Mittelbau" noch Anweisungen bezüglich der Konzentrationslager erteilen, und Kammler, der nach dem Zeugnis von Zeitgenossen von einem fanatischen Durchhaltewillen besessen war, hoffte offenbar noch bis zuletzt, durch eine Verlagerung der Produktion von Strahltriebjägern und Flugabwehrraketen in weniger bedrohte Gebiete eine militärische Wende herbeiführen zu können.

So scheint in den Führungsgremien von Lager und Kammlerstäben zu keinem Zeitpunkt erwogen worden zu sein, das KZ Mittelbau und seine Außenlager beim Herannahen der Front den Alliierten zu übergeben, zumindest finden sich weder in Dokumenten noch in Zeitzeugenberichten auch nur Andeutungen in dieser Hinsicht.[21] Dagegen ergibt sich aus sämtlichen bisher bekannten Quellen, daß für das KZ Mittelbau nur Liquidierung an Ort und Stelle oder Räumung in Erwägung gezogen worden sind. Inwieweit eine Liquidierung ernsthaft beabsichtigt war, sei vorerst offengelassen. Tatsache ist, daß alle Mittelbau-Lager geräumt wurden,[22] daß es an Ort und Stelle keine Massentötungen von Häftlingen gegeben hat und auch, daß Hitlers „Nero"-Befehl vom 19. März 1945[23] im „Sperrgebiet Mittelbau" nicht befolgt wurde.

---

20   Hierzu sind auch weiterhin die Lager der im „Mittelraum" stationierten SS-Baubrigaden I, III und IV zu rechnen, die trotz formaler Unterstellung unter das KZ Sachsenhausen (seit Mitte Januar 1945) weiterhin dem KZ Mittelbau funktional zugeordnet und der Kammler-Organisation unterstellt blieben.

21   Eine Ausnahme macht das Lager Ellrich-Bürgergarten der SS-Baubrigade IV; vgl. Neander, Das Konzentrationslager Mittelbau in der Endphase der NS-Diktatur, S. 453 ff.

22   Mit kaum nennenswerten Ausnahmen.

23   „Alle militärischen, Verkehrs-, Nachrichten-, Industrie- und Versorgungsanlagen sowie Sachwerte innerhalb des Reichsgebietes, die sich der Feind für die Fortsetzung seines Kampfes irgendwie sofort oder in absehbarer Zeit nutzbar machen kann, sind zu *zerstören*"; zit. nach Walter Hubatsch (Hrsg.), Hitlers Weisungen für die Kriegführung 1939–1945, Frankfurt a. M. 1962, S. 303, Hervorh. im Original.

Die Räumung des KZ Mittelbau mitsamt seinen Außenkommandos, ebenso wie die der Lager der SS-Baubrigaden im „Mittelraum", lief im Prinzip nicht anders ab als bei allen Konzentrationslagern, die davor oder danach bei Feindannäherung evakuiert wurden. Im Zusammenhang mit den Vorbereitungen hierzu verdienen besondere Aufmerksamkeit:

- die Häftlingstransporte innerhalb des Lagerkomplexes und aus diesem heraus,
- die Liquidierung unliebsamer bzw. für „gefährlich" erachteter Häftlinge,
- die Aufstellung eines Kommandos aus „zuverlässigen" Häftlingen zur Unterstützung der SS,
- die Vernichtung von Akten und das Verladen von Verpflegung, Ausrüstung und Beutegut der SS, und
- die Selektion der Häftlinge nach Transportfähigkeit.

Erste Anzeichen einer bevorstehenden Evakuierung waren Verlegungen größerer Häftlingskontingente bzw. von Häftlingen besonderer Kategorien in andere Lager. So wurden Mitte März 1945 Dänen und Norweger, für die im Rahmen der Vereinbarungen zwischen der SS-Führung und dem schwedischen Grafen Folke Bernadotte die Repatriierung vorgesehen war, nach Neuengamme überstellt.[24] Die SS behandelte die Häftlinge auf diesem Transport ungewohnt zuvorkommend und ließ sie die Reise sogar in Personenzugwagen antreten. Etwa eine Woche vorher, am 8. März 1945, wurden vom Außenlager Nordhausen 2250 Kranke nach Bergen-Belsen transportiert, wo sie am 13. März 1945 eintrafen. Ein weiterer Transport „aus dem KZ Dora-Mittelbau[,] ca. 800 Männer (ursprünglich aus Groß Rosen evakuiert)", traf am 21./22. März 1945 in Bergen-Belsen ein.[25]

Ab Mitte März wurde auch im „Mittelraum" damit begonnen, Häftlinge aus Außenlagern in die Stammlager zurückzuführen, so zum Beispiel 68 Mann aus Günzerode am 10. März 1945 nach „Dora". Das Osteroder Außenkommando „Dachs IV" wurde wegen Einstellung der Bauarbeiten am zugehörigen Untertageverlagerungsprojekt Mitte März 1945 aufgelöst. Wohin die Häftlinge verlegt wurden, ist noch nicht befriedigend geklärt. Während einige Quellen davon sprechen, man habe die Insassen „nach Niedersachswerfen

---

24 Quellenbelege, auch für das Folgende, bei Neander, Das Konzentrationslager Mittelbau in der Endphase der NS-Diktatur, S. 267–288.
25 Rolf Keller, KZ Bergen-Belsen: Chronologische Übersicht der Transporte, Bergen-Belsen 1993, S. 8.

zurückgebracht", also (wie aus dem Kontext hervorgeht) nach „Dora",[26] geben andere an, die Häftlinge seien „nach Nordhausen überstellt" worden.[27] Vermutlich trifft beides zu. Denn einer ansonsten recht zuverlässigen Quelle nach wurden die Häftlinge in Osterode „auf drei Züge aufgeteilt", von denen mit Sicherheit einer „im Lager Nordhausen", also der Boelcke-Kaserne, endete,[28] während die anderen beiden „Dora" als Ziel gehabt haben könnten.

Es wäre ohnehin nicht möglich gewesen, alle Häftlinge der Außenlager des KZ Mittelbau in das Hauptlager „Dora" zurückzuführen, da dessen Aufnahmekapazität nicht ausgereicht hätte. So wurden Anfang April 1945 die beiden größten Außenlager, „Mittelbau II" in Ellrich-Juliushütte und „Mittelbau III" in Harzungen, ebenfalls zu Sammelpunkten für die unmittelbar bevorstehende Evakuierung des gesamten Lagerkomplexes. Belegt sind aus diesen Tagen etwa Transporte von Nordhausen (Boelcke-Kaserne) am 3. April 1945 nach „Dora" und Ellrich.

Auch innerhalb der drei großen Lager Mittelbaus wurden in diesen Tagen noch Häftlinge verlegt. So wurden rund 2000 Häftlinge von „Dora" und Ellrich am 2. April 1945 mit der Bahn nach Harzungen überstellt, wo sie am folgenden Tage eintrafen, und einige tausend vorwiegend russische Häftlinge, marschierten am 3. April 1945 von „Dora" über den Berg nach Woffleben und Ellrich-Juliushütte, von wo aus sie zwei Tage später auf die Bahn verladen wurden.

Auch bei den seit dem 13. Januar 1945 nicht mehr dem KZ Mittelbau unterstehenden, aber weiterhin im „Mittelraum" stationierten SS-Baubrigaden III und IV wurde Ende März/Anfang April 1945 mit der Auflösung der Außenlager begonnen. Den Anfang machte die SS-Baubrigade IV (Stammlager Ellrich-Bürgergarten), die nur über ein Außenlager verfügte: „Ab dem 23. März wurde das Lager Günzerode nach Ellrich zurückgeführt. Dort trafen auch die jüdischen Außenkommandos des Lagers Mackenrode ein, die an derselben Eisenbahnstrecke wie wir gearbeitet hatten."[29]

---

26   Vgl. Aussage des letzten Lagerführers von „Dachs IV" am 23. Juli 1953 vor der Kriminalpolizei Hildesheim; Ermittlungsakte über das Zwangsarbeitslager Osterode, Archiv des IfZ München, Sign. Fh 37, Bl. 38.

27   So Internationaler Suchdienst (ITS) (Hrsg.), Verzeichnis der Haftstätten unter dem Reichsführer-SS (1933–1945), Arolsen 1979, S. 195.

28   Vgl. Jules Hofstein, D'évacuation à évacuation; in: Témoignages Strasbourgeois, Paris 1947, S. 515.

29   Erlebnisbericht François Favin in: Association des Déportés du Jura 1988, S. 468 f.; Übersetzung aus dem Französischen d. Verf. Die endgültige Räumung von Günzerode fand

Es waren etwa 200 Mann, arbeitsunfähige Kranke, Überlebende des großen Auschwitz-Transports über Gleiwitz und Mauthausen nach „Dora". Sie kamen am 26. März nach Ellrich, sehr zum Unwillen des Lagerkommandanten, dessen Lager bislang so gut wie „judenfrei" gewesen war, und der (deutschen und polnischen) Häftlingsfunktionäre, die die knappen Lebensmittelvorräte nur ungern mit den Neuen teilen mochten.[30] Die Solidarität mit den jüdischen Kameraden hatte am Eßnapf ihr Ende gefunden.

Einen Befehl zur Räumung der Lager der Baubrigaden im „Mittelraum" konnte um die Monatswende März/April 1945 nur Kammler erteilen. In seiner (unveröffentlichten) Autobiographie berichtet der letzte Kommandant der 4. SS-Baubrigade, Kammler habe ihn am 28. März 1945 unangekündigt aufgesucht und ihm freigestellt, in der Frage „Räumung des Lagers oder Übergabe an den Gegner" nach eigenem Gutdünken zu entscheiden.[31] Das hört sich zwar ungewöhnlich an, ist aber plausibel, denn auch Kammler wußte, daß die Infrastrukturmaßnahmen im „Mittelraum", für die die SS-Baubrigade IV eingesetzt war, weder zum Abschluß zu bringen waren noch für den Ausgang des Krieges von Bedeutung sein würden. Nach Scholz' Angaben fuhr Kammler noch am gleichen Abend zur 3. SS-Baubrigade weiter. Er dürfte SS-Untersturmführer Kurt Merkle, der den Kommandanten, SS-Obersturmführer Fritz Behrens, vertrat, aus denselben Gründen die gleiche Entscheidungsfreiheit wie Scholz zugebilligt haben.

Auf einzelnen Baustellen der SS-Baubrigade III (Stammlager Wieda) wurde noch bis zum 3. April 1945 voll gearbeitet, auf anderen aber schon der Rückzug vorbereitet. „Das Gelände der im Bau befindlichen Bahn wurde ordentlich aufgeräumt, die Maschinen abgestellt auf der Rampe bei Tettenborn. Das ganze Deutschland liegt in Schutt und Asche, aber Ordnung muß sein, bis zuletzt," notierte Albert van Dijk, politischer Häftling aus Holland, nicht ohne leichten Sarkasmus.[32]

Zu den weiteren Vorbereitungen der Evakuierung des KZ Mittelbau gehörte die gezielte Ermordung spezieller, im allgemeinen „politischer" Häftlinge. Es handelte sich einmal um Gefangene, die auf Weisung höherer

---

übrigens erst am 10. April 1945 statt; vgl. Paul Kornetzki, Erinnerungen an das KZ in Ellrich, 1980, Sammlung R. Monicke, S. 4, und Erich Scholz, Die Baubrigade 4, 1986, Sammlung J. Neander, S. 111 ff.

30 Vgl. ebenda, S. 88 ff.

31 Ebenda, S. 91 ff. Datum nach einem Schreiben von Scholz an den Verf., 25. Februar 1997.

32 Albert Van Dijk, Das Außenkommando Nüxei, 1986, Sammlung J. Neander, S. 7.

Stellen (Himmler, Kammler, Reichssicherheitshauptamt) ohnehin umgebracht werden sollten und die bisher gewissermaßen als „Tote auf Abruf" im Lager gelebt hatten, so zum Beispiel die Ende 1944 nach Zerschlagung der internationalen Widerstandsorganisation des Lagers „Dora" von der Gestapo Verhafteten. Ebenfalls in Lebensgefahr schwebten Häftlinge, von denen Lagerführung bzw. Gestapo- und SD-Stellen befürchteten, sie könnten die von der SS nur schwer zu kontrollierende Situation bei der Auflösung der großen Lager zu einem Aufstands- oder Ausbruchversuch nutzen, wobei sich diese Häftlingskategorie logischerweise weitgehend mit der erstgenannten überschnitt.

Für das Hauptlager „Dora" sind Liquidierungen von Häftlingen aus diesen Gründen vielfach belegt. So wagte am Abend des 9. März 1945 eine Gruppe von etwa zwanzig Russen, die in Erfahrung gebracht hatten, daß sie am folgenden Tage gehängt werden sollten, einen verzweifelten Ausbruchversuch aus dem Lagergefängnis („Bunker"). Einige andere Verhaftete schlossen sich ihnen an. Dieser Ausbruchversuch forderte etwa dreißig Todesopfer unter den Insassen des „Bunkers". Es handelte sich weitgehend um Häftlinge, die im Zuge der Verhaftungswelle vom November/Dezember 1944 als vermeintliche oder tatsächliche Angehörige des Lagerwiderstandes eingesperrt worden waren. Als zusätzliche Repressalie wurden auf Vorschlag des Gestapomannes Sander am folgenden Tag 58 weitere „Bunker"-Insassen „der Sonderbehandlung zugeführt", worunter man in der verschleiernden Sprache der NS-Täter die Tötung auf administrativem Wege, ohne auch nur den Anschein eines Gerichtsverfahrens, verstand. Den Befehl zur „Sonderbehandlung" hatte der Kommandeur der Sicherheitspolizei z. b. V., Bischoff, erteilt.

Eine weitere, besonders grausame Massenhinrichtung von sechzig Häftlingen, die zu je dreißig von einem Kran im Tunnel vor den Augen der Belegschaft hochgezogen und dabei langsam erwürgt wurden, fand am 21. bzw. 22. März 1945 statt. Sie hat sich den Anwesenden als besonders verabscheuungswürdiges NS-Verbrechen tief ins Gedächtnis eingeprägt und wird in fast jeder Häftlingsbiographie erwähnt. Vermutlich hat es sich hierbei jedoch nicht um eine Maßnahme zur Evakuierungsvorbereitung gehandelt, sondern um einen „gewöhnlichen" Terrorakt der Lager-SS.

Eindeutig im Zuge der Vorbereitungen zur Räumung des Lagers sind aber die Erschießungen von sieben reichsdeutschen politischen Häftlingen zu sehen, die als Kommunisten an führender Stelle in der Häftlingsselbstverwaltung sowie in der Widerstandsbewegung des Lagers tätig gewesen waren. Vermutlich auf direkte Weisung des Reichssicherheitshauptamtes wurden Christian Beham, Josef Gammisch, Paul Luzius, Otto Runki, Heinz Schneider, Ludwig Szymczak und Georg Thomas am Abend des 4. April 1945, dem Vorabend der Evakuierung, von Angehörigen der Gestapo im Hof des „Bunkers" von „Dora" durch Genickschüsse ermordet.[33]

Druck auf Häftlinge, in die Waffen-SS einzutreten, wie es von anderen Lagern oft berichtet wird, scheint in Mittelbau kaum ausgeübt worden zu sein, sieht man von einem offenbar dilettantisch betriebenen und somit auch mißglückten Anwerbeversuch in Rottleberode ab. Dagegen wurde schon recht früh vor der Evakuierung eine aus Häftlingen, vor allem „grünen" Kapos, gebildete Hilfstruppe der SS, das „Kommando 110", aufgestellt. SS-Obersturmführer Hans Möser, ehedem Zweiter Schutzhaftlagerführer von „Dora", gab hierzu im Dachauer KZ-Nordhausen-Prozeß zu Protokoll: „Als die Widerstandsbewegung in Dora enttarnt wurde, kam heraus, daß sie alle Funktionshäftlinge beseitigen wollten, die Deutsche waren oder mit den Deutschen sympathisierten. Deswegen gab ich die Erlaubnis, alle dadurch gefährdeten Häftlinge in einem Block zusammenzufassen."[34]

Wie real diese Gefahr für die Helfershelfer der SS unter den Häftlingen des KZ Mittelbau war, zeigen die Ereignisse bei der Befreiung Bergen-Belsens, während derer etliche Funktionshäftlinge gelyncht wurden, die kurz zuvor mit den Evakuierungstransporten eingetroffen waren.[35]

Das „Kommando 110" bestand aus etwa sechzig, nach anderen Angaben sogar über hundert Funktionshäftlingen,[36] überwiegend Reichsdeutsche, nach Aussagen des ehemaligen Revierschreibers von „Dora", Josef Ackermann, „ausschließlich ehemalige Verbrecher, die zu mindestens zwanzig Jahren Zuchthaus verurteilt waren. Die meisten hatten lebenslänglich wegen Raubmordes bekommen".[37]

Sie waren mit Holzknüppeln bewaffnet und verstärkten anscheinend bis kurz vor dem Abgang der Evakuierungstransporte im wesentlichen den Lager-

---

33 Vgl. Bornemann, Aktiver und passiver Widerstand im KZ DORA, S. 94. Schreibweise der Namen nach Pachaly/Pelny, Das ehemalige KZ „Mittelbau-Dora", S. 147.

34 US Mikrofilm M 1079, Rolle 12 fr. 332; Übersetzung aus dem Amerikanischen d. Verf.

35 Beispiele hierzu bei Neander, Das Konzentrationslager Mittelbau in der Endphase der NS-Diktatur, S. 160.

36 Quellenbelege für die Angaben in diesem und dem folgenden Absatz in: ebenda, S. 276 f.

37 Zeugenaussage im NDH-Prozeß; US Mikrofilm M 1079, Rolle 5 fr. 297; Übersetzung aus dem Amerikanischen d. Verf.

schutz, maßten sich aber auch „Polizeifunktionen“ an, etwa indem sie kranke Häftlinge aus dem Revier zur Arbeit jagten. Sie wohnten in ihrer Mehrzahl in Block 26 und verfügten über ein eigenes Alarmierungssystem. Sie hatten „besondere Versammlungen und Appelle [... und wurden] ausgebildet [...], nachdem die gewöhnlichen Häftlinge schlafen gegangen waren“.[38]

Einen SS-Mann als Kommandoführer besaßen sie anscheinend nicht. Die Quellen nennen den „Grünen“ Willy Steimel oder den „Schwarzen Hans“, einen ehemaligen Berufsboxer aus Halle, als Anführer des „Kommando 110“. Vermutlich hatte jeder von beiden für einen Teilbereich das Sagen.

Am Tag, als die Transporte zusammengestellt wurden, händigte die Lager-SS ihnen Schußwaffen aus. „Jeder Angehörige des Kommandos 110 bekam ein Gewehr und zwei Magazine. Soweit ich mich erinnere, haben sie auch weiße Armbinden getragen.“[39]

Zeitzeugen erinnerten sich später an unterschiedliche Aufschriften auf den Armbinden: „Waffen-SS“, „Volkssturm“, „Lagerschutz“, auch „Kapo“ werden genannt. Über Art und Stärke der Bewaffnung des „Kommando 110“ finden sich ebenfalls unterschiedliche Angaben in den Quellen. Während die übergroße Mehrzahl nur generelle Aussagen macht, etwa der Art: „Das Kommando wurde mit Gewehren bewaffnet“, spricht Willy Steimel, einer der „Anführer“, detaillierter von „alten Maschinenpistolen und normalen Gewehren finnischen und italienischen Ursprungs“,[40] nicht ohne im gleichen Zusammenhang darauf hinzuweisen, die SS habe geduldet, daß sich auch andere Häftlinge mit Gewehren bewaffneten. Ja, er habe sogar beobachtet, daß beim Abmarsch der „Lagerkommandant“ (es muß sich hierbei um den Transportführer, SS-Obersturmführer Möser, gehandelt haben, denn Lagerkommandant Baer hatte sich längst „verdrückt“, wie seinerzeit schon bei der Evakuierung von Auschwitz) „ganz offiziell dem Lagerältesten, dem Kapo des Lagerschutzes sowie dessen rechter Hand einen Karabiner aushändigte“.[41]

Auch das waren Leute, auf die sich die SS verlassen konnte: „Es gab keinerlei Anlaß zu Befürchtungen, denn sie verhielten sich genauso wie vorher.

---

38 Zeugenaussage Ferdinand Karpik, ehemaliger Revierkapo, im NDH-Prozeß; ebenda, Rolle 5 fr. 157.

39 Zeugenaussage Alfred Bernhard im NDH-Prozeß; US Mikrofilm M 1079, Rolle 4 fr. 877.

40 Aussage im NDH-Prozeß; US Mikrofilm M 1079, Rolle 4 fr. 928; Übersetzung aus dem Amerikanischen d. Verf.

41 Aussage Willy Steimel im NDH-Prozeß; US Mikrofilm M 1079, Rolle 4 fr. 928. Diese Beobachtung Steimels wird durch andere Zeugenaussagen bestätigt.

Auch später, während der Evakuierung, bemerkte ich nichts Gegenteiliges“, konnte sich Steimel noch zweieinhalb Jahre danach gut erinnern.[42]

Es scheint nicht Mangel an Bewachungspersonal gewesen zu sein, der die Lagerführung von „Dora“ veranlaßt hatte, eine verhältnismäßig große Anzahl von Häftlingen einer bestimmten Kategorie zu bewaffnen. Die Stärkemeldung des KZ Mittelbau vom 2. April 1945 weist nämlich aus: „Lagerstärke Dora: 17 171 Gefangene, 1050 SS-Leute“. Das waren 1 SS-Mann auf 16 Häftlinge, eine für einen Eisenbahntransport völlig ausreichende Anzahl. Der Anlaß, Häftlinge zu bewaffnen, dürfte vielmehr darin gelegen haben, daß der Lagerführung Zweifel an der Loyalität ihrer eigenen SS-Wachtruppen gekommen waren. Diese bestanden mittlerweile überwiegend aus zum KZ-Wachdienst Zwangsverpflichteten. „Die meisten Wachmänner waren Volksdeutsche, ihre Moral war auf dem Nullpunkt“,[43] hatte der ehemalige Transportführer Möser in Erinnerung behalten.

Auf den einst so stolzen „Totenkopf-Sturmbann“ war nur noch bedingt Verlaß. Anders hingegen auf die reichsdeutschen „Grünen“: „Die Berufsverbrecher wollten den Krieg gewinnen; sie waren die Todfeinde der Ausländer“, erinnerte sich 1968 vor Gericht der als Zeuge geladene ehemalige SS-Mann Wilhelm Simon.[44] Es verwundert daher nicht, daß Lagerkommandant Baer persönlich einige Tage vor der Evakuierung Mittelbaus einer Gruppe Angehöriger des „Kommando 110“ aufgetragen haben soll: „Seht zu, daß die Russen, Franzosen und alle übrigen Ausländer aus dem KZ nicht auf die Zivilbevölkerung losgehen, wenn wir abtransportiert werden.“[45]

Die Tatsache, daß sich die Lager-SS von „Dora“ in einer für sie kritischen Situation, wie der Evakuierung des Lagers, auf „Asoziale und Berufsverbrecher“ verließ, ihnen Schußwaffen aushändigte und sogar versprach, sie bei „Bewährung“ am Ende des Transports in die SS aufzunehmen,[46] zeigt

---

42 Aussage Willy Steimel im NDH-Prozeß, ebenda.

43 Schlußwort des Angeklagten Hans Möser im NDH-Prozeß; US Mikrofilm M 1079, Rolle 12 fr. 329; Übersetzung aus dem Amerikanischen d. Verf. Ähnlich äußerte sich der ehemalige Lagerälteste; ebenda, Rolle 6 fr. 611.

44 Zeugenaussage am 10. Mai 1968 im Essener Dora-Prozeß, zit. nach Demps, Zum weiteren Ausbau des staatsmonopolistischen Apparates, S. 303. Simon, ehedem Arbeitsdienstführer von „Dora“, war im NDH-Prozeß einer der Angeklagten gewesen.

45 Vernehmung Wilhelm Myska, ehemaliger Angehöriger des „Kommando 110“, am 12. Dezember 1964; Zentrale Stelle der Landesjustizverwaltungen, Ludwigsburg, Sign. 13 AR 1492/62, Bl. 35.

46 So der deutsche ehemalige Häftling Richard Fruck in seinem Erlebnisbericht (1947), S. 2; DokSt Mi-Dora Sign. 50.1.7.1.

deutlich die „seelische und gesellschaftliche Verwandtschaft" dieser Kategorie von Kriminellen zur SS: „Vom Verfemten, der sich außerhalb der Gesetze gestellt hat, zum verlorenen Haufen, der alle Grundsätze der Menschlichkeit hinter sich gelassen hat, führt beinahe zwangsläufig eine Interessengemeinsamkeit, sobald die Umstände sie nahelegen."[47]

Allen Evakuierungsvorbereitungen in den Lagern des KZ Mittelbau zum Trotz mußten die Häftlinge bis zuletzt zur Arbeit in den Fabrikationsbetrieben sowie auf den Baustellen erscheinen. So haben etwa die damals im Mittelwerk beschäftigten Häftlinge nach Kriegsende weitgehend übereinstimmend angegeben, sie seien noch am Vortage der Evakuierung in den Tunnel geschickt worden. Auch auf den Baustellen wurde buchstäblich bis zur letzten Minute gearbeitet, wie man einer Aktennotiz der Arbeitsgemeinschaft der am Vorhaben „B 3 a" beteiligten Baufirmen entnehmen kann: „Am 4. 4. 45 wurden die Häftlinge abtransportiert, 11.30 h überbrachte SS Stm. Beutinger den Befehl des Führungsstabes B 3, die Baustelle sofort einzustellen."[48]

Ein typisches Beispiel für dieses Nebeneinander von Evakuierungsvorbereitungen und weiterhin forcierten Produktionsanstrengungen bietet die „Taifun"-Rakete, deren Fertigungshochlauf ab Mitte März 1945 begleitet wurde von Planungen für eine erneute Verlagerung der Produktion, diesmal in den österreichischen Alpenraum.

Weil noch bis zuletzt gearbeitet wurde, warteten auch Lager-SS, NS-Dienststellen und Firmen bis zum letzten Augenblick mit der Vernichtung möglicherweise kompromittierender Dokumente. Bei der Verwaltung des Mittelwerks, die in Ilfeld im Gebäudekomplex der ehemaligen Klosterschule untergebracht war, „wurden seit Ostern [1. April, J. N.] alle entbehrlichen [sic!] Unterlagen über die Produktion der Geheimwaffen verbrannt. Es rauchte nun täglich", erinnerte sich der ehemalige Werkschronist Werner Brähne nach Kriegsende.[49]

In den Lagern wurde ebenfalls alles an Material und Akten verbrannt, was Aufschluß über Insassen oder Personal hätte geben können. Als Ort der Verbrennung wird meist der Appellplatz genannt, gelegentlich für „Dora" auch das Krematorium. Die Vernichtung geschah offenbar nicht sehr gründlich. Der Internationale Suchdienst bezeichnet die Quellenlage für

---

47 Kogon, Der SS-Staat, S. 364.

48 Arge Woffleben, Besprechungsniederschrift vom 23. Mai 1945; als Faksimile wiedergegeben bei Pachaly/Pelny, Das ehemalige KZ „Mittelbau-Dora", S. 198 f.

49 Zitiert nach Bornemann, Schicksalstage im Harz, S. 117.

Mittelbau als durchaus gut, die Häftlingsunterlagen seien bis auf „geringfügige Lücken" weitgehend vollständig vorhanden. Die mit der Spurenvernichtung betrauten SS-Leute und Häftlinge nutzten die Gelegenheit, um sich aus dem in der „Effektenkammer" lagernden Eigentum der Häftlinge zu „bedienen". SS-Personal von „Dora" versorgte sich beispielsweise mit Zivilkleidung und falschen Papieren aus den Beständen der „Effektenkammer", um für den Fall des „Untertauchens" gerüstet zu sein.

Zeitgleich müssen im Hauptlager „Dora" auch die LKW mit den Wertsachen, die den Häftlingen einst abgenommen worden waren, die LKW und Güterwaggons mit Lebensmitteln aus Lagerbeständen sowie die Eisenbahnwaggons mit Hausrat und Möbeln, dem Privatbesitz der SS-Führer des Standorts Mittelbau,[50] beladen worden sein. Der belgische Häftling Guido Z. Schreve hatte Gelegenheit, dies zu beobachten: „Mindestens zwanzig Güterwaggons sind außerdem da, beladen mit all dem Beutegut, das die SSler auf ihren Streifzügen in den besetzten Gebieten einkassiert hatten. Alles ist dabei: Antike Möbel, gestohlen aus französischen Schlössern, Gemälde, Kisten voller Silberwaren, eine Unmenge verschiedenartiger Dinge und sogar eine mittelalterliche Ritterrüstung."[51]

Eine Selektion der Häftlinge nach Transportfähigkeit ist anscheinend nur in Blankenburg „Klosterwerke", in Wieda und Ellrich-Bürgergarten sowie in den vier großen Lagern „Dora", Nordhausen (Boelcke-Kaserne), Harzungen und Ellrich-Juliushütte vorgenommen worden. Dabei wurden bei einigen dieser Lager die marschunfähigen Häftlinge dennoch abtransportiert, bei anderen zurückgelassen. In allen übrigen Lagern wurden sämtliche Insassen ohne Rücksicht auf ihren Gesundheitszustand auf Transport geschickt.

Im Lager Ellrich-Bürgergarten wurden die Kranken mitten in der Nacht im Regen zum Bahnhof geführt. Sie mußten mehrere Stunden in der Dunkelheit auf das Zusammenstellen eines Zuges warten, in dessen Waggons sie dann zusammen mit Häftlingen des KZ Mittelbau getrieben wurden. Auch in Harzungen evakuierte man die Kranken. Man brachte sie mit Last-

---

50 Nicht nur Häftlinge und Lager-SS wurden evakuiert; auch die SD- und Gestapo-Leute aus dem SS-Standort Mittelbau nutzten diese Chance zur Flucht vor den Alliierten. Nach Aussage des ehemaligen Lagerältesten von „Dora", Roman Drung, waren allein im letzten Evakuierungszug „ca. 2000 Mann, [...] 15 Waggons voll SS-Leute"; Zentrale Stelle der Landesjustizverwaltungen, Ludwigsburg, Sign. 13 AR 1492/62, Bl. 18.

51 Biographie von Guido Z. Schreve, unveröffentlichtes Typoskript, S. 188; Kopie im Besitz d. Verf.; Übersetzung aus dem Französischen d. Verf.

kraftwagen nach Niedersachswerfen, wo sie in Reichsbahnwaggons umgeladen wurden.

Nicht bei allen Lagern war wie in Ellrich-Bürgergarten und Harzungen von vornherein die Totalräumung ins Auge gefaßt worden. So gab etwa der deutsche „Grüne" Georges Pieper, ehemals Lagerältester und zugleich Kapo der Schreibstube von Wieda (SS-Baubrigade III), am 2. Mai 1945 vor einem amerikanischen Vernehmungsoffizier zu Protokoll: „Untersturmführer Kurt Merkle hatte angeordnet, daß ich als Kommandant eingesetzt werde und sollte die zurückbleibenden 335 kranken Häftlinge den Amerikanern übergeben."[52]

Wenige Stunden nach dem Abmarsch des Lagers jedoch kam Merkle wieder zurück und erteilte Pieper den Befehl, noch am selben Tage „sämtliche Häftlinge auf dem Bahnhof Wieda in Waggons zu verladen".[53]

Eine komplizierte Situation entwickelte sich in Ellrich-Juliushütte. In diesem Lager, das von allen sogenannten Arbeitslagern des KZ Mittelbau den höchsten Krankenstand hatte, war zu dieser Zeit Dr. Schneemann Lagerarzt. Nach Aussage des ehemaligen Schutzhaftlagerführers Brinkmann vor dem amerikanischen Militärgericht in Dachau 1947 lag Schneemanns Hauptinteresse in den der Evakuierung des Lagers vorausgehenden Tagen darin, sich mit reichlich Proviant und Alkoholika für die „Reise" zu versorgen. Am Tag der Evakuierung ließ er das Revier räumen und die Schwerkranken zum Tor bringen. Sie sollten offensichtlich als letzte in die beiden bereitstehenden Evakuierungszüge verladen werden. Da diese schon bald total überfüllt waren, blieben die Kranken, sich selbst überlassen, im Lager zurück. „Dr. Schneemann, als den verantwortlichen Lagerarzt, interessierten diese Häftlinge nicht im geringsten. Kein Häftlingsarzt oder -sanitäter wurde zurückgelassen, um sich um diese Häftlinge zu kümmern."[54]

Lagerführer Stötzler hatte sich, zusammen mit Lagerarzt Dr. Schneemann, mittlerweile „abgesetzt" und seinem Schutzhaftlagerführer Brinkmann das Kommando übertragen. Dieser versuchte nun an diesem und dem folgenden Tage, die Kranken irgendwie loszuwerden, unter anderem bei der SS-Baubrigade IV (Ellrich-Bürgergarten) und in „Dora", aber vergebens.

---

52   Nbg. Dok. PS-2222; Syntaxfehler im Original. Merkle war zu diesem Zeitpunkt Leiter der SS-Baubrigade III.

53   Ebenda.

54   Aussage Otto Brinkmann im NDH-Prozeß; US Mikrofilm M 1079, Rolle 10 fr. 561; Übersetzung aus dem Amerikanischen d. Verf.

Erst einen weiteren Tag später hatte er Erfolg: Der Eisenbahnzug des „Letzten Transports" aus „Dora" hatte längere Zeit Aufenthalt in Ellrich, und sein Transportführer Möser erklärte sich auf Bitten Brinkmanns bereit, die Kranken sowie die Leichen der zahlreichen mittlerweile Verstorbenen in zwei Waggons seinem Zug anhängen zu lassen. Wie viele Schwerkranke in Ellrich anfangs zurückgeblieben waren, ist nicht bekannt. Die von dem belgischen ehemaligen Häftling Gabriel Verbraeken genannte Zahl von „etwa 1200 Kranken und Invaliden [des Reviers], die ihrem Schicksal überlassen wurden",[55] ist mit Sicherheit zu hoch gegriffen. Mehr als 150 bis 250 Mann dürfte Mösers Transport nicht noch zusätzlich aufgenommen haben, und in dieser Größenordnung dürfte sich auch die Anzahl der Zurückgelassenen des Lagers „Erich" bewegt haben.

Anders als bei den vorerwähnten Lagern ließ die SS in „Dora" und in Nordhausen die revierkranken Häftlinge tatsächlich zurück. Um wie viele Personen es sich dabei jeweils gehandelt hat, ist nicht genau bekannt. Für das Hauptlager „Dora" kann angenommen werden, daß rund 1100 Häftlinge dort verblieben sind.[56] Aber anders als in Ellrich-Juliushütte waren die zurückgelassenen Häftlinge „Doras" nicht völlig auf sich selbst gestellt. So verblieben „ein Teil des Küchenkommandos [... und] der Sanitäter sowie die Feuerwehr" ebenfalls im Lager.[57] Wie aus einem Bericht der amerikanischen Befreier hervorgeht, funktionierten auch Elektrizität und Wasser, und es war sogar reichlich Heizmaterial (Kohle) vorhanden. Auch Lebensmittel, Bekleidung, Wäsche und Decken waren in größeren Mengen beim Abmarsch des Lagers zurückgelassen worden, wie aus einem noch wenige Stunden vor der Befreiung „Doras" von deutscher Seite verfaßten Bericht sowie aus Aussagen ehemaliger Häftlinge im Dachauer KZ-Nordhausen-Prozeß 1947 hervorgeht.

---

55   Verbraeken, Ellrich, het Doodenkamp, Boechout 1945, S. 16; Übersetzung aus dem Niederländischen d. Verf.

56   Berechnungen hierzu bei Neander, Das Konzentrationslager Mittelbau in der Endphase der NS-Diktatur, S. 282 f.

57   Bericht des ehemaligen „Dora"-Häftlings und Überlebenden der illegalen Widerstandsorganisation Jan Kaczmarek; DokSt Mi-Dora, Sign. 50.3.1 Nr. 2, S. 80. Ähnlich der ehemalige Häftling Guido Z. Schreve in seinem Erlebnisbericht, unveröffentlichtes Typoskript, S. 188; ferner der ehemalige SS-Mann Rudolf Jacobi im NDH-Prozeß; vgl. US Mikrofilm M 1079, Rolle 11 fr. 1039.

5.3. Die Tragödie der Häftlinge in der Boelcke-Kaserne

Im drittgrößten Außenlager Mittelbaus, der Boelcke-Kaserne in Nordhausen, befanden sich am 31. März noch 3855 Häftlinge, davon 2673 im Krankenbau. Am 3. April 1945 soll noch ein größeres Kontingent Häftlinge nach „Dora" und Ellrich-Juliushütte verlegt worden sein.[58] Es könnte sich hierbei um die knapp 1200 Häftlinge gehandelt haben, die als „arbeitsfähig" galten und daher nicht im Häftlingskrankenbau lagen. Das würde bedeuten, daß sich am späten Nachmittag des 3. April 1945 noch etwa 2700 kranke und invalide Häftlinge in der Boelcke-Kaserne befunden hätten. Diese Zahl stimmt gut überein mit der Summe der toten und noch lebenden Häftlinge, die die amerikanischen Befreier wenige Tage später vorfanden.

Völlig überraschend für die Deutschen griffen britische Bomber am Nachmittag des 3. April 1945 die Stadt Nordhausen an. Warum, ist bis heute noch nicht befriedigend geklärt. Möglicherweise wurde die Bombardierung befohlen, weil NSDAP-Kreisleitung und Polizeiführung eine kampflose Übergabe der Stadt trotz dreimaliger Aufforderung abgelehnt hatten[59] – Nordhausen war immerhin ein wichtiges Etappenziel beim Vormarsch der Alliierten in Richtung Elbe.

In zwanzig Minuten warfen 255 Flugzeuge insgesamt 1116,7 Tonnen Spreng- und 1,8 Tonnen Brandbomben ab. Auch die nicht eigens als Krankenhaus gekennzeichneten ehemaligen Kraftwagenhallen der Boelcke-Kaserne, die als KZ-Außenlager dienten, wurden getroffen; auf der Station der Tuberkulosekranken gab es etwa 450 Tote. Am Morgen des folgenden Tages, kurz nach 9 Uhr, wurde Nordhausen ein zweites Mal flächendeckend bombardiert. Dabei wurde die ganze Innenstadt vollständig in Schutt und Asche gelegt.

Wieder wurde die Boelcke-Kaserne schwer getroffen. Die Häftlinge, denen – wie überall in Nazideutschland – das Aufsuchen von Luftschutzbunkern oder -kellern bei Todesstrafe verboten war, starben zu Hunderten unter dem Bombenhagel derer, von denen sie sich eigentlich ihre Befreiung erhofft hatten. Weitere Todesopfer unter den Häftlingen forderten die Maschinenpistolen der SS, die aus ihren Bunkerdeckungen heraus auf alles

---

58   Vgl. Brigitte d'Hainaut/Christine Somerhausen, DORA 1943–1945, Bruxelles 1991, S. 136, ohne Quellenangabe.

59   Vgl. Erinnerungsbericht Julius Becker in: Peter Kuhlbrodt (Hrsg.), Schicksalsjahr 1945 – Inferno Nordhausen, Nordhausen 1995, S. 154.

schoß, was sich in Zebrakleidung aus den brennenden Trümmern der Kasernenbauten auf Freiflächen oder ins Gelände hinaus zu retten versuchte. Von deutscher Seite werden diese Opfer übrigens gern ebenfalls den Alliierten angelastet.[60] Dieser zweite Bombenangriff soll allein unter den Häftlingen der Boelcke-Kaserne über 1000 Tote gefordert haben.

Auch unter der SS gab es Tote und Verwundete. Das Gros der Wachmannschaften desertierte nach den Bombenangriffen und versuchte, in der Bevölkerung unterzutauchen, nicht immer mit Erfolg. So wurde etwa der SS-Mann Heinrich Offermann aufgegriffen und einer Panzereinheit zugeführt. Auch Häftlinge, die sich körperlich dazu noch imstande fühlten, nutzten das Durcheinander und flüchteten. Mit Hilfe deutscher „Volksgenossen" wurden sie jedoch meist wieder eingefangen: „Zwei Motorräder mit Beiwagen kamen, auf ihnen SS-Leute, die nach Gestreiften fahndeten; sie brüllten: ‚Zebras, kommen, kommen hier, los los'. Wir wurden schnell von deutschen Frauen entdeckt und an jene ausgeliefert."[61]

Es lag im Ermessen der Häscher, ob die Aufgegriffenen ohne viel Federlesens umgebracht wurden oder ob man sie in Gewahrsam nahm und irgendeinem KZ-Evakuierungstransport beigab.

Kleinere Gruppen als „marschfähig" erachteter Häftlinge wurden unmittelbar nach dem Bombardement noch in andere Lager Mittelbaus eingewiesen. Ein größeres Kontingent Überlebender der Luftangriffe dürfte auch am 5. April 1945 dem Evakuierungstransport Brauny des Lagers Rottleberode zugeteilt worden sein. Ob es sich hierbei um aufgegriffene Geflohene gehandelt hat oder um Häftlinge, die aus den im Kasernengelände Verbliebenen eigens für diesen Transport selektiert worden waren, muß offen bleiben. Spätestens an jenem 5. April 1945 dürfte sich auch die Lagerführung des Außenlagers Nordhausen nach „Dora" abgesetzt haben. Die toten Häftlinge blieben unbestattet in den Ruinen liegen, die kranken und verletzten überließ man ihrem Schicksal. Einige von ihnen, die dazu noch in der Lage waren, „organisierten" unter Lebensgefahr in den Trümmern der Stadt und des Kasernenkomplexes Eßbares und versorgten solidarisch auch Kameraden mit, die zu schwach waren, um die Ruinen ihrer „Blöcke" zu verlassen.

---

60 So etwa im Bericht des Ehepaars Filve vom 14. Mai 1945 in: ebenda, S. 64.
61 Fernand Vincent, französischer ehemaliger Häftling, in: Association des Déportés du Jura 1988, S. 549; Übersetzung aus dem Französischen d. Verf.

Am 11. April 1945 betrat eine Einheit der 3. US-Armee das Lagergelände. Den Soldaten boten sich nie zuvor gesehene Bilder des Grauens.

„Überall zwischen den Toten waren Lebende; ausgemergelte, zerlumpte Gestalten, deren fiebrig glänzende Augen widerstandslos auf ihre Erlösung durch den Tod warteten. Über dem gesamten Gelände lag der schreckliche Geruch der Verwesung. Und wie ein Klagelied der Hoffnungslosigkeit wurden die vereinten Schreie dieser Unglücklichen abwechselnd lauter und leiser. Es war ein Gemisch von Stöhnen, Wimmern, des Deliriums und des völligen Wahnsinns. Hier und dort wankte eine einzelne Gestalt, sie ging langsam, wie im Traum."[62]

Obwohl der Krieg noch keineswegs zu Ende war, stellten die amerikanischen Soldaten für kurze Zeit ihren Kampfauftrag hintan und kümmerten sich in rührender Weise um die von Hunger, Durst und Krankheiten ausgezehrten Häftlinge. Der Film und die Fotos von Leiden und Tod, die die Kriegsberichterstatter machten, gehören zu den erschütterndsten Zeugnissen für nationalsozialistische Barbarei und Menschenverachtung und haben dem Namen „Nordhausen" in der ganzen zivilisierten Welt einen bösen Klang gegeben.

Die – verständliche – Wut der Befreier über die „Nazihochburg Nordhausen"[63] machte sich Luft in Rachephantasien. So forderten etwa Soldaten der den Panzerverbänden nachrückenden Sanitätseinheit von ihren Vorgesetzten: „Gebt uns Waffen, gebt uns Maschinengewehre und schickt uns in die Stadt, um jeden Deutschen, den wir sehen, zu töten."[64] Die Militärverwaltung, die jedoch schon die Nachkriegsperspektive im Blick hatte und nicht deutsche Gewaltverbrechen mit amerikanischen vergelten wollte, griff zu milderen, wenn auch kollektiven Strafmaßnahmen. „Für die Stadt Nordhausen wurden Lebensmittel-Strafrationen festgesetzt, die unter den Rationen anderer Städte lagen." Außerdem „wurde die Stadt Nordhausen acht Tage lang den ehemaligen Häftlingen und ausländischen Zwangsarbeitern zur Plünderung freigegeben."[65]

---

62 Aus einem amerikanischen Armeebericht vom 11. April 1945; zit. nach Pachaly/Pelny, Das ehemalige KZ „Mittelbau-Dora", S. 232.

63 „The strongly nazified town of Nordhausen"; Farris in: Leo A. Hoegh/Howard J. Doyle, Timberwolf Tracks, Washington D.C. 1946, S. 329.

64 Zit. nach Peter Kuhlbrodt, Nordhausen unter dem Sternenbanner, Nordhausen 1995, S. 16.

65 Beide Zitate: Akte S 130, Bl. 13, im Stadtarchiv Nordhausen; zit. nach ebenda, S. 43.

Plünderungen durch befreite Zwangsarbeiter (KZ-Häftlinge, die überhaupt noch in der Lage gewesen wären zu plündern, gab es so gut wie keine mehr) nehmen breiten Raum ein in den Erinnerungen der deutschen Bevölkerung.[66] Sie wurden allgemein als unverdientes Unrecht empfunden. Einen Zusammenhang mit der vorausgegangenen jahrelangen Ausplünderung der Heimatländer der Zwangsarbeiter zugunsten der Deutschen im Dritten Reich konnten und wollten die Nordhäuser nicht herstellen.

Die Gesamtzahl der bei den beiden Luftangriffen auf dem Gelände der Boelcke-Kaserne getöteten Häftlinge läßt sich nicht exakt ermitteln, dürfte aber ziemlich genau bei 1400 liegen.[67] Ein amerikanischer Bericht vom 15. April 1945 nennt die Gesamtzahl von 1958 Häftlingsleichen, die aus den Ruinen der Boelcke-Kaserne geborgen (siehe Abb. 5.2) und bis zum Abend des 14. April 1945 auf einem eigens dafür angelegten Ehrenfriedhof beigesetzt wurden. In dieser Zahl sind aber auch die in den neun Tagen vom 4. bis 13. April Gestorbenen enthalten. Die Anzahl derer, denen während oder nach dem Bombardement die Flucht geglückt ist, dürfte nicht mehr als einige Dutzend betragen haben.

Es ist anzunehmen, daß die Besatzungen der angreifenden britischen Bomberverbände nicht wußten, daß sich in einem Teil der Boelcke-Kaserne fast 3000 Konzentrationslagerhäftlinge aufhielten, zumal die Gebäude nicht als Krankenhaus gekennzeichnet waren. Es gehört zur Tragik der Geschichte, daß noch kurz vor der Befreiung Insassen eines Konzentrationslagers durch alliierte Bombenangriffe ums Leben kamen.

Ebenso wie die Katastrophe der Häftlinge von Neuengamme, die sich auf den Tag genau einen Monat später in der Neustädter Bucht ereignete und bei der mehrere hundert Mittelbau-Häftlinge ebenfalls den Tod fanden,[68] ist auch die Tragödie der Häftlinge von Nordhausen von britischer Seite nie offen und umfassend aufgearbeitet worden. So kann sie wie jene heute noch der rechten Szene als willkommenes Vehikel dienen, eine NS-kritische

---

66 Vgl. für Nordhausen die Schilderungen in Kuhlbrodt (Hrsg.), Schicksalsjahr 1945 – Inferno Nordhausen.

67 Berechnungen hierzu bei Neander, Das Konzentrationslager Mittelbau in der Endphase der NS-Diktatur, S. 286 f.

68 Die Bombardierung der Häftlingsschiffe „Cap Arcona" und „Thielbek" am 3. Mai 1945 durch britische Kampfflugzeuge, wobei über 7000 Häftlinge den Tod fanden. „Bis heute stellt sich die RAF nicht offen den Fragen nach ihrer Verantwortung an dieser großen Tragödie"; Diercks/Grill, in: KZ-Gedenkstätte Neuengamme (Hrsg.), Kriegsende und Befreiung, Bremen 1995, S. 178.

NORDHAUSEN

Nordhäuser Bürger transportieren die Leichen von der Boelcke-Kaserne, **Abb. 5.2**
einem Außenlager des KZ Mittelbau, zur Beisetzung in Massengräbern
Foto: 1945

Geschichtsschreibung zu diffamieren, die Nazigreuel in den Konzentrationslagern generell herunterzuspielen und zu suggerieren, die KZ-Toten
seien in erster Linie Opfer alliierter Kriegshandlungen gewesen.[69]

Aber auch für die Bevölkerung von Nordhausen und Umgebung erwies
sich das Schweigen der Alliierten zu den Ereignissen des 3./4. April 1945 als
überaus hilfreich bei der „Vergangenheitsbewältigung", denn so ließen sich
die Toten der Boelcke-Kaserne problemlos für Zwecke der eigenen Schuld-
abwehr nutzbar machen. Indem man für ihr Sterben dem Kriegsgegner
allein die Schuld gab, entledigte man sich jeglicher eigenen Mitverantwor-
tung am Funktionieren des NS-Vernichtungsapparats.

Der hierin sich offenbarende „Verlust der humanen Orientierung"
(Ralph Giordano) erhält zusätzlich einen Zug ins Makabre, wenn auch

---

69 So zu Nordhausen etwa Ulrich Saft, Krieg in der Heimat ... bis zum bitteren Ende im
Harz, Walsrode 1994, S. 288–292.

157

noch die KZ-Opfer in Parallele gesetzt werden zu den Toten der deutschen Zivilbevölkerung. Posthum vereinnahmt das Kollektiv, dem die Täter angehörten, noch seine Opfer. Nicht etwa, um diese zu betrauern, sondern um sich selbst zu bemitleiden. Aufschlußreich hierfür sind die Erlebnisberichte von Nordhäuser Bürgerinnen und Bürgern, die Kuhlbrodt gesammelt hat.[70] Als Beispiel für viele sei aus dem Erlebnisbericht der 1945 fünfundzwanzigjährigen Hildegard Koch zitiert: „Die Toten aus der Boelcke-Kaserne [waren] Häftlinge, die durch die Bomben der *Alliierten* ums Leben gekommen waren, *wie so viele Nordhäuser.*"[71]

5.4. Die Liquidierung der Häftlinge – Gerüchte, Mutmaßungen, Pläne

Im Jahre 1966 erschienen die Lagermemoiren des ehemaligen Häftlings Gregorio Pialli.[72] Als Berufssoldat unmittelbar nach dem 8. September 1943 in Udine von den Deutschen gefangengenommen und als „Italienischer Militärinternierter" („IMI") ins Reich deportiert, kam er Ende September/Anfang Oktober 1943 in das Buchenwalder Außenkommando „Dora". Von dort wurde er im Herbst 1944 in das Kommando Quedlinburg verlegt, wo er bis zur Einnahme dieser Stadt durch die Amerikaner am 18. April 1945 blieb. Über die Tage unmittelbar danach schreibt er unter anderem: „Wir waren froh, als wir Nachricht von Freunden aus ‚Dora' erhielten – die Ärmsten! –, die wie durch ein Wunder überlebt hatten, denn die SS hatte einen Teil der Stollen gesprengt, und unter den Trümmern waren Hunderte und Aberhunderte von Häftlingen ums Leben gekommen."[73]

Von zahlreichen „Haftstätten unter dem Reichsführer-SS" aus dem nationalsozialistischen Lagerkosmos ist bekannt, daß beim Herannahen alliierter oder sowjetischer Truppen die SS, gelegentlich auch Polizei- und Wehrmachteinheiten, Massaker unter den Insassen angerichtet haben.[74] Es kann daher nicht verwundern, daß sich auch Berichte und Dokumente

---

70 Kuhlbrodt (Hrsg.), Schicksalsjahr 1945 – Inferno Nordhausen, S. 140–197.

71 Ebenda, S. 183; Hervorh. d. Verf.

72 „Una voce da Buchenwald" („Eine Stimme aus Buchenwald"), hier zit. nach der 2. Auflage: Gregorio Pialli, Una voce da Buchenwald, Vicenza 1973. Übersetzung aus dem Italienischen d. Verf.

73 Ebenda, S. 70.

74 Zahlreiche Beispiele bringt etwa Martin Gilbert, The Holocaust, London 1986.

finden, in denen von Massentötungen an Häftlingen der Lager im „Mittelraum" die Rede ist.[75]

Diese werden jedoch durch keinerlei andere, verläßliche Zeugnisse belegt, weder aus den Kreisen der ehemaligen Mittelbau-Häftlinge noch durch die Berichte der Befreier, die wenige Tage später gekommen waren und in oder bei den verlassenen Lagern zumindest auf Spuren derartiger Massenmorde hätten stoßen müssen. So sind jene Aussagen auch weder von den amerikanischen noch von den deutschen Justizorganen bei ihren Entscheidungsfindungen berücksichtigt worden. Die Berichte über Massentötungen von Häftlingen des KZ Mittelbau, die unmittelbar vor dessen Auflösung stattgefunden haben sollen, dürfen daher getrost in den Bereich der „Modernen Sagen" verwiesen werden.[76]

Etwas differenzierter müssen die in großer Zahl und in vielen Varianten übermittelten Nachrichten über beabsichtigte Massenmorde an Häftlingen im Zuge der Räumung der Lager des Mittelbaus gesehen werden. Übereinstimmend berichten fast alle Häftlinge in ihren Biographien, daß sich in den der Räumung der Lager vorausgehenden Tagen, mit ihrer Atmosphäre der gereizten Nervosität von SS-Leuten und Kapos, unter den Häftlingen die Furcht verbreitete, ihnen allen könne das gleiche Schicksal drohen wie den Unglücklichen unter ihren Kameraden, von deren gruppenweiser Ermordung als angebliche „Saboteure" oder „Hochverräter" sie immer häufiger unfreiwillige Zeugen wurden. „Bereits vor der Evakuierung waren Gerüchte über Liquidierungen, die die Gesamtheit der Häftlinge betreffen sollten, in Umlauf gewesen",[77] notierte ein Überlebender nach dem Kriege.

Die Häftlinge in den Mittelbau-Lagern hatten allen Grund, für sich das Schlimmste zu befürchten. Einmal hatten sie noch gut die Worte im Ohr, die sie bei ihrer Einlieferung vom Schutzhaftlagerführer beim ersten Appell zu hören bekamen: „Niemand von euch kommt lebendig hier heraus, und ich werde dafür Sorge tragen."[78] Zum andern schien es aus der Perspektive der

---

75   Beispiele bei Neander, Das Konzentrationslager Mittelbau in der Endphase der NS-Diktatur, S. 289 f.

76   Zur Definition der „Modernen Sagen" siehe etwa Wilhelm Brednich, Die Maus im Jumbo-Jet, München 1991, S. 9.

77   Nach d'Hainaut/Somerhausen, DORA 1943–1945, S. 83; Übersetzung aus dem Französischen d. Verf.

78   SS-Hauptscharführer Otto Brinkmann, Ellrich-Juliushütte, laut Aussage des französischen ehemaligen Häftlings Paul Emile Caton im NDH-Prozeß, US Mikrofilm M 1079, Rolle 7 fr. 150; Übersetzung aus dem Amerikanischen d. Verf.

Häftlinge auch einen plausiblen Grund dafür zu geben, zumindest soweit sie im Lager „Dora" lebten und in der „V-Waffen"-Produktion des Mittelwerks beschäftigt waren: „Man hatte aus uns ‚Geheimnis-Stücke', Träger von Geheimnissen, gemacht. Das bedeutete: Wenn man in einem Tunnelkommando arbeitete, dann kam man nie mehr heraus. [...] Uns war es bestimmt zu sterben."[79]

Dennoch ist ernsthaft zu bezweifeln, daß zu der Zeit, um die es hier geht, also etwa in der Woche vom 29. März (Gründonnerstag) bis 5. April 1945 (dem Tag der endgültigen Evakuierung „Doras"), die Furcht vor Verrat waffentechnischer „Geheimnisse" durch „Dora"-Häftlinge ein Grund gewesen wäre, zusammen mit ihnen alle Häftlinge des KZ Mittelbau zu ermorden. Drei Argumente sprechen dagegen:

1. Nur ein kleiner Teil der Häftlinge des KZ Mittelbau war mit der „V-Waffen"-Fertigung beschäftigt, und von diesen überblickte jeder nur die wenigen Handgriffe, die er in der Werkstatt oder am Fließband auszuführen hatte. Bei einem komplexen Gerät wie etwa der „V 2", die aus ca. 20 000 Einzelteilen bestand, war das, was der einzelne Häftlingsarbeiter, ja eine ganze Gruppe von ihnen wissen konnte, fast bedeutungslos.

2. Etwa eine viertel Million Menschen war im „V-Waffen"-Programm allein in Deutschland beschäftigt.[80] Was kann bei derart vielen „Geheimnisträgern" noch „geheim" geblieben sein? Manch einer von ihnen war, ebenso wie zahlreiche Zuliefererbetriebe im In- und Ausland, schon in Feindeshand gefallen. Außerdem hatte die Truppe, seit August bzw. September 1944, 22 384 Flugbomben Fi 103 sowie 3170 Raketen A 4 auf gegnerische Ziele abgefeuert. Darunter waren etliche Blindgänger und Versager, dankbare Untersuchungsobjekte für britische und amerikanische Spezialisten. Von „Geheimhaltung" der „V-Waffen" konnte, spätestens seit deren Fronteinsatz, nicht mehr die Rede sein.

3. Vor allem dürfte aber in den Führungsetagen des Mittelwerks und bei den Wissenschaftlern und Ingenieuren der Raketenprogramme schon längst die Entscheidung gefallen gewesen sein, sich mit ihrem gesamten Knowhow bei nächstbester Gelegenheit den Amerikanern anzudienen. Was

---

79 Zeugenvernehmung des holländischen ehemaligen Häftlings Hendrikus Iwes im NDH-Prozeß, US Mikrofilm M 1079, Rolle 6 fr. 321; Übersetzung aus dem Amerikanischen d. Verf.
80 Davon allein 200 000 im A 4-Programm; vgl. Hölsken, Die V-Waffen, S. 77. Dazu mögen noch einmal 50 000 für Produktion und Einsatz der Fi 103 gekommen sein.

hätten alle Häftlinge „Doras" zusammen mehr an „Geheimnissen" verraten können als ein einziger Wernher von Braun?

Allenfalls als Zeugen des Terrors von SS und Kapos sowie des menschenverachtenden, nur an technokratischer Effizienz orientierten Verhaltens der leitenden Herren des „V-Waffen"-Programms konnten die „Dora"-Häftlinge unbequem werden. So wie es Primo Levi, ehemaliger Auschwitz-Häftling, grundsätzlich sah: „Die Lager waren gefährlich geworden für das mit dem Tode ringende Deutschland, denn sie bargen das Geheimnis der Lager selbst, das größte Verbrechen in der Geschichte der Menschheit. Das Heer von Gespenstern, das dort noch vor sich hinvegetierte, bestand aus *Geheimnisträgern*, derer man sich entledigen mußte."[81]

Aber waren die Lager, das Geschehen in ihnen, denn wirklich so geheim? Schon 1946 schrieb Eugen Kogon im „SS-Staat": „Kein Deutscher, der nicht gewußt hätte, daß es Konzentrationslager gab. Kein Deutscher, der sie für Sanatorien gehalten hätte. Wenig Deutsche, die nicht einen Verwandten oder Bekannten im KL gehabt oder zumindest gewußt hätten, daß der oder jener in einem Lager war. [...] Mancher Deutsche, der mit Konzentrationären durch Außenkommandos in Berührung kam. Nicht wenige Deutsche, die auf Straßen und Bahnhöfen Elendszügen von Gefangenen begegnet sind. [...] Viele Geschäftsleute, die mit der Lager-SS in Lieferbeziehungen standen, Industrielle, die vom SS-Wirtschafts-Verwaltungshauptamt KL-Sklaven für ihre Werke anforderten, Angestellte von Arbeitsämtern, die wußten, [...] daß große Unternehmen SS-Sklaven arbeiten ließen. Nicht wenige Zivilisten, die am Rande von Konzentrationslagern oder in ihnen selbst tätig waren."[82]

Zu ergänzen wäre noch für den „Mittelraum": Tausende deutscher Zivilisten, die auf den Baustellen des „Unternehmens Mittelbau" und in den unterirdischen Fabriken mit Häftlingen in Berührung kamen – sie alle kannten mehr oder weniger gut das „Geheimnis", das die Häftlinge in ihrer Person verkörperten.

Eine verwirrende Vielfalt von Aussagen über Orte und Maßnahmen geplanter Massenliquidierungen sowie über Urheber der Pläne hierzu kennzeichnet die Quellenlage für das Konzentrationslager Mittelbau in den

---

81 Levi, I sommersi e i salvati, S. 5 f.; Hervorh. im Original. Übersetzung aus dem Italienischen d. Verf.

82 Zit. nach der Ausgabe von 1974, S. 393.

Tagen kurz vor seiner Räumung.[83] Während einige Quellen ausdrücklich nur von „Gerüchten" sprechen und in anderen ebenfalls nur relativ vage Mutmaßungen geäußert werden („es hieß, daß ..."; „man nahm allgemein an ..."), spricht mehr als die Hälfte recht konkret von „Plänen" bzw. „Befehlen" zur Liquidierung der Häftlinge, die den Berichtenden bekannt gewesen seien. Die Urheber dieser Pläne oder Befehle bleiben oft anonym („es gab einen Befehl/Plan ..."), meist aber werden Personen genannt: Himmler, Kammler, Angehörige der Lager-SS, einmal sogar Hitler selbst.

Allein schon die Tatsache, daß die Quellen ein rundes Dutzend in bezug auf Orte und Maßnahmen recht unterschiedlicher Varianten zur geplanten Liquidierung der Häftlinge anbieten, erst recht die Vielfalt der als Urheber der Pläne hierzu Genannten, muß den skeptischen Historiker stutzig machen. So haben sich auch schon Bornemann und Broszat, die 1970 als erste westliche Historiker über die Geschichte des KZ Mittelbau publiziert haben, zu diesem Thema sehr zurückhaltend geäußert. Auch die Historikergruppe um Walter Bartel an der Humboldt-Universität im damaligen Ostberlin, von der um 1970 eine größere Anzahl wissenschaftlicher Arbeiten über das KZ Mittelbau erstellt worden ist, hat das Thema „Geplante Massenliquidierung von Häftlingen unmittelbar vor der Evakuierung" nicht näher verfolgt.

Mehr auf Breitenwirkung bedachte Schriften aus der ehemaligen DDR hatten sich da weniger Zurückhaltung auferlegt. Die um 1980 erschienene „Kurzgefaßte Chronik eines faschistischen Konzentrationslagers" von Burghoff/Pelny formulierte als anscheinend feststehende Tatsache: „Ursprünglich war allerdings vom KZ-Kommandanten beabsichtigt, alle Gefangenen in den unterirdischen Höhlensystemen mit dem in Auschwitz ‚bewährten' Giftgas Zyklon B zu vergasen, doch dazu kam es nicht mehr."[84]

Ähnliche Aussagen finden sich auch in etlichen nach der „Wende" von 1989 erschienenen Publikationen. Verfolgt man die diesen Veröffentlichungen zugrundeliegenden Quellen bis zu ihren Ursprüngen zurück, so kommt man auf die Aussagen dreier durch ihre seinerzeitige Tätigkeit im KZ „Dora" eng miteinander verbundener Personen: der ehemaligen SS-Lagerärzte Dr. med. Karl Kahr und Dr. med. Alfred Kurzke sowie des ehemaligen Schreibers des Häftlingskrankenbaus von „Dora", Josef Ackermann.

---

83 Näheres bei Neander, Das Konzentrationslager Mittelbau in der Endphase der NS-Diktatur, S. 295 f.

84 Burghoff/Pelny, „Mittelbau-Dora", S. 9.

Eine kritische Analyse[85] erweist deren Aussagen als ein Gemenge von belanglosen Fakten, in Häftlingskreisen kursierenden Gerüchten und eigenen Phantasien, das auch noch in sich höchst widersprüchlich ist, eine Tatsache, die schon 1947 im Dachauer KZ-Nordhausen-Prozeß den amerikanischen Militärjuristen aufgefallen war. Als Belege können sie nicht dienen.

Somit ist auch heute, dreißig Jahre nach dem Erscheinen des Beitrages von Bornemann und Broszat in den „Studien zur Geschichte der Konzentrationslager", der nüchternen Schlußfolgerung, die die beiden Autoren aus dem ihnen vorliegenden Material gezogen hatten, nichts hinzuzufügen: „Es ist folglich anzunehmen, daß es auch in Dora keinen förmlichen Befehl zur Vernichtung der Häftlinge gegeben hat, vielmehr nur Erwägungen dieser Art beziehungsweise entsprechende Befürchtungen der Häftlinge eine erhebliche Rolle spielten."[86]

---

85 Ausführlich bei Neander, Das Konzentrationslager Mittelbau in der Endphase der NS-Diktatur, Kapitel 5.3.
86 Bornemann/Broszat, Das KL Dora-Mittelbau, S. 195.

6. Die Räumung der Mittelbau-Lager

6.1. Stand der Forschung: Probleme und Überblick

Über die Evakuierungstransporte und „Todesmärsche" der Häftlinge aus den Mittelbau-Lagern[1] existiert inzwischen eine umfangreiche Literatur.[2]

So kann, wie die Übersicht 6.1 zeigt, von den 36 Lagern, die hier in Betracht kommen,[3] der Ablauf der Evakuierungstransporte

- als vollständig aufgeklärt gelten für 18 Lager mit zusammen 7400 Häftlingen;
- als weitgehend – bis auf Details – aufgeklärt gelten für 7 Lager, unter ihnen das Hauptlager „Dora", mit zusammen 28 000 Häftlingen;
- als im Prinzip aufgeklärt gelten, obwohl in einigen Punkten noch größere Unklarheiten bestehen, für 3 Lager mit zusammen 5100 Häftlingen.

Bisher ungeklärt ist noch, wie die Evakuierung von 8 kleineren Lagern verlaufen ist, in denen sich zum Zeitpunkt der Räumung zusammen etwa 200 Häftlinge befanden. Nur für dieses knappe halbe Prozent aller Häftlinge aus den Lagern des Mittelbaus ist bisher noch nicht bekannt, ob, und wenn ja, wie und wohin sie evakuiert wurden.

---

1   Ihnen sollen in diesem Zusammenhang auch weiterhin die seit Mitte Januar 1945 formal dem KZ Sachsenhausen unterstellten Lager der SS-Baubrigaden I, III und IV zugerechnet werden. Auch in der Gedenkstättenarbeit und in den Häftlingsorganisationen werden diese Lager dem KZ Mittelbau und nicht Sachsenhausen zugeordnet.

2   Übersichten über die Evakuierungstransporte finden sich etwa in Bornemann/Broszat, Das KL Dora-Mittelbau, d'Hainaut/Somerhausen, DORA 1943–1945, Fiedermann u. a., Konzentrationslager Mittelbau DORA. Eine erste zusammenfassende Darstellung findet sich bei Neander, Das Konzentrationslager Mittelbau in der Endphase der NS-Diktatur, S. 329–477. Die Monographie von Sellier widmet sich ebenfalls ausführlich diesem Thema; André Sellier, Histoire du camp de Dora, Paris 1998, S. 307–398 und 513–517. Zu Einzeldarstellungen und solchen regionalgeschichtlicher Art sei auf das Literaturverzeichnis in Neander, Das Konzentrationslager Mittelbau in der Endphase der NS-Diktatur, verwiesen.

3   Hauptlager „Dora" mit 27 Außenlagern sowie 8 Lager der SS-Baubrigaden I, III und IV.

Übersicht 6.1:

Stand der Aufklärung des Verlaufs der Evakuierungstransporte aus den Lagern des Mittelbaus

Vollständig geklärt:

Lager	Häftlinge	Richtung
Wieda SS-Bbr. III		
Nüxei SS-Bbr. III		
Mackenrode SS-Bbr. III	}1100	NO
Osterhagen SS-Bbr. III		
Rottleberode		
Stempeda	}1400	NO
Ellrich SS-Bbr. IV		
Günzerode SS-Bbr. IV	}1300	NO
Woffleben „B 12"	1600	NW
Kleinbodungen	600	NW
Blankenburg „Klosterwerke"	500	NO
Blankenburg „Turmalin"	400	NO
Großwerther	300	SO
Roßla	100	NO
Quedlinburg		
Trautenstein	}100	n. e.
Tettenborn	(10)	NW
Bischofferode „B 3 a"	—	Ø

Weitgehend geklärt:

Lager	Häftlinge	Richtung
	10 400	NW
	5000	NO
„Dora"	500	SO
	1100	n. e.
	3500	NW
Ellrich „Erich"	1900	NO
	2500	NW
Harzungen	1700	NO
	300	SO

Lager	Häftlinge	Richtung
Osterode „Heber"	600	NW
Ilfeld	300	NO
Artern	200	SO
Kelbra	< 100	NO

Im Prinzip geklärt:

Lager	Häftlinge	Richtung
Nordhausen „Boelcke-Kaserne"	1400	NW
	2700	n. e.
Osterode „Dachs IV"	700	NW
Sollstedt SS-Bbr. I	300	SO

Noch nicht geklärt:

Lager	Häftlinge
Bischofferode/Eichsfeld	
Niedergebra	} 100
Hohlstedt SS-Bbr. I	
Bleicherode	
Wickerode	
Ilsenburg	} 100
Ballenstedt „Napola"	
Ballenstedt „Alfred I"	

Die Addition ergibt 40 700 Häftlinge und weicht damit nur um 1 % von der in der Literatur allgemein angegebenen Zahl „40 202" (US Mikrofilm M 1079, Rolle 11 fr. 581; Dieckmann, Existenzbedingungen und Widerstand im Konzentrationslager Mittelbau-Dora, S. 451) ab, die als gesichert gelten kann und daher im folgenden als Referenz benutzt wird. Das Lager Bischofferode „B 3 a" war schon vor seiner Evakuierung aufgelöst worden.

Eine der größten Schwierigkeiten bei der Erforschung der Evakuierungstransporte der Lager des Mittelbaus bildet die präzise Rekonstruktion der Wege, die diese Transporte genommen haben. Die Routenkarten in den Veröffentlichungen von Bornemann, Pelny, d'Hainaut/Somerhausen und Schlegel können nur als erste Annäherungen gelten; sie enthalten zahlreiche, zum Teil gravierende Ungenauigkeiten. „Amtliche" Unterlagen –

sofern es überhaupt welche gegeben hat – sind nicht überliefert. Auch wenn Befehle und Besprechungsprotokolle schriftlich fixiert oder Lagerakten weitergeführt worden sein mögen, so sind diese Dokumente, soweit bisher bekannt, vernichtet worden[4] oder aber im Strudel der Ereignisse der letzten Kriegstage auf andere Weise verlorengegangen.

Die wichtigsten Informationsquellen sind daher auch heute noch Angaben, die Personen gemacht haben, die selbst Teilnehmer dieser Transporte waren. Hierbei sind in erster Linie die Berichte der Überlebenden unter den Häftlingen zu nennen, dann aber auch die Aussagen ehemaliger SS-Leute und -Unterführer in den Kriegsverbrecherprozessen der Nachkriegszeit, sofern jene die in Frage stehenden Transporte selbst begleitet haben. Daß man bei Angaben von Datum, Uhrzeit und Ort in allen derartigen Berichten und Aussagen grundsätzlich mit erheblichen Irrtümern zu rechnen hat, dürfte aus der Zeugenforschung allgemein bekannt sein. Dabei sind fehlerhafte Angaben in der Regel nicht auf eine Absicht des Zeugen zurückzuführen, sondern hängen ursächlich mit der spezifischen Art und Weise zusammen, in der das menschliche Gedächtnis funktioniert.

Im Falle der Evakuierungstransporte im Endstadium des Zerfallsprozesses der Konzentrationslager (in dem auch die Lager des Mittelbaus geräumt wurden) mit ihren auf den ersten Blick zum Teil wahrhaft bizarren Routen kommen aber noch zwei weitere, spezifische Fehlerquellen hinzu. Da ist erst einmal die Unkenntnis der deutschen Sprache und der Geographie Deutschlands, die bei den überwiegend nichtdeutschen Häftlingen[5] generell unterstellt werden darf und zu Verwechslungen sowie Erinnerungsverlust führen mußte. Zum anderen – und das ist hier noch gravierender zu werten – ergaben sich dann, wenn die Transporte, etwa infolge von Luftangriffen, neu formiert werden mußten, oder wenn sie zu Fuß, als „Todesmärsche", durchgeführt wurden, durch Aufsplitterung und Neugruppierung eine Vielzahl

---

4   So gab der ehemalige SS-Hauptscharführer Paul Kreutzer, von Januar 1944 bis zum 5. April 1945 in der Verwaltung des KZ Mittelbau tätig, als Zeuge im Belsen-Prozeß 1945 zu Protokoll: „Ich bewachte zwei große Kisten mit allen Dokumenten und Empfangsbescheinigungen. [...] Diese nahm ich [...] nach Heide in Schleswig-Holstein mit. [...] Nach der Kapitulation [...] wurden alle Dokumente vernichtet"; Raymond Phillips (Hrsg.), Trial of Josef Kramer and forty-four others, London u. a. 1949, S. 285; Übersetzung aus dem Englischen d. Verf.

5   So waren etwa nach einer vom 1. April 1945 datierenden Aufstellung im KZ Mittelbau von 40 202 Häftlingen nur 3227, also gerade einmal 8 %, Reichsdeutsche; vgl. US Mikrofilm M 1079, Rolle 11 fr. 581.

von Routenvarianten, von denen jedoch immer nur einzelne Häftlingsgruppen betroffen waren. Jeder Häftling, jeder begleitende SS-Mann nahm genau genommen nur das wahr, was in seinem Waggon, was in seinem Marschblock geschah. Das, und nicht viel mehr, war „sein Transport", und nur darüber konnte er später verläßlich Zeugnis ablegen. Die Rekonstruktion der Transportabläufe gleicht daher einem Puzzlespiel, bei dem manche Teile mehrfach vorhanden sind, dafür andere fehlen und etliche gar nicht zum Spiel gehören.

Ein das Evakuierungsgeschehen in starkem Maße bestimmender Faktor, dem die Literatur bis 1997 so gut wie keine Rechnung getragen hat, ist die Dynamik des Frontverlaufs in den letzten vier Kriegswochen. Manche scheinbare Regellosigkeit und Ungereimtheit im Ablauf zumal der großen Transporte mit der Bahn läßt sich aufklären, wenn man berücksichtigt, daß die KZ-Evakuierungszüge einen Mindestabstand von etwa dreißig Kilometern[6] von der Hauptkampflinie halten mußten. Zwar hatten KZ-Transporte Vorrang vor dem zivilen Verkehr, aber die kämpfenden Truppen, Wehrmacht- und SS-Einheiten, genossen im Frontgebiet selbstverständlich höhere Priorität. Die Vormarschgeschwindigkeiten der Kampfverbände von Alliierten und Roter Armee in den einzelnen Frontabschnitten waren in etwa bekannt, so daß für ein bis zwei Tage im voraus schon abzuschätzen war, welche Bahnstrecken für KZ-Evakuierungstransporte nicht mehr zur Verfügung stehen würden. Zerstörungen der Verkehrswege durch alliierte Jagdbomber behinderten die Transporte zusätzlich, verlangsamten deren Vorankommen und zwangen gelegentlich zu Umwegen. Von Einzelfällen abgesehen, etwa beim „Letzten Transport" aus „Dora" und den Transporten aus Rottleberode, ist aber ihr Einfluß auf den Evakuierungsverlauf im „Mittelraum" nicht so groß einzuschätzen, wie es von ehemaligen Teilnehmern der Transporte mitunter berichtet wird. Dem Vorrücken der Fronten ist jedenfalls eine größere Bedeutung zuzumessen.

Und noch ein Gesichtspunkt sollte nicht ganz vernachlässigt werden. Nach Einstellung der Arbeiten auf den Baustellen und in den Rüstungsfabriken hatten Betriebe und SS-Führungsstäbe (der Kammler-Organisation) schlagartig jedes Interesse an den Häftlingen verloren. Die Häftlingsmassen waren in die Alleinzuständigkeit der Amtsgruppe D „Konzentrationslager" des SS-Wirtschafts-Verwaltungshauptamtes (zurück)gefallen. Deren Zentral-

6   Das war die durchschnittliche Artillerieschußweite.

amt D I (Amtschef: Rudolf Höß) versuchte aber bis zur allerletzten Minute, das Evakuierungsgeschehen möglichst im Griff zu behalten. Es gab bis zuletzt detaillierte Evakuierungspläne für die Lager,[7] und während der Evakuierungen hatte jeder Transportführer mindestens einmal täglich bei D I in Oranienburg telefonisch Bericht zu erstatten und gegebenenfalls Anweisungen entgegenzunehmen. Das galt auf jeden Fall für die größeren Transporte und setzte den Entscheidungen der Transportführer gewisse Grenzen. Es ist daher an der Zeit, von der Vorstellung Abschied zu nehmen, das in der Tat schwierig nachzuvollziehende Geschehen bei der Evakuierung der Konzentrationslager in der Zusammensbruchphase des KZ-Systems sei auf „irrationales Verhalten" von SS und Partei zurückzuführen. Statt dessen muß die Evakuierung der Konzentrationslager, auch derer des Mittelbaus, als ein durchaus in sich kohärenter, strukturierter und alles andere als irrationaler Gesamtvorgang gesehen werden.

So läßt sich für Mittelbau durch Auswertung von Quellen und die Analyse der ursprünglich eingeschlagenen Transportrichtungen festhalten, daß alle Evakuierungstransporte der großen Lager „Dora", „Erich", „Hans" und „Heinrich", in denen sich zu Evakuierungsbeginn mit rund 32 000 Mann ziemlich genau vier Fünftel aller Mittelbau-Häftlinge befanden, ursprünglich mit dem Ziel Neuengamme in Marsch gesetzt wurden. Als die Evakuierung in vollem Gange war, die Transportzüge schon rollten, wurde jedoch Bergen-Belsen als neues Ziel vorgegeben. Dies wurde auch von den meisten Transporten erreicht. Der rasche Vorstoß der 9. US-Armee zur Elbe zwischen dem 9. und 11. April 1945 sowie der Beginn der Verhandlungen zur Übergabe Bergen-Belsens an die Briten am 11. April 1945 zwang jedoch

---

7   So berichtete etwa der Delegierte des Internationalen Komitees vom Roten Kreuz über einen Besuch beim Kommandanten des KZ Ravensbrück, Suhren, am Abend des 23. April (!) 1945: „Er hatte schon seinen Evakuierungsplan erstellt und überreichte ihn mir. Auf einer Wandkarte zeigte er mir die verschiedenen Etappen für den Marsch der Häftlingskolonnen. [...] Suhren versicherte mir, daß Quartiere und Küchen schon an den erforderlichen Stellen eingerichtet worden seien"; Comité International de la Croix-Rouge (CICR), Documents sur l'activité du Comité International de la Croix-Rouge en faveur des civils détenus dans les camps de concentration en Allemagne (1939–1945), Genève 1947, S. 113; Übersetzung aus dem Französischen bei Wolfgang Jacobeit, Die „Todesmärsche" von Ravensbrück in nordwestlicher Richtung und das Erlebnis der Befreiung durch die Rote Armee, in: Sigrid Jacobeit (Hrsg.), „Ich grüße Euch als freier Mensch", Berlin 1995, S. 81. Es ist nicht einzusehen, warum für Mittelbau drei Wochen vorher keine derartige Planung existiert haben soll, auch wenn bisher kein einschlägiges Dokument bekannt geworden ist.

einige Transporte, die nur langsam vorangekommen waren, zum Ausweichen in die Nordost-Richtung mit dem neuen Ziel Sachsenhausen.

Betrachtet man nun die Richtungen, welche die Transporte schließlich eingeschlagen haben, und die Zielräume, in denen sie ihr Ende fanden, so ergeben sich drei große Gruppierungen:

A. Transporte in Richtung Nordwesten (Lüneburger Heide – Hamburg), die zwischen dem 9. und 12. April 1945 schließlich in Bergen-Belsen ankamen und dort am 15./16. April 1945 von den Briten befreit wurden;

B. Transporte in Richtung Nordosten (Berlin), die ihr Ende Mitte April 1945 in Sachsenhausen oder Ravensbrück, zum Teil schon unterwegs in der Colbitz-Letzlinger Heide (Mieste, Gardelegen) oder der Magdeburger Börde fanden. Die in Sachsenhausen bzw. Ravensbrück angekommenen Häftlinge machten um die Monatswende April/Mai 1945 die Evakuierung dieser Lager in Richtung Schwerin mit und wurden in der Regel von der Roten Armee befreit;[8]

C. Transporte in Richtung Südosten (Dresden – Leitmeritz), die in der zweiten Aprilhälfte 1945 im Sudetenland ankamen und meist weitergeleitet wurden, überwiegend in südlicher Richtung in den Alpenraum (Mauthausen; Ebensee, Fischbach), wo sie Anfang Mai 1945 von den Amerikanern befreit wurden.

Die Hauptevakuierungsrichtungen der Lager des Mittelbaus zeigt die Karte in Abb. 6.1. Aus den Zahlenangaben (bzw. den diesen proportionalen Strichstärken) ersieht man, daß über die Hälfte aller Häftlinge in Richtung Nordwesten, nach Bergen-Belsen, evakuiert wurde, ein gutes Drittel in die Nordostrichtung, daß etwa ein Zwölftel im Lager verblieb und nur ein verschwindend geringer Teil die Südostrichtung einschlug. Für die Evakuierung des KZ Mittelbau war Bergen-Belsen das wichtigste Auffanglager.

Während das Problem der Evakuierungsrouten auch schon in der Literatur zumindest angeschnitten worden ist, ist ein anderes, eng damit zusammenhängendes, anscheinend bisher noch gar nicht als solches erkannt worden, nämlich das der Evakuierungszahlen: wie viele Häftlinge eigentlich von wo nach wo transportiert wurden, wie viele am Zielort ankamen, wie viele unterwegs starben oder getötet und wie viele schließlich befreit wurden. Untersuchungen dieser Art sind vor allem notwendig, um festzustellen,

---

8   Zu dieser Gruppe sind auch die Evakuierungstransporte der Blankenburger Lager zu rechnen, die schon ab Magdeburg die Nordrichtung einschlugen.

Die Hauptevakuierungsrichtungen der Lager des Mittelbaus – April 1945   **Abb. 6.1**
Die Zahlen geben an, wie viele Häftlinge (ungefähr) in die betreffende
Richtung evakuiert wurden
B. B. – Bergen-Belsen; Rv – Ravensbrück; Sa – Sachsenhausen und
Heinkel/Oranienburg; Mi. – Mittelbau

wo noch nach einem bisher nicht bekannten Transport zu suchen ist oder
wo offensichtlich ein Transport in der Literatur mehrfach gezählt wurde.
Sie können ferner über das absolute und relative Gewicht eines Transports
Auskunft geben und damit Fehleinschätzungen in der Bedeutung, die ein be-
stimmter Transport für das Gesamtgeschehen besitzt, vorbeugen.

171

Als erster Versuch, sich der Lösung dieses Problems zu nähern, ist die in Tabelle 6.2 aufgestellte „Transportbilanz" zu sehen. Obwohl einige Zahlen geschätzt sind und die Rundung auf halbe Tausend zusätzliche Unschärfen mit sich bringt, garantieren die als gesichert anzusehenden Werte in der Summenzeile und -spalte, daß die Zahlen im Inneren der Tabelle die wahren Werte zumindest in ihrer Größenordnung korrekt wiedergeben.

Tabelle 6.2:

Transportbilanz der Evakuierung der Lager des Mittelbaus (April 1945)

Von / Nach	Bergen-Belsen Kasernen-lager	Bergen-Belsen Häftlings-lager	Nordosten (Ravensbrück, Sachsen-hausen)	Kreis Garde-legen	Sonstige Ziele	nicht evaku-iert	Summe
„Dora"	7,5		4,0		0,5	1,0	13,0
Ellrich mit Woffleben	5,0	2,0	3,0	0,5			10,5
Harzungen	4,5		1,5		0,5		6,5
Nordhausen						3,0	3,0
Kleinbodungen	0,5						0,5
Osterode Heber					0,5		0,5
Blankenburg (beide Lager)			1,0				1,0
Ilfeld				0,5			0,5
Artern				0,5			0,5
Rottleberode mit Stempeda			1,0	0,5			1,5
„Dachs IV"				0,5			0,5
Baubrigaden			1,0	1,0	0,5		2,5
Summe	**17,5**	**2**	**11,5**	**3,0**	**2,5**	**4,0**	**40,5**
befreit/geflohen	*15,5*	*1,5*	*8,5*	*1,0*	*1,5*	*1,5*	*29,5*
gestorben/getötet	*2,0*	*0,5*	*3,0*	*2,0*	*1,0*	*2,5*	*11,0*

Vorläufige Werte in Tausend Häftlingen; Anzahlen auf halbe Tausend gerundet

Eine besonders traurige Tatsache, die diese Zusammenstellung zeigt, verdient noch hervorgehoben zu werden: Einer von vier Häftlingen, die sich am Vorabend der Evakuierung noch in den Lagern des Mittelbaus befanden, erlebte seine Befreiung wenige Wochen später nicht mehr. Es muß deshalb auch die in der Literatur üblicherweise genannte Gesamtzahl der Toten des Mittelbau-Komplexes deutlich nach oben hin korrigiert werden. Sie wird bisher mit rund 20 000 der etwa 60 000 registrierten Häftlinge, also etwa einem Drittel, angegeben. Bornemann und Broszat haben anhand der lageroffiziellen Statistiken rund 10 000 Tote für den Zeitraum vom 28. August 1943 bis 3. April 1945 ermittelt.[9] Diesen müssen noch die drei Liquidierungstransporte nach Lublin und Bergen-Belsen vom Frühjahr 1944 sowie der Transport vom 8. März 1945 mit 2250 Schwerkranken von Nordhausen nach Bergen-Belsen mit zusammen etwa 5000 Toten hinzugezählt werden. Dazu kommen noch rund 11 000 Opfer im Zusammenhang mit der Auflösung der Lager (hierin sind die Toten des Bombenangriffs auf Nordhausen eingeschlossen). Es ist zulässig und sicher nicht zu hoch gegriffen, zu diesen noch weitere 1000 Tote zu rechnen: schwerkranke Häftlinge, die die ersten Wochen nach ihrer Befreiung nicht überlebt haben. Das ergibt eine Gesamtzahl von rund 27 000 Toten – fast die Hälfte aller Häftlinge, die durch die Registratur der Lager des Mittelbaus gegangen sind.[10]

6.2. Aufbruch ins Ungewisse

Harzungen, Mittwoch morgen, 4. April 1945. Die Häftlinge werden, entgegen aller Gewohnheit, erst geweckt, als es draußen schon hell ist. Kein Ausrücken der Kommandos zur Arbeit, wie üblich. Dafür muß das ganze Lager auf dem Appellplatz antreten. Das Frühstück fällt aus. Kapos und Vorarbeiter, ohne den obligatorischen Knüppel in der Hand, schleichen um die in Reih und Glied angetretenen Häftlinge herum, besprechen leise etwas miteinander. Eine unheimliche Spannung liegt in der Luft. Der Himmel ist

9   Vgl. Bornemann/Broszat, Das KL Dora-Mittelbau, S. 197. Die Zahl liegt übrigens in der Mitte zwischen 13 000 Toten, die W. Hein ermittelt hat (vgl. ebenda, Fußnote 118) und 8000 Toten, die eine undatierte Zusammenstellung in US Mikrofilm M 1079, Rolle 2 fr. 253, nennt.
10   Unbekannt ist die Anzahl derjenigen, die mit den Transporten aus den Ostlagern Anfang 1945 als Tote ankamen bzw. vor ihrer Registrierung verstarben. Auch wenn ihre Zahl bekannt wäre, müßte man sie jedoch aus systematischen Gründen den abgebenden Konzentrationslagern, nicht Mittelbau zuordnen.

bewölkt, ein kalter Wind weht Papierfetzen und anderen Unrat durch die Gegend; niemand befiehlt, sie aufzuheben.

›‚Still gestanden! Mützen ab!‘

[...] Der Kommandant erscheint, gefolgt von seinem Adjutanten. Ein Mann von kleiner Statur, mit Neigung zum Fettansatz. Er hat seine Paradeuniform angelegt, seine Stiefel glänzen. Er sieht nicht aus wie jemand mit hohem Dienstgrad, ist vielleicht Leutnant oder Hauptmann. Er schreitet zu der freigelassenen Stelle auf dem Platz und ruft die Dolmetscher zu sich.

‚Ich habe die Meldung erhalten, daß die amerikanische Armee in diesem Gebiet angekommen ist und in Richtung Lager vorstößt. Ich informiere euch hiermit, daß ich persönlich das Lager und die Häftlinge dem Kommandierenden Offizier derjenigen amerikanischen Einheit übergeben werde, die am Tor erscheint. Eine Evakuierung findet nicht statt.‘

Die Dolmetscher übersetzen sofort ins Französische, Polnische und Russische. Die Häftlinge glauben, ihren Ohren nicht zu trauen. Das darf nicht wahr sein! Der Krieg hört einfach so auf, ganz banal? In ein paar Stunden ist alles vorbei, und heute abend noch werden uns die Amis Schokolade und Zigaretten geben. Und dann geht's ab nach Hause!

Der Kommandant gibt ein paar Befehle und verläßt den Platz. In geschlossener Formation kehren die Häftlinge in ihre Blöcke zurück. Aber drinnen, welch ein Jubel! Die Freude bricht sich in allen Sprachen Bahn.

‚Das war's, Jungs. Aus, vorbei. *Wir haben gewonnen!*‘

Alles fällt sich in die Arme. Die Russen, die Polen, die Franzosen sind auf wunderbare Weise eines Sinnes geworden.‹‹[11]

Es war alles nur Theater, Schmierenkomödie, was Lagerführer Frohne den Häftlingen vorspielen ließ. Vermutlich nur, um sie in Sicherheit zu wiegen und desto ungestörter die letzten Vorbereitungen zur Evakuierung treffen zu können. Denn noch ehe es Mittag werden sollte, wurden die Häftlinge erneut zum Appell gerufen. Kapos, Blockälteste und Lagerschutz hatten, bewaffnet mit den Insignien ihrer Macht, den langen, gedrechselten Holzknüppeln, ringsherum schon Aufstellung genommen. Die Wachttürme waren besetzt, die Mündungen der Maschinengewehre auf den Appellplatz

---

11 Yves Béon, La planète Dora, Paris 1985, S. 238 f.; Übersetzung aus dem Französischen d. Verf.; Hervorh. im Original.

gerichtet. Der Schreck fuhr den Häftlingen in die Glieder, als sie plötzlich gewahr wurden, daß das Lagertor weit offen stand: „Jetzt werden wir doch evakuiert!"[12] Die Stubendienste teilten an die blockweise angetretenen Häftlinge die Standardverpflegung für Evakuierungstransporte aus: Ein Brot, ein Stück Margarine und eine Dose fettes, salziges Büchsenfleisch. Dann ertönte um 13.15 Uhr das Kommando zum Aufbruch für den ersten Transport. 2000 Häftlinge,[13] unter ihnen viele, die erst tags zuvor aus „Dora" und Ellrich-Juliushütte in Harzungen eingetroffen waren, nahmen die Landstraße nach Norden, in die Harzberge hinein. Der Marsch ins Ungewisse hatte für sie begonnen.

Im Lager befanden sich jetzt noch die etwa 4500 Häftlinge, für die eine Evakuierung mit der Bahn vorgesehen war (siehe auch Tabelle 6.3). Da die Schmalspurbahn zum Lager seit Ende März 1945 außer Betrieb war, mußten sie den Weg bis zum nächsten Reichsbahnhof zu Fuß zurücklegen. Sie verließen am Nachmittag des 4. April 1945 das Lager in Richtung Westen in zwei Marschkolonnen. Die erste dürfte etwa 2000 Mann stark gewesen sein. Die Häftlinge nahmen die Landstraße „in Richtung ‚Dora'",[14] den gewohnten Weg zu ihrer Arbeitsstätte in den Tunnels im Kohnstein. Kurz vor Erreichen der ersten Häuser von Niedersachswerfen sah man nach Süden hin Rauch und Feuerschein des Flammenmeeres, in das der britische Luftangriff vom Morgen desselben Tages die Stadt Nordhausen verwandelt hatte. Die Kolonne begab sich zum Bahnhof Niedersachswerfen, wo schon ein Transportzug mit ungefähr vierzig gedeckten Güterwagen („Viehwaggons") bereitstand, von denen zwanzig für sie reserviert waren. Nach dem Einsteigen setzte sich der Zug in Richtung Westen in Bewegung.

Die zweite Kolonne von ebenfalls etwa 2000 Mann marschierte einige Zeit später ab. Für sie war in Niedersachswerfen ein Zug mit etwa dreißig offenen Güterwaggons für die Häftlinge sowie einigen gedeckten Viehwaggons für das Begleitpersonal (unter anderem eine größere Anzahl Frauen in SS- und Wehrmachtsuniformen) bereitgestellt worden. Dazu kamen noch die rund fünfhundert Marschunfähigen aus dem Revier, die als letzte Häft-

---

12 Ebenda, S. 240.

13 Quellenangaben zu Zahlen und Daten bei Neander, Das Konzentrationslager Mittelbau in der Endphase der NS-Diktatur, S. 318 f.

14 Erlebnisbericht des slowenischen ehemaligen Häftlings Maks Mesarko, in: Milan Filipčič (Hrsg.), DORA – KL Mittelbau, Ljubljana 1989, S. 225; Übersetzung aus dem Slowenischen d. Verf.

linge das Lager verlassen und den Weg zum Bahnhof auf Lastwagen hatten zurücklegen dürfen. Noch am Abend des 4. April 1945 verließ dieser Transportzug den Bahnhof. Kurz vor Mitternacht machte der Adjutant des Lagerführers, SS-Hauptscharführer Fuchsloch, eine letzte Runde durch das Lager. Dann folgte er per Motorrad dem Fußtransport nach. Das „Arbeitslager Hans", Außenkommando des Konzentrationslagers Mittelbau, hatte aufgehört zu existieren.

In den anderen Außenlagern Mittelbaus war der Aufbruch zur Evakuierung weniger spektakulär als in Harzungen. Er erfolgte in der Regel am 4. oder 5. April 1945 und begann für die Häftlinge stets damit, daß sie später als zur gewohnten Zeit geweckt wurden, daß sie auf dem Appellplatz Aufstellung nehmen mußten und mitgeteilt bekamen, sie würden in wenigen Stunden das Lager verlassen. Sie erhielten die „Standardration" für den Evakuierungstransport: Brot, Margarine, Büchsenfleisch („Wurst") ausgehändigt, durften aus ihren Blöcken Eßgeschirr, Beutel und Decke holen, mußten sich erneut aufstellen und verließen blockweise, in Reihen „zu fünft", das Lager. Die Berichte der Überlebenden zeichnen – außer für Ellrich-Juliushütte – in der Regel ein Bild des halbwegs ruhigen, geordneten Aufbruchs, wenn auch von Nervosität und Angst vor dem Ungewissen überlagert.

Als Kuriosum fallen zwei kleine Außenlager Mittelbaus aus der Reihe: Trautenstein und Quedlinburg. Sie hatten schon insofern eine Sonderstellung, als sich in ihnen ausschließlich italienische Militärinternierte („IMIs") als Häftlinge befanden. Ihre Lager waren kaum bewacht; man rechnete offenbar nicht mit Fluchtversuchen. Etwa um den 10. April 1945 herum muß der Lagerführer von Trautenstein einen Evakuierungsbefehl erhalten haben. Er begab sich zu Fuß an der Spitze seines Dutzends Häftlinge „in eine große Stadt, in der sich Tausende von Gefangenen aus allen Nationen Europas befanden, unter freiem Himmel, von der SS bewacht".[15]

Dort wurde ihm befohlen, seine Häftlinge sofort zurückzubringen, so daß diese noch am Abend desselben Tages wieder in ihrer Baracke in Trautenstein eintrafen. Am nächsten Morgen stellten sie erstaunt und erfreut fest, daß ihr Lagerführer sie verlassen hatte. Aus Angst vor deutschen Soldaten und dem „Volkssturm" wagten sie sich jedoch erst vor die Tür, als die Amerikaner den Ort besetzt und sie damit befreit hatten.

---

15 Antonio Bortot, Oltre il tunnel la speranza, Silea/Treviso 1994, S. 62; Übersetzung aus dem Italienischen d. Verf.

Das etwas größere Kommando Quedlinburg, dem offenbar mehr als ein SS-Mann zugeteilt war, scheint überhaupt keinen Evakuierungsbefehl erhalten zu haben. Der ehemalige Häftling Gregorio Pialli erinnerte sich nach Kriegsende daran, daß er und seine Kameraden noch am 11. April 1945 bis Mitternacht in der Stadt hatten Trümmer räumen müssen, die von einem vorangegangenen Luftangriff herrührten und die Hauptstraße blockierten. Am Morgen des 12. April 1945 wurden sie nicht wie üblich geweckt – ihre SS-Bewachung war klammheimlich verschwunden.[16] Ob die drei anderen Außenlager Mittelbaus, die ebenfalls nur IMIs als Insassen hatten, nämlich Ilsenburg, Bleicherode und Wickerode, ebenfalls nicht evakuiert wurden, ist bislang ungeklärt.

Die kleineren Außenlager (mit deutlich weniger als 1000 Häftlingen) gingen normalerweise geschlossen auf Transport. Dagegen teilte man die großen Lager „Erich" (Ellrich-Juliushütte), „Hans" (Harzungen) und „Heinrich" (Rottleberode und Stempeda) in mehrere Transporte auf, die meist auf unterschiedlichen Routen und mit unterschiedlichen Zielen in Marsch gesetzt wurden, wie dies auch für Harzungen der Fall gewesen war.

Tabelle 6.3:

*Evakuierungsbilanzen der Lager „Hans" (Harzungen) und
„Erich" (Ellrich-Juliushütte und Woffleben)*

Lager „Hans" (Harzungen)

Datum	Vorgang	Zugang	Abgang	Bestand
2. April 1945	Stärkemeldung			4500
3. April 1945	von Ellrich	500		5000
	von „Dora"	1500		6500
4. April 1945	zu Fuß Richtung Blankenburg		2000	4500
	per Bahn nach Bergen-Belsen (2 Transporte)		2500	2000
			2000	0

16 Vgl. Pialli, Una voce da Buchenwald, S. 62 f.

Lager „Erich" (Ellrich-Juliushütte und Woffleben „B 12")

Datum	Vorgang	Zugang	Abgang	Bestand
2. April 1945	Stärkemeldung			7000
3. April 1945	von Nordhausen Boelcke-Kaserne	500		7500
	nach Harzungen „Hans"		1000	6500
	von „Dora" (Russen)	4000		10 500
4. April 1945	per Bahn nach Bergen-Belsen (1. Transport)		3500	
	dazu Russen aus „Dora"	+ 1500		5500
	per Bahn nach Bergen-Belsen (B 12)		1500	
	dazu Russen aus „Dora"	+ 500		3500
5. April 1945	per Bahn nach Oranienburg „Heinkelwerk"		2000	
	dazu Russen aus „Dora"	+ 1000		500
6. April 1945	per Bahn nach Mieste (Transport Brauny)		500	0

Lager- und Transportstärken auf halbe Tausend gerundet. Quellennachweise bei Neander, Das Konzentrationslager Mittelbau in der Endphase der NS-Diktatur, S. 328.

In Ellrich (siehe Tabelle 6.3) wurde den Häftlingen am Vormittag des 4. April 1945 die Evakuierung angekündigt. Ein Sturm auf Kleiderkammer und Küche setzte ein, so daß der Lagerschutz mit Knüppeln dazwischenfuhr. Ruhe kehrte erst ein, als gegen 12 Uhr an die Häftlinge ein Schlag Suppe und – zum ersten Mal nach langer Zeit – ein Viertel Laib Brot ausgeteilt wurde. Der erste Transportzug mit etwa 3500 Häftlingen wurde ab 14 Uhr beladen, je etwa 120 Mann pro Waggon. „Die ersten drei Waggons blieben leer. [...] Unsere Henker hatten sie als Leichenkammern reserviert", berichtete ein Überlebender später.[17] Um 19 Uhr war das Beladen beendet, der Zug setzte sich langsam nach Westen in Bewegung. Es liegt nahe anzu-

17 Verbraeken, Ellrich, het Doodenkamp, S. 16; Übersetzung aus dem Niederländischen d. Verf.

nehmen, daß diesem Transportzug auch schon ein Teil der am Vortage von „Dora" abmarschierten russischen Häftlinge angeschlossen wurde.[18] Während noch dieser Zug beladen wurde, lief ein weiterer Transportzug in den Bahnhof Ellrich ein und blieb dort längere Zeit stehen. In ihm befanden sich die Häftlinge des Sublagers Woffleben „B 12". Der Zug verließ in der Nacht vom 4. auf den 5. April 1945 Ellrich in Richtung Westen.

Am Tage darauf, dem 5. April 1945, wurden die ca. 1800 transportfähigen Häftlinge, die sich noch in Ellrich-Juliushütte befanden, mit einem weiteren Bahntransport evakuiert, „zusammen mit irgendwelchen anderen, die tags zuvor aus Nordhausen gekommen waren",[19] also Russen aus „Dora". Schon auf dem Bahnhof begannen die Kämpfe um die besten Plätze in den Waggons; kräftigere Häftlinge drückten die Schwachen, Entkräfteten rücksichtslos zur Seite. Der Zug fuhr ebenfalls in Richtung Westen ab.

Nachdem um den 7. April 1945 auch die letzten Nachzügler von der SS das Lager verlassen hatten, stand es leer. Neugierige Ellricher Kinder durchstöberten SS- und Häftlingslager. Die ungezieferverseuchten, vor Dreck starrenden Baracken, in denen die Kranken und „Blockschoner" dahinvegetiert hatten, wurden vom Ellricher Stadtgärtner Koch „im Auftrag des Majors Nattmann noch vor dem Eintreffen der Amerikaner" abgebrannt.[20]

Während aus dem in unmittelbarer Nähe des Bahnhofs gelegenen Lager Ellrich sämtliche Transporte mit der Bahn abgingen, nutzte man in Rottleberode nicht die durch den Ort verlaufende Reichsbahnstrecke Stolberg – Berga-Kelbra zum Abtransport, sondern ließ die Häftlinge am Abend des 4. April 1945 zu Fuß in Richtung Niedersachswerfen abmarschieren. Der Grund dürfte darin gelegen haben, daß das an allen Ecken und Enden brennende Nordhausen weder mit der Bahn noch zu Fuß passierbar schien. Dabei wurden zwei Kolonnen, eine zu etwa 400 Mann und eine zu etwa 1100 Mann gebildet, von denen die kleinere, unter dem Kommando von Lagerführer Brauny, am Morgen des nächsten Tages den Bahnhof Niedersachswerfen erreichte, von wo der Transport später mit der Bahn weiterging. Die

---

18 Überlegungen hierzu bei Neander, Das Konzentrationslager Mittelbau in der Endphase der NS-Diktatur, S. 321.

19 d'Hainaut/Somerhausen, DORA 1943–1945, S. 128; Übersetzung aus dem Französischen d. Verf.

20 Befragungsbericht des Ellricher Einwohners Werner Lips, aufgezeichnet von H. Drechsler, Ellrich, um 1980; Kopie im Besitz d. Verf. Ellrich wurde am 11. April 1945 von den Amerikanern besetzt.

andere Kolonne kehrte hinter Stempeda wieder um und schlug die Richtung Norden, nach Stolberg ein.

Chaotischer noch als in Ellrich verlief der Aufbruch im Hauptlager „Dora". In allen Häftlingsbiographien wird das Durcheinander am Tage der Zusammenstellung der Transporte geschildert, und zwar meist recht ausführlich, ein Zeichen dafür, daß sich das Geschehen dieses Tages den Häftlingen bleibend ins Gedächtnis eingeprägt hatte. So berichtet etwa Friedrich Kochheim, Fabrikant aus Hannover, der über eine Denunziation ins KZ gekommen war:

> „Das Lager mit seinen rund 25 000[21] Häftlingen, Angehörigen von rund 15 verschiedenen Nationen, glich einem brodelnden Vulkan. Auch der SS merkte man die Aufregung an. Der Kampf um das nackte Leben begann. Schwache wurden rücksichtslos zur Seite geschoben und es kam zu Schlägereien unter der aufgeregten Menge. Manche Häftlinge holten sich zweite und dritte Rationen an Brot und Wurst, so daß viele überhaupt nichts erhielten. Es war ein Durcheinander sondergleichen und man mußte damit rechnen, in dem immer größer werdenden Tumult von rabiaten Menschen erschlagen zu werden. Die SS schoß scharf über die Köpfe hinweg und schlug mit den Gewehren drein, um die Ordnung wiederherzustellen. […] Als ich merkte, daß sich das Gewimmel auf dem Appellplatz etwas lichtete, suchte ich nach Bekannten, um den richtigen Anschluß zu finden. Zuerst wurden die ausländischen Häftlinge in großen Marschkolonnen nach den Verladegleisen beordert. Hier standen Hunderte Waggons zur Abfahrt bereit."[22]

Wie viele Transporte aus „Dora" abgingen, an welchem Tag, zu welcher Uhrzeit und in welcher Stärke, ist bis heute noch nicht abschließend geklärt, wird sich vielleicht auch gar nicht mehr präzise ermitteln lassen, denn gerade für „Dora" ist die Quellenlage äußerst unübersichtlich, weist die Literatur offensichtliche Widersprüche und zahlreiche Lücken auf. So sind gelegentlich einzelne Transporte mit Sicherheit mehrfach gezählt worden, während andere übersehen wurden. Eine Orientierung mag die in Tabelle 6.4 zusammengestellte „Evakuierungsbilanz" des Lagers „Dora" liefern. Sie

---

21 Lies: 13 000; vgl. Tabelle 6.4, Zeile 2, letzte Spalte.
22 Kochheim, Bilanz, S. 74. Die von Kochheim berichteten Schüsse der SS „über die Köpfe hinweg" mögen Anlaß für die Legende vom Massaker beim Abmarsch des Lagers „Dora" sein, von dem ehemalige Häftlinge zuweilen berichtet haben.

180

enthält, auf halbe Tausend gerundet, die Grobstruktur der Häftlingsbewegungen in der Zeit vom 2. April 1945, dem letzten Tag, für den eine Stärkemeldung vorliegt, bis zum 5. April 1945, dem Abgang des „Letzten Transports", aufgrund als zuverlässig einzuschätzender Quellen aus der unmittelbaren Nachkriegszeit.[23]

Tabelle 6.4:

Evakuierungsbilanz des Lagers „Dora". Häftlingszahlen auf halbe Tausend gerundet

Datum	Vorgang	Zugang	Abgang	Bestand
2. April 1945	Stärkemeldung			17 000
	nach Harzungen „Hans"		1000	16 000
3. April 1945	von Nordhausen	1000		17 000
	nach Ellrich „Erich" zu Fuß (Russen), später per Bahn nach Bergen-Belsen		4000	13 000
4. April 1945	per Bahn nach Bergen-Belsen (urspr. Neuengamme), Transportführer Hößler		3000	10 000
5. April 1945	per Bahn nach Bergen-Belsen (urspr. Neuengamme), Transportführer Hartwig		4500	5500
	„Taifun-Expreß" nach Ebensee (ursprünglich Gmunden/OÖ), Transportführer Dr. Scheufelen		500	5000
	„Letzter Transport" per Bahn nach Ravensbrück (urspr. Neuengamme), Transportführer Möser		4000	1000
	Verbliebene Revierkranke		*) 1000	0

*) „Abgang" nur bilanztechnisch, nicht real. Quellennachweis bei Neander, Das Konzentrationslager Mittelbau in der Endphase der NS-Diktatur, S. 323.

23 Auch diese Tabelle steht unter Irrtumsvorbehalt. Die Größenordnungen und Trends dürften aber richtig wiedergegeben sein.

Man erkennt hieraus Folgendes:

1. Der Abmarsch der 4000 russischen Häftlinge nach Ellrich am Abend des 3. April 1945 war der eigentliche Beginn der Evakuierung „Doras".

2. Diese erfolgte grundsätzlich mit Bahntransporten, die zwischen 3000 und rund 5000 Häftlinge umfaßten (Ausnahme: „Taifun-Expreß") und den Lagerbahnhof am 4. und 5. April 1945 verließen.

3. Abgesehen von den nicht ganz 500 (meist reichsdeutschen) Häftlingen, die mit dem „Taifun-Expreß" nach Oberösterreich abfuhren, sollte „Dora" ursprünglich komplett nach Neuengamme evakuiert werden; die Transporte wurden aber alle nach Bergen-Belsen bzw. Ravensbrück umgeleitet.

4. Hauptevakuierungstag war der 5. April 1945. Mit der Abfahrt des „Letzten Transports" am Abend gegen 21 Uhr war die Evakuierung „Doras" abgeschlossen.

Das „Kommando 110" hatte zuvor noch das gesamte Lager durchgekämmt und „Nachzügler" unter den Häftlingen eingesammelt. Dann hatten SS-Obersturmführer Sell, bisher Arbeitseinsatzführer von „Dora" und jetzt Koordinator der Evakuierung, als Vertreter des „verunglückten" Kommandanten Baer, und SS-Hauptsturmführer Brenneis, der Verwaltungsführer des KZ Mittelbau, das Lager an die „Sicherungsgruppe" des Majors Groß übergeben, die sich unverzüglich in den SS- und Stabsbaracken häuslich einrichtete. Damit war auch die Verantwortung für die im Lager zurückgelassenen ca. 1100 kranken Häftlinge auf die Wehrmacht übergegangen; die SS hatte in „Dora" nichts mehr zu sagen.[24] Es ist nicht überliefert, daß die Wehrmacht sich in irgendeiner Form um die Schwerkranken gekümmert hätte.

Mit der Einstellung der Arbeiten in Mittel- und Nordwerk um den 3. April 1945 herum waren die unterirdischen Fabrikanlagen im Kohnstein praktisch verwaist. Das technische Personal folgte großenteils dem Befehl Kammlers, sich nach Süddeutschland abzusetzen; andere schlugen sich auf abenteuerlichen Wegen in ihre Heimat durch. Rickhey und Sawatzki, die

---

24 Als Transportführer Möser zwei Tage später den SS-Scharführer Thewissen mit einem LKW nach Dora sandte, um Verpflegung nachzuholen (vgl. Aussage Hans Möser in eigener Sache im NDH-Prozeß, US Mikrofilm M 1079, Rolle 12 fr. 330), wurde dieser von Wehrmachtsoldaten bedroht und mußte unverrichteter Dinge wieder zurückkehren; Zeugenaussage Roman Drung im NDH-Prozeß, US Mikrofilm M 1079, Rolle 6 fr. 712.

beiden wichtigsten Männer an der Spitze der Mittelwerk GmbH, blieben in Ilfeld und warteten den Einmarsch der Amerikaner ab. Es ist nicht belegt, aber auch nicht auszuschließen, daß es gemäß Hitlers Weisung vom 19. März 1945 einen Befehl gab, sei er von Kammler selbst, sei er vom Kampfkommandanten von Nordhausen erteilt worden, die unterirdischen Anlagen zu zerstören, um sie nicht dem Feind in die Hände fallen zu lassen.

Einer solchen „Politik der verbrannten Erde" im eigenen Lande stand aber das Interesse Speers und anderer leitender Männer der Wirtschaft, zum Teil sogar der Partei, entgegen, die von der infrastrukturellen und industriellen Substanz möglichst viel für den Nachkriegsaufbau Deutschlands zu retten versuchten. So forderte etwa der Oberberghauptmann beim Reichswirtschaftsministerium mit Fernschreiben vom 9. April 1945, von der geplanten Sprengung der Kalischächte „Marie" und „Bartensleben" bei Helmstedt Abstand zu nehmen, da die „Lagerstätte für [die] künftige Ernährung von außerordentlicher Wichtigkeit" sei.[25]

Für das keine zwanzig Kilometer nordwestlich von Niedersachswerfen gelegene Schickert-Werk Bad Lauterberg, die seinerzeit größte Produktionsstätte für konzentriertes Wasserstoffperoxid („T-Stoff"), ist eine Weisung des Speer-Ministeriums vom 10. April 1945 belegt, „daß das Werk nicht zu zerstören sei und die Truppe angewiesen wird, es nicht zu verteidigen, um Beschädigungen zu vermeiden".[26] Das legt nahe, eine ähnliche Weisung auch für die unterirdischen Fabriken im Kohnstein anzunehmen. Vielleicht ist die bei Bornemann überlieferte Anordnung Saurs vom 4. April 1945, das Mittelwerk „schützen" zu lassen,[27] auch in diesem Sinne zu interpretieren.

Das Verdienst dafür, daß das Mittelwerk nicht zerstört wurde, hat nach dem Kriege dessen ehemaliger Generaldirektor Rickhey weitgehend für

---

25 Fernschreiben vom 9. 4. 45, 16:30 Uhr; Bundesarchiv R 7/1172. In das Verbundbergwerk waren Betriebe der Luftrüstung verlagert worden, für die unter anderem Häftlinge des Neuengammer Außenlagers Beendorf arbeiten mußten; vgl. Björn Kooger, Das KZ-Außenlager Beendorf, in: Jahresschrift der Museen des Ohrekreises Bd. 2, Haldensleben/Wolmirstedt 1995, S. 50–70.

26 Zit. nach Hans-Heinrich Hillegeist, Die Schickert-Werke in Bad Lauterberg und Rhumspringe, in: Arbeitsgemeinschaft Südniedersächsischer Heimatfreunde e. V. (Hrsg.), Rüstungsindustrie in Südniedersachsen während der NS-Zeit, Mannheim 1993, S. 229.

27 Vgl. Bornemann, Schicksalstage im Harz, S. 59. Der Maschinenpark in Mittel- und Nordwerk stellte einen beachtlichen Wert dar und war grundsätzlich auch für die Produktion nichtmilitärischer Erzeugnisse zu verwenden.

sich reklamiert. Er und Sawatzki hätten entschieden, die Tunnel nicht zu sprengen, sondern der Zivilbevölkerung als Luftschutz- und Tagesaufenthaltsräume zur Verfügung zu stellen. Diese Aussage erscheint durchaus glaubwürdig. Denn nach den verheerenden Luftangriffen auf Nordhausen vom 3./4. April 1945, die nicht nur rund 8000 Todesopfer gefordert, sondern auch Zehntausende „Volksgenossen" obdachlos gemacht hatten, hätte kein Politischer Leiter ein derartiges Angebot zurückweisen, kein Offizier mehr die Sprengung der Stollen fordern können. Damit war die Gefahr gebannt, daß das Mittelwerk noch in letzter Minute zur Ruine geworden wäre.

Sowohl Rickhey als auch Sawatzki mußten ein vitales Interesse daran haben, daß das Mittelwerk unzerstört blieb. Denn Rickhey dürfte um diese Zeit schon fest entschlossen gewesen sein, sich mit den gesamten Fertigungsunterlagen des Mittelwerks, die er in vierzig Kisten verpackt in einen Stollen nahe Ilfeld hatte auslagern lassen, den Amerikanern anzudienen und damit seine Nachkriegskarriere zu starten.[28] Das Werk war ihm nur Mittel zum Zweck. Aber für Sawatzki, den Ingenieur mit Leib und Seele, bedeutete die Anlage im Kohnstein mehr: Hier hatte er nicht nur eine technische Vision, sondern auch sich selbst verwirklicht. Zweifellos ist es in erster Linie sein Verdienst gewesen, daß das Mittelwerk unzerstört blieb. „Er äußerte wiederholt die Ansicht, die Anlage wäre so etwas Großartiges und Imposantes und einzigartig auf der ganzen Welt. Sie müsse erhalten werden. Er blieb, um die Anlage zu erhalten und um sie den Amerikanern zu übergeben", erinnerte sich noch Jahre später eine ehemalige Mitarbeiterin.[29]

Entgegen gelegentlich in Häftlingsberichten zu lesenden anderslautenden Aussagen sind Mittel- und offenbar auch Nordwerk völlig funk-

---

28 Vgl. seine Aussage in eigener Sache im NDH-Prozeß, US Mikrofilm M 1079, Rolle 11 fr. 1158 f., sowie die Bestätigung dieses Sachverhalts durch US-Oberst Beasley; vgl. ebenda, Rolle 12 fr. 539. Rickhey führte die US-Offiziere der „Operation Paperclip" selbst zum Versteck, vgl. ebenda, Rolle 11 fr. 1158. Die etwa 10 km von Ilfeld entfernt in einem alten Bergwerksstollen gelagerten Mittelwerk-Akten sind nicht mit den – weitaus bekannteren und vermutlich auch wertvolleren – „Peenemünder Akten" zu verwechseln, die in der aufgelassenen Eisenerzgrube „Georg Friedrich" bei Dörnten im Kreis Goslar versteckt worden waren. Zu deren Auffindung vgl. etwa Bornemann, Geheimprojekt Mittelbau, S. 154 ff.

29 Hannelore Bannasch, in Ilfeld Sekretärin von Sawatzki; zit. nach ebenda, S. 149. Nach amerikanischen Angaben wurde Sawatzki „von Captain Julian's 104. CIC-Abteilung am 13. April 1945 in der unterirdischen Fabrik" festgenommen; Hoegh/Doyle, Timberwolf Tracks, S. 334; Übersetzung aus dem Amerikanischen d. Verf.

tionsfähig zurückgelassen worden.[30] Was in Lagerhallen und Fabriken fehlte, als die Ingenieuroffiziere des britischen CIOS-Teams 163 drei Wochen nach der amerikanischen Besetzung das Mittelwerk in Augenschein nahmen, ging fast ausschließlich auf das Konto ihrer US-Alliierten, die von der wertvollen Kriegsbeute so viel wie möglich und so schnell wie möglich vor den eigenen Verbündeten und den Sowjets für sich selbst in Sicherheit gebracht hatten.[31]

Sawatzkis Spur verliert sich sehr schnell noch vor Kriegsende. Das letzte dokumentierte Lebenszeichen von ihm ist das Protokoll einer Vernehmung durch zwei US-Offiziere am 14. April 1945 in Nordhausen, gerade eine Seite lang.[32] Das britische CIOS-Team 163 vermutete ihn Anfang Mai 1945 „in Großbritannien, von der War Crimes Commission verhaftet".[33] Rickhey wußte 1947 im Dachauer Nordhausen-Prozeß von drei Versionen über den Verbleib Sawatzkis zu berichten, die ihm zu Ohren gekommen seien, gab aber an, selber nichts Genaues zu wissen. Nach der einen Version soll Sawatzki 1945 in England an „V 2"-Versuchen für die britische Regierung gearbeitet haben, nach der anderen sei er Ende 1945 in den USA, zusammen mit anderen „V 2"-Experten, gesichtet worden, nach der dritten sei er in Nordhausen ermordet worden.[34] Eisfeld gibt an, Sawatzki sei „lt. Totenschein" am 1. Mai 1945 in Warburg/Westfalen verstorben – „die Ursache seines Todes ist unbekannt"[35] (das heißt also, die Leiche wurde vermutlich nicht gefunden) – während Bornemann zum gleichen Datum als wahrscheinlichen Todesort „ein amerikanisches Camp bei Frankfurt" benennt.[36]

---

30   „Die riesige unterirdische Fabrik war nicht beschädigt worden, und Elektrizität, Bewetterung und Telefonanlagen funktionierten noch"; ebenda, S. 332 f.; Übersetzung aus dem Amerikanischen d. Verf.

31   Vgl. hierzu die ausführlichen Darstellungen bei Tom Bower, Verschwörung Paperclip, München 1988; Linda Hunt, Secret Agenda, New York 1991, oder Klaus-Dietmar Henke, Die amerikanische Besetzung Deutschlands, München 1995. Diebstähle durch die Bevölkerung und mutwillige Zerstörungen von seiten befreiter Zwangsarbeiter hielten sich in engen Grenzen und fanden auch erst nach Abzug der deutschen Truppen statt.

32   Englische Fassung in US Mikrofilm M 1079, Rolle 11 fr. 1124; deutsche Übersetzung (schlecht lesbar) ebenda, fr. 1123.

33   CIOS, Investigation of Group 2 Targets in Nordhausen Area, DokSt Mi-Dora, o. O., 1945, S. 6; Übersetzung aus dem Englischen d. Verf.

34   Aussage im NDH-Prozeß, US Mikrofilm M 1079 Rolle 11 fr. 1187.

35   Eisfeld, Die unmenschliche Fabrik, S. 39.

36   Bornemann, Geheimprojekt Mittelbau, S. 153.

6.3. Die Evakuierungstransporte der Mittelbau-Lager im Überblick

Nach dem derzeitigen Stand der Forschung lassen sich für die Mittelbau-Lager weit über 30 Evakuierungstransporte mit Teilnehmerzahlen zwischen 9 (Außenkommando Tettenborn) und 4500 (Transport Hartwig aus dem Lager „Dora") nachweisen. Strukturell ähnelt ihr Ablauf weitgehend dem des eingangs beschriebenen Lagers Artern. Sie sollen daher im folgenden nur tabellarisch in je chronologischer Folge beschrieben werden. Für Details sei auf die Literatur verwiesen.

186

1. Transporte aus dem Hauptlager „Dora"

Ref. Nr.	Abgang Datum	Transport-mittel	Anzahl Häftlinge	Ursprüngliches Ziel	Transportroute	Ankunft Ort/Datum	Bemerkungen
1.1	4. 4. 1945, nachmittags	Bahn; die letzten 5 km zu Fuß	~ 3000	KZ Neuengamme	Seesen–Salzgitter–Braunschweig–Celle–Munster–Soltau–Truppenübpl. Belsen–	KZ Bergen-Belsen, „Kasernenlager", 8. 4. 1945 nachmittags	Transportführer Hößler Befreit 15. 4. 1945 durch Briten
1.2	5. 4. 1945, nachmittags	Bahn; die letzten 5 km zu Fuß	~ 4500	KZ Neuengamme	Northeim–Celle–Uelzen–Hamburg–Soltau–Truppenübpl. Belsen–	KZ Bergen-Belsen, „Kasernenlager", 10. 4. 45, nachmittags	Transportführer Hartwig Befreit 15. 4. 1945 durch Briten
1.3	5. 4. 1945, abends	Bahn	~ 400	Unbekannt; vermutlich „Alpenfestung"	Seesen–Goslar–Braunschweig–Magdeburg–Riesa–Dresden–Prag–Linz–Gmunden–		„Taifun-Expreß"; Transportführer Dr. Scheufelen; Transport geteilt 15. 4. 1945 in Gmunden
					a) Ebensee–	a) KZ Ebensee, 15. 4. 1945	a) 216 Häftlinge bis KZ Ebensee, befreit 6. 5. 1945 durch Amerikaner
					b) durch Tirol–	b) Fischbach/Inn, 18. 4. 1945	b) 63 Häftlinge bis Fischbach, befreit 2. 5. 1945 durch Amerikaner

187

Ref. Nr.	Abgang Datum	Transport-mittel	Anzahl Häftlinge	Ursprüngliches Ziel	Transportroute	Ankunft Ort/Datum	Bemerkungen
1.4	5. 4. 1945, nachts	Bahn; Osterode–Oker (34 km) zu Fuß	~ 4000	KZ Neuengamme	Osterode–		Transportführer Möser; Transport geteilt 8. 4. 1945 in Osterode, dort Massaker (>30 Tote)
					a) Richtung Seesen–	a) Münchehof, 9. 4. 1945, mittags	a) 416 Kranke, befreit 10. 4. 1945 durch Amerikaner
					b) Oker–Helmstedt–Magdeburg–Oebisfelde–Salzwedel–Wittenberge–Glöwen–Döberitz–Kremmen–Oranienburg–Fürstenberg–	b) KZ Ravensbrück („Jugendlager"), 14. 4. 1945, mittags	b) Ca. 3500 Mann ab Osterode. 26. 4. 1945 Evakuierung zu Fuß Richtung Schwerin, befreit 1.–3. 5. 1945 durch Sowjets und Amerikaner
					c) (zu Fuß) Oker–Bad Harzburg–(per Bahn) Braunschweig–Celle–(zu Fuß) Groß Hehlen–	c) KZ Bergen-Belsen, „Kasernenlager", 11. 4. 1945, nachmittags	c) Ca. 80 Mann ab Osterode („Gruppe P. Klein"), in Groß Hehlen zu Transport 6. 4 aus Kleinbodungen
1.5	6. 4. 1945	Kraftwagen	12	KZ Neuengamme	Lüneburger Heide–Bergen-Belsen–	KZ Neuengamme, 15. 4. 1945	Fuhrpark. 1. 5. 1945 über Lübeck auf „Cap Arcona", einziger Überlebender der 3. 5. 1945 von Briten befreit
1.6	13. 4. 1945 von Bergen-Belsen	Fußmarsch	~150	KZ Neuengamme (?)	Lüneburger Heide–Lauenburg–	Flugplatz Hagenow, 20. 4. 1945	Transportführer Helbig Befreit 2. 5. 1945 durch Amerikaner

188

2. Transporte aus den Außenlagern „Erich" – Ellrich-Juliushütte (E) und Woffleben B 12 (W)

Ref. Nr.	Abgang Datum	Transport-mittel	Anzahl Häftlinge	Ursprüngliches Ziel	Transportroute	Ankunft Ort/Datum	Bemerkungen
2.1	4. 4. 1945, morgens (E)	Bahn; die letzten 5 km zu Fuß	~ 600	KZ Neuengamme	Seesen–Braunschweig–Peine–Hannover–Hamburg–Lüneburg–Uelzen–Celle–Uelzen–Truppenübungsplatz Belsen–	KZ Bergen-Belsen, „Kasernenlager", 8. 4. 1945 nachmittags	Häftlinge des KZ Karlshagen, in Ellrich angekommen 1. 4. 1945; befreit 15. 4. 1945 durch Briten
2.2	4. 4 . 1945, mittags (W)	Bahn; die letzten 5 km zu Fuß	~ 2500	KZ Neuengamme	Northeim–Hildesheim–Lehrte (?)–Celle–Lüneburg–Hamburg–Glückstadt–Itzehoe–Brunsbüttelkoog–Glückstadt–Hamburg–Buchholz–Soltau–Truppenübungsplatz Belsen–	KZ Bergen-Belsen, Hauptlager, 11. 4. 1945, vormittags	Transportführer Kleemann (nur für B 12); vereinigt bis Belsen mit Transport Nr. 4.2 aus Harzungen. Massengrab in Handeloh (64 Tote) Befreit 15. 4. 1945 durch Briten
2.3	4. 4. 1945, abends (E)	Bahn; die letzten 8 km zu Fuß	~ 3500	KZ Neuengamme	Seesen (?)–Celle (?)–Lüneburger Heide–Hamburg–Buchholz–Soltau–Bergen-Sülze–	KZ Bergen-Belsen, „Kasernenlager", 9. 4. 1945 nachmittags	Vereinigt mit Transport 4.3 aus Harzungen. Massengrab in Wintermoor (156 Tote). Befreit 15. 4. 1945 durch Briten.

Ref. Nr.	Abgang Datum	Transport- mittel	Anzahl Häftlinge	Ursprüngliches Ziel	Transportroute	Ankunft Ort/Datum	Bemerkungen
2.4	5. 4. 1945, nachmittags (E)	Bahn	~ 3000	KZ Neuengamme	Osterode–Salzgitter– Braunschweig–Helmstedt– Oebisfelde– Gifhorn–Uelzen– Salzwedel–Wittenberge– Nauen–Neustadt/Dosse– Nauen–Kremmen–	KZ Oranienburg „Heinkelwerke" 16. 4. 1945	Massengrab in Segeletz (186 Tote). 20./21. 4. 1945 Evakuierung zu Fuß in Richtung Schwerin, befreit 1.–3. 5. 1945 durch Sowjets und Amerikaner
2.5	6. 4. 1945, abends (E)	Bahn	~ 200	KZ Neuengamme	Osterode–Richtung Seesen (?)	Münchehof (?), 9. 4. 1945, mittags	Schwerkranke aus dem Revier, an Transport 1.4 angehängt; befreit 10. 4. 1945 durch Amerikaner (?)

3. Transporte aus den Außenlagern „Heinrich" – Rottleberode A 5 und Stempeda B 4

Ref. Nr.	Abgang Datum	Transportmittel	Anzahl Häftlinge	Ursprüngliches Ziel	Transportroute	Ankunft Ort/Datum	Bemerkungen
3.1	4. 4. 1945, abends	Zu Fuß bis Niedersachswerfen, Bahn bis Mieste, weiter zu Fuß	~ 400	KZ Neuengamme	Niedersachswerfen–Seesen Salzgitter–Braunschweig–Gifhorn–Oebisfelde–Bergfriede–Mieste–	Remonteschule Gardelegen 11. 4. 1945	Transportführer Brauny. Div. kleinere Transporte unterwegs angeschlossen. 13. 4. 1945 Häftlinge verbracht in Isenschnibber Scheune („Massaker von Gardelegen"); Befreiung 14./15. 4. 1945 durch Amerikaner
3.2	4. 4. 1945, abends	Zu Fuß bis Genthin, weiter mit Bahn	~ 1100	KZ Neuengamme	Stolberg–Quedlinburg–Haldensleben–Genthin–Potsdam–Oranienburg–	KZ Oranienburg „Heinkelwerke" 16. 4. 1945	Transportführer Lamp. Massengrab bei Drackenstedt (58 Tote); 20./21. 4. 1945 Evakuierung zu Fuß in Richtung Schwerin; befreit 1.–3. 5. 1945 durch Sowjets und Amerikaner

4. Transporte aus dem Außenlager „Hans" – Harzungen

Ref. Nr.	Abgang Datum	Transport-mittel	Anzahl Häftlinge	Ursprüngliches Ziel	Transportroute	Ankunft Ort/Datum	Bemerkungen
4.1	4.4.1945, mittags	Fußmarsch; Teilstrecken per Bahn oder Trecker	~2000	Vermutlich KZ Neuengamme	Ilfeld–Hasselfelde–KZ Blankenburg „Klosterwerke"–		Absplatungen vom Transport in Blankenburg (7.4.1945) und Langenstein-Zwieberge (9.4.1945)
					a) (Trecker) Bad Harzburg–(Bahn) Börßum–Helmstedt–(zu Fuß)–	a) KZ Beendorf, 9.4.1945	a) 116 Kranke ab Blankenburg; Überlebende befreit 12.4.1945 durch Amerikaner
					b) (Bahn) Nähe Magdeburg–(zu Fuß) Dessau–Oranienburg–	b) KZ Oranienburg „Heinkelwerke", vor dem 20.4.1945	b) Ca. 150 Mann ab Blankenburg, 20/21.4.1945 Evakuierung zu Fuß in Richtung Schwerin; befreit 1.–3.5.1945 durch Sowjets und Amerikaner. Zwei Häftl. ab Hundeluft bis KZ Landeshut/Schlesien, befreit 9.5.1945 durch Sowjets.
					c) KZ Langenstein–Zwieberge–		
					c1) Schwanebeck–Schönebeck-elbaufwärts rechts des Stromes–Sudetenland–	c1) KZ Rabenstein, 26.4.1945	c1) 155 Mann ab Langenstein, befreit 8.5.1945 durch Sowjets.

Nr.	Datum	Marschart	Anzahl	KZ	Route	Ziel	Bemerkungen
					c 2) (Bahn) Minsleben–Magdeburg–Minsleben–(zu Fuß) Heudeber–Halberstadt–Oschersleben–Biere–Richtung Elbe–	c 2) 11.–13. 4. 1945 von amerikanischen Verbänden auf dem Marsch überrollt	c 2) Hauptgruppe, ca. 1500 Mann. 11.–13. 4. 1945 im Gebiet westlich der Elbe zwischen Schönebeck und Barby befreit durch Amerikaner.
4.2	4. 4. 1945, mittags	Zu Fuß bis Niedersachswerfen, Bahn bis Belsen, die letzten 5 km zu Fuß	~ 2000	KZ Neuengamme	Niedersachswerfen–Northeim–Hildesheim–Lehrte (?)–Celle–Lüneburg–Hamburg–Glückstadt–Itzehoe–Brunsbüttelkoog–Glückstadt–Hamburg–Buchholz–Soltau–Truppenübungsplatz Belsen–	KZ Bergen-Belsen, „Kasernenlager", 11. 4. 1945, vormittags	Vereinigt bis Belsen mit Transport 2.2 aus Ellrich-Julius-hütte. Massengrab in Handeloh (64 Tote). Befreit 15. 4. 1945 durch Briten.
4.3	4. 4. 1945, nachmittags	Zu Fuß bis Niedersachswerfen, Bahn bis Bergen, die letzten 8 km zu Fuß	~ 2500	KZ Neuengamme	Niedersachswerfen–Seesen (?)–Celle (?)–Lüneburger Heide–Hamburg–Buchholz–Soltau–Bergen-Sülze–	KZ Bergen-Belsen, „Kasernenlager", 9. 4. 1945 nachmittags	Ca. 500 Kranke mit LKW nach Niedersachswerfen. Ab Woffleben vereinigt mit Transport 2.3 aus Ellrich-Julius-hütte. Massengrab in Wintermoor (156 Tote). Befreit 15. 4. 1945 durch Briten.

5 Transporte aus den Blankenburger Lagern „Klosterwerke" (K) und „Turmalin" (T)

Ref. Nr.	Abgang Datum	Transport-mittel	Anzahl Häftlinge	Ursprüngliches Ziel	Transportroute	Ankunft Ort/Datum	Bemerkungen
5.1	4.4.1945, mittags (K)	LKW bis KZ „Dora", weiter mit Bahn	48	KZ Neuengamme (?)	KZ „Dora"–Seesen–Salzgitter–Braunschweig–Celle–Munster–Soltau-Truppenübungsplatz Belsen–	KZ Bergen-Belsen, „Kasernenlager", 8.4.1945 nachmittags	Schwerkranke; zu je etwa fünf in schon überfüllte Waggons des Transports 1.1 aus „Dora" gepfercht; Überlebende befreit 15.4.1945 durch Briten
5.2	6.4.1945, morgens (T)	Fußmarsch, Magdeburg bis Lübeck Lastkahn, weiter zu Fuß	~400	KZ Neuengamme (?)	Halberstadt–Ottersleben–Magdeburg–Lauenburg–Lübeck–Ahrensbök–	Siblin, 13.4.1945	Transportführer M. Schmidt. Schiffstransport zusammen mit Kdo. „Klosterwerke". 30.4.1945 evakuiert nach Neustädter Bucht, 2.5.1945 auf Häftlingsflotte, u.a. „Cap Arcona"; Überlebende 3.5.1945 befreit durch Briten.
5.3	6.4.1945, morgens (K)	Fußmarsch, Magdeburg bis Lübeck Lastkahn, weiter zu Fuß	~500	KZ Neuengamme (?)	Halberstadt–Ottersleben–Magdeburg–Lauenburg–Lübeck–Ahrensbök–	Gut Glasau, 13.4.1945	Transportführer Mirbeth. Schiffstransport zusammen mit Kdo. „Turmalin", Fußmärsche getrennt. „Westliche" Häftlinge 30.4.1945 durch

							Rotes Kreuz befreit, übrige mit Kdo. „Turmalin" nach Neustädter Bucht. Überlebende 3.5. 1945 befreit durch Briten.
5.4	7. 4. 1945, vormittags (K)	Trecker bis Bad Harzburg, Bahn bis Helmstedt, weiter zu Fuß	20	Unbekannt	Bad Harzburg–Börßum–Helmstedt	KZ Beendorf, 9. 4. 1945	Marschunfähige Kranke des Transports 4. 1 aus Harzungen. Überlebende befreit 12. 4. 1945 durch Amerikaner.

6. Transporte aus den kleinen Außenlagern des KZ Mittelbau

Ref. Nr.	Von	Abgang Datum	Transport-mittel	Anzahl Häftlinge	Transportroute	Ankunft Ort/Datum	Bemerkungen
6.1	Ilfeld	4. (5.?) 4. 1945	Zu Fuß bis Osterode (Walkenried?), Bahn bis Bergfriede, weiter zu Fuß	~ 300	(Walkenried?)–Osterode–Seesen–Salzgitter–Braunschweig–Gifhorn–Oebisfelde–Bergfriede–Estedt–		Transportführer Wachholz. Von Osterode (Walkenried?) bis Bergfriede zusammen mit Transport 3.1 aus Rottleberode. Transport geteilt 11. 4. 1945 in Estedt.
					a) Gardelegen–	a) Jävenitz, 13. 4. 1945	a) Ca. 100 Mann ab Estedt, Massaker bei Jävenitz (30 Tote), Überlebende befreit 14. 4. 1945 durch Amerikaner.
					b) Wiepke–	b) Remonteschule Gardelegen, 13. 4. 1945	b) Ca. 200 Mann ab Estedt, dort Massaker (110 Tote), 13. 4. 1945 Häftlinge verbracht in Isenschnibber Scheune ("Massaker von Gardelegen"), Befreiung 14./15. 4. 1945 durch Amerikaner.
6.2	Groß-werther	4. 4. 1945, nachmittags	Zu Fuß bis Herzberg, Bahn bis Mauthausen, weiter zu Fuß	290	Herzberg–Seesen–Goslar–Braunschweig–Magdeburg–Riesa–Dresden–Prag–Linz–	KZ Mauthausen, 15. 4. 1945	Transportführer Beest. Von Herzberg bis Linz angeschlossen an Transport 1.3 aus „Dora". Weiterevakuiert ca. 1. 5. 1945 nach KZ Gunskirchen. Befreit 5. 5. 1945 durch Amerikaner.
6.3	Kelbra	5. 4. 1945, morgens	Fußmarsch	~ 50	Stolberg–Wittenberge–Ludwigslust–	KZ Wöbbelin, ca. 20. 4. 1945	Befreit 2. 5. 1945 durch Amerikaner

196

6.4	Klein-bodungen	5.4.1945, morgens	Fußmarsch	613	Herzberg–Seesen–Braunschweig–Ohof–Groß Hehlen–	KZ Bergen-Belsen, „Kasernenlager", 11.4.45, nachmittags	Transportführer Stärfl. In Groß Hehlen schließt sich „Gruppe P. Klein" von Transport 1.4 aus „Dora" an
6.5	Roßla	5.4.1945, morgens	Fußmarsch	>100	Stolberg–Halberstadt–Magdeburg–Brandenburg (?)–	KZ Oranienburg „Heinkelwerke", 17. (18.?) 4.1945	20.4.1945 Evakuierung zu Fuß in Richtung Schwerin; befreit 1.–3.5.1945 durch Sowjets und Amerikaner.
6.6	Artern	5.4.1945, morgens	Zu Fuß bis Rehmsdorf, Bahn bis Reitzenhain, zu Fuß bis Leitmeritz, weiter mit Bahn	~230	Naumburg–Zeitz–KZ Rehmsdorf–Chemnitz–Gelobtland–Marienberg–Reitzenhain–Komotau–Lobositz–Leitmeritz–Lobositz–Prag–Beneschau–Budweis–	Kaplitz, 8.5.1945	Transportführer K. Schmidt. Ankunft KZ Rehmsdorf 8.4.1945, mit diesem weiterevakuiert 12.4.1945. Massengräber bei Gelobtland (154 Tote) und Marienberg (218 Tote). Befreit 8.5.1945 durch tschechische Partisanen.

Ref. Nr.	Von	Abgang Datum	Transport-mittel	Anzahl Häftlinge	Transportroute	Ankunft Ort/Datum	Bemerkungen
6.7	Osterode „Heber"	5. 4. 1945	Fußmarsch, Kranke mit Trecker	~ 550	Seesen–Salzgitter–Braunschweig–Gifhorn– a) Richtung Celle b) Richtung Salzwedel	a) Ohof, 9. 4. 1945 b 1) Ehra, 9. 4. 1945 b 2) KZ Salzwedel, ca. 11. 4. 1945	Transport geteilt 9. 4. 1945 in Gifhorn und in Ehra. a) Ca. 300 Mann ab Gifhorn. Befreit 10./11. 4. 1945 durch Amerikaner. b) Ca. 250 Mann ab Gifhorn. b 1) Ca. 50 Kranke in Ehra zurückgeblieben, befreit ca. 11. 4. 1945 durch Amerikaner. b 2) Ca. 150 Mann ab Ehra. Ca. 13. 4. 1945 weiterevakuiert zu Fuß nach Osten, befreit 18. 4. 1945 bei Tannenkrug durch Amerikaner.
6.8	Tetten-born	5. 4. 1945, abends	Bahn	9	Northeim–Celle–Uelzen–Hamburg–Soltau–Truppenübungsplatz Belsen–	KZ Bergen-Belsen, „Kasernenlager", 10. 4. 45, nachmittags	Dem Transport 1.2 aus „Dora" beigegeben. Befreit 15. 4. 1945 durch Briten.

7. Die Evakuierungstransporte der SS-Baubrigaden aus dem „Sperrgebiet Mittelbau"

Ursprüngliches Evakuierungsziel: wahrscheinlich KZ Sachsenhausen

Ref. Nr.	Von	Abgang Datum	Transport-mittel	Anzahl Häftlinge	Transportroute	Ankunft Ort/Datum	Bemerkungen
7.1	Sollstedt (BBr I)	5. 4. 1945	Fußmarsch	~ 300	Richtung Hohlstedt	Hohlstedt, 5. 4. 1945	Weiter mit Kdo. Hohlstedt (Transport 7.2)
7.2	Hohlstedt (BBr I)	6. 4. 1945	Bahn bis KZ Mauthausen, weiter zu Fuß (?)	~ 200	Sangerhausen–Magdeburg–Nauen–Wittenberg–Leipzig–Dresden–Prag–Pilsen–Budweis–Linz–	KZ Mauthausen, 28. 4. 1945	Ablauf noch weitgehend ungeklärt. Ein Teil der Häftlinge 1. 5. 1945 weiterevakuiert nach KZ Steyr-Münichholz. Befreiung 5. 5. 1945 durch Amerikaner.
7.3	Oster-hagen (BBr III)	6. 4. 1945, morgens	Fußmarsch	~ 400	Richtung Wieda	KZ Wieda, 6. 4. 1945, nachmittags	Weiter mit Hauptlager Wieda (Transport 7.7)
7.4	Nüxei (BBr III)	6. 4. 1945, morgens	Fußmarsch	~ 200	Richtung Wieda	KZ Wieda, 6. 4. 1945, nachmittags	Weiter mit Hauptlager Wieda (Transport 7.7)
7.5	Macken-rode (BBr III)	6. 4. 1945, morgens	Fußmarsch	~ 300	Richtung Wieda	KZ Wieda, 6. 4. 1945, nachmittags	Weiter mit Hauptlager Wieda (Transport 7.7)
7.6	Ellrich-Bürger-garten (BBr IV)	6. 4. 1945, abends	Bahn bis Mieste, weiter zu Fuß	~ 350	Seesen–Salzgitter-Braunschweig–Gifhorn–Oebisfelde–Mieste–	Remonteschule Gardelegen 11. 4. 1945	Kranke und Juden. An Transport 3.1 aus Rottleberode angeschlossen. 13. 4. 1945 Häftlinge verbracht in Isenschnibber Scheune („Massaker von Gardelegen"); Befreiung 14./15. 4. 1945 durch Amerikaner.

Ref. Nr.	Von	Abgang Datum	Transportmittel	Anzahl Häftlinge	Transportroute	Ankunft Ort/Datum	Bemerkungen
7.7	Wieda (BBr III)	7. 4. 1945, morgens	Fußmarsch bis Wernigerode (Kranke mit Bahn), per Bahn bis Letzlingen, weiter zu Fuß	~ 300	Braunlage–Elend–Wernigerode–Heudeber–Jerxheim–Magdeburg–Haldensleben–Letzlingen–		Transportführer Kemnitz Transport geteilt 12. 4. 1945 in Letzlingen
					a) Richtung Gardelegen	a) Remonteschule Gardelegen 12. 4. 1945	a) 13. 4. 1945 Häftl. verbracht in Isenschnibber Scheune („Massaker von Gardelegen"); Befreiung 14./15. 4. 1945 durch Amerikaner.
					b) Richtung Dolle	b) Burgstall 13. 4. 1945	b) Massaker bei Dolle (70 Tote). Befreiung 14. 4. 1945 durch Amerikaner.
					c) Richtung Elbe–Brandenburg–Klein–Kreutz–	c) Tremmen 24. 4. 1945	c) Befreit durch Sowjets 29./30. 4. 1945
7.8	Günzerode (BBr IV)	10. 4. 1945, morgens	Fußmarsch	~ 350	Richtung Ellrich	Richtung Ellrich	Weiter mit Hauptlager Ellrich-Bürgergarten (Transport 7.9)
7.9	Ellrich-Bürgergarten (BBr IV)	10. 4. 1945, nachmittags	Fußmarsch	~ 700	Sülzhayn–Benneckenstein–Hasselfelde–	Güntersberge 14. 4. 1945	Transportführer E. Scholz. Häftl. in Güntersberge entlassen. Befreiung um den 15. 4. 1945 durch Amerikaner.

7. Epilog: „Mittelbau-Dora" zwischen Vergessen und Erinnerung

Die Befreiung der letzten Mittelbau-Häftlinge durch Truppen der Alliierten und der Roten Armee in der ersten Maiwoche des Jahres 1945 bedeutete für „Dora" und seine Außenlager noch keineswegs das „Ende der Geschichte". Für die Überlebenden begann wieder der Alltag. Je nachdem, ob sie Opfer, Täter oder Nutznießer gewesen waren, gestaltete sich ihr weiterer Weg auf unterschiedliche Art und Weise. Aber eines hatten sie alle gemeinsam: „Dora" sollte eine Episode in ihrem Leben gewesen sein, die man – aus unterschiedlichen Gründen – möglichst bald vergessen, zumindest aber hinter sich lassen wollte. Daß ihre Vergangenheit sie alle eines Tages doch wieder einholen würde, ahnten sie jetzt, im Frühjahr 1945, wohl kaum.

Die überlebenden Opfer, die befreiten Häftlinge, hatten meist nur einen Wunsch: so schnell wie möglich in die Heimat, zu ihren Angehörigen zurückzukehren. Verhältnismäßig problemlos war das für diejenigen, die aus Ländern West- und Nordeuropas stammten, aus Ländern, in denen stabile politische Verhältnisse herrschten. Sofern die ehemaligen Häftlinge transportfähig waren, konnten sie oft noch im April, spätestens aber im Mai 1945 repatriiert werden. Auf den Unterwegsbahnhöfen und in ihren Heimatorten wurden sie im Triumph empfangen. Spezielle, mit erheblichen Kompetenzen ausgestattete Behörden bemühten sich erfolgreich um eine rasche Wiedereingliederung der Rückkehrer in die Gesellschaft. Ihre Memoiren aus der Lagerzeit wurden gedruckt, gelesen, aber – mit geringen Ausnahmen – ebenso schnell wieder vergessen.

Deutsche ehemalige Häftlinge hatten es schon erheblich schwieriger. Sie standen in der Regel völlig mittellos da und hatten durch Hitlers Krieg oft auch ihre Heimat und ihre Angehörigen verloren. Sie brauchten als allererstes ein Dach über dem Kopf, Heizmaterial, Kleidung und Lebensmittel. Darin konkurrierten sie, eine kleine Minderheit von einigen tausend Personen, aber mit den Millionen Ausgebombter und Heimatvertriebener, die sich im Deutschland der vier Besatzungszonen zusammendrängten. „Sonderhilfsausschüsse für die Opfer des Faschismus", die auf Anordnung der Besatzungsmächte auf kommunaler Ebene eingerichtet wurden, sorgten erst einmal für das Notwendigste zum Überleben. Es fiel den Ehemaligen schwer, sich in die Nachkriegsgesellschaft zu integrieren – KZ-Häftling gewesen zu sein, machte sie ihren Landsleuten immer noch verdächtig. Vollends die Gesetzgebung, insbesondere aber die Handhabungspraxis zur „Opferentschädigung" in der Bundesrepublik Deutschland, die in skandalöser Weise die große Mehrzahl der deutschen ehemaligen KZ-Häftlinge ausschloß, rückte sie an den Rand der Gesellschaft. Arm, krank, verbittert und gesellschaftlich ausgegrenzt, starben viele von ihnen einen vorzeitigen Tod.

Erhebliche Probleme mit der Rückkehr in die Heimat hatten ehemalige Häftlinge aus Süd- und Südosteuropa, in deren Ländern heftige innenpolitische Auseinandersetzungen ausgetragen wurden. So kamen etwa die in Bergen-Belsen befreiten italienischen Mittelbau-Häftlinge erst einmal in das Kriegsgefangenenlager Wietzendorf, in welchem italienische Offiziere nach dem 8. September 1943 als „Militärinternierte" gefangen gehalten wurden. Von hier aus durften sie (und die Soldaten) dann ab Ende Juli 1945 nach und nach in die Heimat zurückkehren. Ihr Empfang dort war aber von offizieller Seite eher kühl. Den Angehörigen der Widerstandsbewegung erschienen die Rückkehrer, ob KZ-Häftlinge, Zwangsarbeiter oder Militärinternierte, suspekt: Man verdächtigte sie pauschal der „Kollaboration" mit den Deutschen. Auch im durch bürgerlich-konservative parlamentarische Mehrheiten gekennzeichneten politischen Klima der ersten Jahrzehnte der italienischen Nachkriegsrepublik interessierte sich kaum jemand für die Schicksale der Deportierten. Es bedurfte erst eines Generationenwechsels in der politischen Klasse, ehe die nunmehr geringe Anzahl Überlebender der Lager Anfang der achtziger Jahre auch öffentlich Gehör fand.

Ebenfalls grundsätzlich unter Kollaborationsverdacht standen die ehemaligen Häftlinge, Kriegsgefangenen und Zwangsarbeiter aus den Ländern der Sowjetunion. Nicht wenige der gerade erst aus Himmlers Lager-Kosmos befreiten Sowjetbürger verschwanden nach ihrer (nicht immer freiwilligen) Repatriierung schon bald wieder hinter Stacheldraht, diesmal dem eines Lagers aus Berijas „Archipel GULAG".

Eine nicht geringe Anzahl ehemaliger Konzentrationslagerhäftlinge blieb noch lange Jahre in Deutschland, in den von den Alliierten eingerichteten und von der UN-Flüchtlingsorganisation betreuten Lagern für „Displaced

Persons", und wartete auf eine Gelegenheit zur Auswanderung in ein west-
liches Land. Es waren dies einmal ehemalige Häftlinge aus den baltischen
Staaten und Polen, die in ihre nun kommunistisch regierten Heimatländer
nicht mehr zurückkehren wollten, zum anderen Juden aus Ost- und Mittel-
europa, oft die einzigen Überlebenden einer Familie, ja eines ganzen Ortes.
Alleinstehend und mittellos, eingedenk der Helfershelferdienste der „christ-
lichen" Bevölkerung bei der nationalsozialistischen Judenvernichtung, kam
für sie eine Rückkehr in die alte Heimat ebenfalls nicht mehr in Frage.

Wer auf seiten der Opfer die Lager des Mittelbaus überlebt hatte, ob er
nun in seine Heimat zurückkehren konnte oder in ein fremdes Land aus-
wandern durfte, hatte genug damit zu tun, sein Leben neu aufzubauen, zu
versuchen, die im Konzentrationslager verlorenen Jahre wieder aufzuholen.
„Dora", Ellrich, Harzungen, Blankenburg – das hatte man weit hinter sich
gelassen. Es war besser, nicht mehr daran erinnert zu werden und den Blick
nach vorn zu richten.

Es gab jedoch noch andere, die „Dora" und seine Außenlager auch hinter sich gelassen hatten und die ebenfalls nicht mehr daran erinnert werden
wollten, wenngleich aus völlig anderen Gründen: diejenigen nämlich, die
auf der Seite der Täter gestanden hatten, sei es als SS-Angehörige, sei es als
Kapos, die ihre Mithäftlinge terrorisiert hatten, oder als Verantwortliche in
einem Betrieb, der Häftlinge für sich arbeiten ließ. Einige von ihnen versuchten „unterzutauchen", die anderen bemühten sich zumindest, ihre NS-
Vergangenheit zu verschleiern. Sie „vergaßen" „Dora", indem sie die Erinnerung daran verdrängten. Nicht immer mit Erfolg, denn etliche wurden
aufgespürt und in der ersten Welle der NS-Prozesse, in den Jahren 1945 bis
1949, von der alliierten Militärjustiz, zum Teil auch von deutschen Gerichten, zur Verantwortung gezogen.

In diesem Zeitraum fallen zwei der „großen" Prozesse, in denen SS-Angehörige und Kapos aus Mittelbau, in einem sogar ein Exponent der Nutznießer, vor alliierten Militärgerichten standen:

- der Lüneburger Belsen-Prozeß, vom 17. September bis 17. November
  1945 vor einem britischen Militärgericht. Unter den Angeklagten waren
  elf, davon acht SS-Angehörige, im Zuge der Evakuierung von Mittelbau
  nach Bergen-Belsen gekommen. Drei dieser SS-Angehörigen wurden zum
  Tode verurteilt (und auch hingerichtet), vier freigesprochen und einer
  zu einer langjährigen Haftstrafe verurteilt. Von den Kapos wurde einer

freigesprochen, einer zu lebenslänglicher und einer zu 15 Jahren Haft verurteilt.[1]

- der Dachauer Nordhausen-Prozeß, vom 7. August bis 30. Dezember 1947 vor einem amerikanischen Militärgericht. Von den neunzehn Angeklagten waren vierzehn Angehörige der SS, vier Kapos und einer Repräsentant der Industrie, der ehemalige Generaldirektor der Mittelwerk GmbH, Georg Rickhey. Dieser und drei SS-Angehörige wurden freigesprochen. Ein SS-Angehöriger wurde zum Tode verurteilt (und auch hingerichtet); die übrigen zehn sowie die vier Kapos erhielten Freiheitsstrafen von 5 Jahren bis lebenslänglich. In fünf Folgeprozessen standen zwischen dem 22. Oktober und dem 11. Dezember 1947 noch einmal vier SS-Angehörige und ein Kapo vor Gericht. Einer der SS-Leute wurde freigesprochen; die übrigen Angeklagten erhielten Freiheitsstrafen zwischen 2 und 25 Jahren.[2]

Eine Gruppe prominenter „Schreibtischtäter" blieb jedoch völlig ungeschoren (sieht man einmal von Rickhey ab, der als einziger vor Gericht gestellt, aber programmgemäß freigesprochen wurde[3]): die führenden Entwicklungsingenieure, Manager und Techniker des Mittelwerks, Nutznießer und Organisatoren der Sklavenarbeit der Häftlinge im „Tunnel" und dadurch mitverantwortlich für das Massenelend im Konzentrationslager Mittelbau. Ihre erste Garnitur, mit der Symbolfigur Wernher von Braun, sicherten sich noch im April 1945 die Amerikaner; die zweite, mit Helmut Gröttrup als hochrangigstem Wissenschaftler, blieb immerhin noch den Sowjets, aber auch Briten und Franzosen konnten sich noch ihren Anteil sichern. Diese „alten Peenemünder" waren wertvolle menschliche Kriegsbeute, dazu ausersehen, die Raketenprogramme ihrer Gastländer voranzubringen

1   Der Belsen-Prozeß ist gut dokumentiert in Phillips (Hrsg.), Trial of Josef Kramer. Prozeßakten sind im Archiv der Gedenkstätte Bergen-Belsen zugänglich.

2   Eine Kurzinformation gibt die zu Prozeßbeginn veröffentlichte kleine Schrift von William J. Aalmans, The „Dora"-Nordhausen War Crimes Trial, Dachau 1947. (Es ist dies übrigens die einzige Prozeßpublikation). Die Prozeßakten sind 1979 von den US National Archives unter der Nummer M 1079 auf 16 Rollen mikroverfilmt worden. Kopien sind im Institut für Zeitgeschichte München sowie in der Dokumentationsstelle der Gedenkstätte Mittelbau-Dora zugänglich.

3   Nach der Darstellung bei Linda Hunt, Secret Agenda, New York 1991, war der Freispruch Rickheys abgesprochen, seine Überstellung an die Anklagebehörde ein „Bauernopfer", um die wirklich wichtigen Leute wie etwa Dornberger, die Gebrüder von Braun, Haukohl, Rudolph und andere aus der Schußlinie zu halten.

bzw. aufzubauen. Ihre Nazivergangenheit sollte sie dabei nicht belasten, und so durften sie alles, was sie über „Dora" gewußt hatten, getrost aus ihrem Gedächtnis streichen.

Denn den Schleier der Geheimhaltung, mit dem die Nazis das „Unternehmen Mittelbau", vor allem aber das Mittelwerk und das Konzentrationslager „Dora" umgeben hatten, hielten die Amerikaner und Sowjets weiterhin mit Erfolg aufrecht. So wurde etwa im Nürnberger Prozeß gegen die Hauptkriegsverbrecher das Konzentrationslager „Dora" zwar erwähnt, aber nur am Rande, und Alliierte wie Sowjets vermieden sorgfältig jeden Hinweis auf die unterirdischen Raketenfabriken im Kohnstein und im Himmelberg.[4] Auch im Belsen-Prozeß wurde ostentativ verschwiegen, mit welchen Arbeiten die Häftlinge in „Dora" und in Kleinbodungen beschäftigt waren. Und als sich im Dachauer KZ-Nordhausen-Prozeß der Zusammenhang zwischen Konzentrationslager und Raketenfabrik nicht mehr verheimlichen ließ – es saß ja der ehemalige Generaldirektor des Mittelwerks mit auf der Anklagebank – erklärten die US-Behörden kurzerhand die gesamten Prozeßakten zur Verschlußsache („Confidential").

So konnten die „Raketenpioniere von Peenemünde" unbehelligt von jeglicher Strafverfolgung wegen NS-Verbrechen zu den „Helden des Weltraums" aufsteigen, als die sie sich gern von den Medien stilisieren ließen. Die Karriere des Wernher von Braun ist hierfür ein Musterbeispiel. Die bis in die frühen achtziger Jahre hinein erschienenen Bücher und Lexikonartikel über die „Eroberung des Weltraums" feiern den Raketenerfinder, lassen sich auch mehr oder weniger ausführlich über die Geschichte der Entwicklung des „A 4" aus, verschweigen aber grundsätzlich den Anteil, den die Zwangsarbeit der Häftlinge hieran hatte, als hätte es nie die „Raketen-KZ" in Peenemünde, Friedrichshafen und Wiener Neustadt gegeben, als hätten „Dora" und seine Außenlager niemals existiert.

Es ist allgemein bekannt, daß die Ahndung der in den nationalsozialistischen Konzentrationslagern begangenen Gewaltverbrechen durch die NS-Prozesse der „ersten Welle" nur höchst unvollkommen gelungen ist. Denn in dem Maße, wie die schon in der Anti-Hitler-Koalition latenten Spannungen zum „Kalten Krieg" eskalierten, erlahmte der Verfolgungseifer der alliierten (und westdeutschen) Justizorgane, und in einem wahren „Gnaden-

---

4   Dagegen kamen im Pohl-Prozeß 1947 die Zustände sowohl in „Dora" als auch im Mittelwerk recht ausführlich zur Sprache, wobei jedoch alle Mißstände allein der SS angelastet wurden.

fieber" (Robert W. Kempner) wurden Anfang der fünfziger Jahre die von alliierten Gerichten verurteilten Deutschen begnadigt und nach und nach aus der Haft entlassen. Das kam auch den wegen Kriegsverbrechen im KZ Mittelbau Verurteilten zugute. So brauchten die im Belsen-Prozeß zu je 15 Jahren Haft verurteilten Kulessa und Ostrowski nur knapp 10 Jahre abzusitzen, und der in einem der KZ-Nordhausen-Folgeprozesse zu 25 Jahren Haft verurteilte Müller wurde sogar schon nach knapp fünf Jahren entlassen.

Grund für diese Sinnesänderung vor allem in den USA war nicht allein das Aufkommen des Antikommunismus als Leitideologie des Westens, die sich im „Kommunismus" ein neues Feindbild geschaffen hatte, das „den alten [Gegner] vergessen machte, auch vergessen machen sollte".[5] Es war auch der immer massiver werdende Druck von deutscher Seite auf die Westmächte, die in der neuen weltpolitischen Konstellation (West-)Deutschland als zuverlässigen, auch militärischen Bündnispartner brauchten, dessen Regierung aber unverhohlen ihre Zustimmung zur Wiederbewaffnung von der Freilassung der als „Kriegsverbrecher" von alliierten Gerichten verurteilten NS-Täter und der Einstellung aller noch schwebenden Verfahren abhängig machte.

Denn die breite bürgerlich-konservative, im Grunde immer noch nationalistisch eingestellte Mehrheit der deutschen Bevölkerung, Hitlers „brave, anständige Deutsche", deren Exponenten schon sehr bald nach Kriegsende in den westlichen Besatzungszonen wieder die Meinungsführerschaft übernommen hatten, war weder willens noch in der Lage, die in den Konzentrationslagern verübten Gewaltverbrechen als Unrecht zu erkennen. „Gerade die Dachauer Prozesse, in denen die Verbrechen der Konzentrationslager verhandelt wurden, welche die deutsche Bevölkerung, als sie geschahen, nicht hatte *sehen wollen*, und von denen sie nun auch nichts *hören wollte*, wurden so zum Hauptgegenstand der Kritik und Ablehnung",[6] resümierte Jahrzehnte später ein Historiker.

Eine Vorreiterrolle in der Öffentlichkeit übernahmen hierbei Vertreter der Großkirchen beider Konfessionen, die sich nicht nur unermüdlich für die Begnadigung verurteilter NS- und Kriegsverbrecher sowie den Stopp der KZ-Prozesse einsetzten, sondern auch durch wider besseres Wissen ausgestellte Entlastungszeugnisse („Persilscheine"), durch gefälschte Papiere und durch Fluchthilfe es zahllosen NS-Tätern ermöglichten, sich einer Strafver-

---

5   Robert Sigel, Im Interesse der Gerechtigkeit, Frankfurt/New York 1992, S. 195.
6   Ebenda; Hervorh. d. Verf.

folgung zu entziehen.[7] Lag der Unwillen der Majorität, die KZ-Verbrechen als Unrecht anzuerkennen, vielleicht darin begründet, daß die Opfer ausnahmslos „die anderen" waren: Ausländer, politisch Andersdenkende oder traditionell diskriminierte Minderheiten, wie Juden, „Zigeuner" oder Homosexuelle?

Mit dem „Überleitungsvertrag" vom 26. Mai 1952, der deutschen Gerichten die Verfolgung von Straftaten verbot, die von alliierten Strafverfolgungsbehörden endgültig abgeschlossen waren, mit der Aufhebung aller Spruchkammerbescheide, was einer generellen Rehabilitierung aller ehemaligen Nazis gleichkam, mit dem Übergang der Justizhoheit auch für NS-Verbrechen aller Art an die junge Bundesrepublik, deren öffentlicher Dienst – in Ausführung des „131er-Gesetzes" vom 11. Mai 1955 – regelrecht „renazifiziert" wurde,[8] und mit der Verabschiedung zahlreicher expliziter und faktischer Amnestiegesetze für NS-Täter durch den Bundestag schien Mitte der fünfziger Jahre die Situation reif, den von interessierten Kreisen immer wieder geforderten „Schlußstrich" unter die NS-Vergangenheit ziehen zu können.

Aber Dummheit und Frechheit hochbelasteter NS-Täter, die nicht nur ungeniert öffentlich auftraten, sondern sich auch nicht scheuten, vor Gericht Rechtsansprüche aus ihrer Tätigkeit im nationalsozialistischen Terrorapparat geltend zu machen, sowie der Druck der internationalen Öffentlichkeit erzwangen seit 1959 wieder in verstärktem Umfang Ermittlungen gegen mutmaßliche NS-Täter. Federführend hierbei war die „Zentrale Stelle der Landesjustizverwaltungen zur Aufklärung nationalsozialistischer Verbrechen" in Ludwigsburg. Sie nahm ihre Arbeit am 1. Dezember 1958 auf. Ihre Zuständigkeit erstreckte sich anfangs nur auf die außerhalb des Bundesgebietes begangenen Verbrechen. Durch Beschluß der Justizministerkonferenz vom 11. Dezember 1964 wurde jene auf den gesamten Bereich der NS-Verbrechen ausgedehnt und die Dienststelle personell erheblich verstärkt. Die Ludwigsburger Recherchen lösten die „zweite Welle der NS-Prozesse" (Ralph Giordano) aus, unter ihnen den weltweit beachteten Frankfurter Auschwitz-Prozeß. Im Zuge der Ermittlungen hierfür wurde auch Richard Baer, der letzte Kommandant von Mittelbau, der nach Kriegsende unter falschem Namen untergetaucht war, aufgespürt, enttarnt und am 20. De-

---

7   Vgl. hierzu etwa Ernst Klee, Persilscheine und falsche Pässe, Frankfurt a. M. 1992.
8   Vgl. hierzu, v. a. zur Renazifizierung der Justiz, etwa Ingo Müller, Furchtbare Juristen, München 1989, S. 204 ff.

zember 1960 verhaftet. Noch vor Prozeßbeginn erhängte sich Baer, am 17. Juni 1963, in Frankfurt in der Untersuchungshaft.

Ebenfalls zu dieser „zweiten Welle" gehörte der Essener Dora-Prozeß, vom 17. November 1967 bis 8. Mai 1970 vor dem dortigen Schwurgericht verhandelt. Er war der dritte und letzte „große" Prozeß gegen Verantwortliche des KZ Mittelbau.[9] Eine Legion von Zeugen wurde vernommen, darunter einige hundert ehemalige Mittelbau-Häftlinge. Sie alle mußten sich Dinge, die sie selbst längst verdrängt, der Vergessenheit anheimgegeben hatten, wieder vergegenwärtigen. „Dora" hatte sie wieder eingeholt. Von den drei Angeklagten, alle ehemalige SS-Angehörige, wurden zwei zu Freiheitsstrafen verurteilt. Das Verfahren gegen den Dritten, Kammlers ehemaligen „Kommandeur der Sicherheitspolizei z. b. V." Bischoff, wurde vier Tage vor der Urteilsverkündung abgebrochen, der Beschuldigte auf freien Fuß gesetzt.

Das Oberlandesgericht Hamm verwarf kostenpflichtig die hiergegen von der Staatsanwaltschaft und den Nebenklägern eingelegte Beschwerde. Es machte sich dabei die Ansicht des medizinischen Sachverständigen de Boor zu eigen, der Angeklagte Bischoff sei „nur dann als verhandlungsfähig anzusprechen, wenn bei der Verhandlung Reizworte und Reizkonstellationen vermieden werden können. Dabei ist […] unter einer Reizkonstellation u. a. auch der Vorwurf [zu] versteh[en], der Angeklagte Bischoff habe sich des Mordes schuldig gemacht".

Nach der Beweisaufnahme sei mit einer Verurteilung wegen Mordes zu rechnen. Die Verkündung des Urteils könne jedoch bei dem Angeklagten zu „excessiver Blutdrucksteigerung" führen, wodurch dessen Gesundheit, ja Leben in Gefahr gerate. Das Verfahren gegen ihn sei daher zu Recht ausgesetzt worden.[10]

So wie im Essener Dora-Prozeß gegen Bischoff kam in den meisten Verfahren, die nach Kriegsende von der deutschen Justiz wegen NS-Verbrechen eingeleitet wurden, die Gerechtigkeit nicht zum Zuge. Die offizielle Statistik weist aus, daß von den 103 823 einschlägigen Ermittlungsverfahren, die zwischen dem 8. Mai 1945 und dem 31. Dezember 1991 von deutschen Strafverfolgungsbehörden in Gang gesetzt worden waren, nur 6487, also

---

9 Die Prozeßakten liegen im Archiv Schloß Kalkum; Auszüge daraus sowie das mehrere hundert Seiten lange Urteil sind in der Zentralen Stelle der Landesjustizverwaltungen in Ludwigsburg zugänglich.

10 Vgl. Kopie des OLG-Beschlusses vom 3. Juni 1970 in: DokSt Mi-Dora, Sign. 50.1.3.6 Nr. 3.

gerade einmal sechs Prozent, mit einem rechtskräftigen Urteil abgeschlossen wurden. 91 463 Verfahren endeten mit Einstellung,[11] oft mit Begründungen, die der juristische Laie noch schwerer als beim Essener Dora-Prozeß nachvollziehen kann und bei denen selbst Fachleute den Verdacht nicht loswerden, hier sei nach dem Motto „Eine Krähe hackt der anderen kein Auge aus" gehandelt worden. Speziell für die Praxis der Einstellung von Verfahren gegen KZ-Täter hat Schwarberg – wohl nicht zu Unrecht – das böse Wort von der „Mörderwaschmaschine" geprägt.[12]

Die Materialien aus den Prozessen gegen ehemalige Insassen und SS-Angehörige des KZ Mittelbau wegen Kriegs- oder nationalsozialistischer Gewaltverbrechen[13] sowie die Akten von einschlägigen Ermittlungsverfahren, die nicht zu einer Anklageerhebung führten, sind nicht nur unverzichtbare Quellen zur Erforschung der Geschichte Mittelbaus bis zu seiner Auflösung im April 1945. Sie bilden auch die Grundlage für das Studium eines interessanten Kapitels der Nachkriegsgeschichte dieses Lagers: die Strafverfolgung der Mittelbau-Täter. Eine systematische Untersuchung hierzu, die das weit verstreute Material der „kleinen" Prozesse und der eingestellten Ermittlungsverfahren auf dem Gebiet der Bundesrepublik einbeziehen müßte sowie auch Untersuchungen von und Verfahren vor sowjetischen und DDR-Instanzen, ist jedoch noch Forschungsdesiderat.

Es wurde schon darauf hingewiesen, daß von seiten der Alliierten das Thema „Konzentrationslager Mittelbau" kollektiv beschwiegen wurde. So gab es auch keine Proteste, als die deutsche Bevölkerung schon sehr bald nach Kriegsende mit der Beseitigung der baulichen Anlagen begann. Zwar wurden einige Lager wieder belegt, aber nur für kurze Zeit. So diente etwa „Dora" der amerikanischen Besatzungsmacht als Sammellager für Zwangsarbeiter aus dem Raum Nordhausen, die auf ihre Repatriierung warteten (bis Ende Juni 1945), danach der sowjetischen als Internierungslager für NS-Belastete (ab Ende August 1945), und von November 1945 bis Sommer

---

11   Zahlen aus Christa Hoffmann, Aufklärung und Ahndung totalitären Unrechts, in: Aus Politik und Zeitgeschichte. Beilage zur Wochenzeitung Das Parlament 4, 1993, S. 40.

12   Günther Schwarberg, Die Mörderwaschmaschine, Göttingen 1990.

13   Alliierte Strafverfolgungsbehörden haben durchweg von „Kriegsverbrechen" („War Crimes") gesprochen, auch im Zusammenhang mit Verbrechen in Konzentrationslagern, da jene während des Krieges begangen worden waren (KZ-Verbrechen an Deutschen vor Kriegsbeginn interessierten die Alliierten nicht). Aus rechtssystematischen Gründen spricht die deutsche Justiz im Zusammenhang mit Tötungshandlungen in Konzentrationslagern von „nationalsozialistischen Gewaltverbrechen", kurz „NSG-Verbrechen".

1946 kamen Heimatvertriebene aus den deutschen Ostgebieten (offizielle Bezeichnung: „Umsiedler") vorübergehend dort unter. Nach deren Abzug holten sich Nordhäuser Bürger die noch gut erhaltenen Baracken und bauten sie in der zerstörten Stadt als Behelfsheime wieder auf; was hierzu nicht mehr brauchbar war, wanderte als Brennholz in die Öfen.

Ähnlich wurde auch an den anderen Lagerstandorten verfahren. Wachttürme, Zäune und Holzbaracken wurden abgerissen. Stabile Steinbauten, wie die Krematorien von „Dora" und Ellrich oder die als Häftlingsunterkünfte genutzten ehemaligen Fabrikgebäude in Ellrich oder Rottleberode, wurden ausgeschlachtet und standen danach leer, dem Verfall preisgegeben. Material und Gerät aus den unterirdischen Fabriken und Depots nahm die jeweilige Besatzungsmacht als Beutegut an sich; danach wurden die leergeräumten Tunnelwerke durch Zusprengen der Eingänge verschlossen. Um die Jahreswende 1947/48 waren an allen ehemaligen Lagerstandorten Mittelbaus nur noch Fundamente und einzelne Ruinen zu sehen. Gras und junge Bäume begannen, über den Trümmern zu wachsen. Die Lage im Zonengrenzgebiet, ein dünnbesiedelter, im Osten zwangsweise, im Westen freiwillig gemiedener Landstrich, tat ein übriges, um „Dora" und seine Außenlager zu „vergessenen KZs" zu machen. Besonders betroffen war hiervon das Lager Ellrich-Juliushütte, dessen Areal von der Zonengrenze durchschnitten wurde und daher jahrzehntelang völlig unzugänglich war.

Erst viele Jahre später, nämlich im Herbst 1963, wurde durch einen Beschluß des Rates der Stadt Nordhausen die Errichtung einer „Mahn- und Gedenkstätte" auf dem Gelände des ehemaligen Lagers „Dora" in die Wege geleitet. Das frühere Krematorium, das einzige weitgehend im Originalzustand erhalten gebliebene Gebäude aus der NS-Zeit, wurde zu einem Ausstellungsraum umgestaltet. Auf einem Platz vor diesem Gebäude stellte man am 9. August 1964 die Bronzeplastik einer Häftlingsgruppe auf. In ihrer ernsten und würdigen Schlichtheit sticht sie wohltuend vom Pathos anderer zeitgenössischer Denkmale ab.

Die frühere Feuerwache wurde saniert und ebenfalls Museum. Es entstand ein Verwaltungsgebäude, und der ehemalige Appellplatz wurde als Aufmarschfläche hergerichtet. Hier fanden bis zur „Wende" 1990 mehrmals im Jahr Großveranstaltungen von Partei und Massenorganisationen statt.

Nach 1990 wurde der jetzt in „KZ-Gedenkstätte Mittelbau-Dora" umbenannte Komplex in die „Stiftung Thüringische Gedenkstätten" eingebracht und ein Prozeß der Neukonzipierung eingeleitet, bei dem historische,

Figurengruppe vor dem
Krematorium
Quelle: KZ-Gedenkstätte
Mittelbau-Dora

Abb. 7.1

denkmalpflegerische und museumspädagogische Gesichtspunkte gleiches
Gewicht erhalten. Der durch den Fortfall der innerdeutschen Grenze ermöglichte ungehinderte Zugang zu den Stätten der ehemaligen Lager, der
Austausch zwischen Wissenschaftlern und interessierten Laien diesseits und
jenseits der früheren Demarkationslinie und vor allem die vielfältigen Aktivitäten der Mitarbeiterinnen und Mitarbeiter der Gedenkstätte sowie des
„Comité Européen Dora – Ellrich – Harzungen ‚Pour la Mémoire'", einer im
Jahre 1990 gegründeten internationalen Organisation ehemaliger Mittelbau-Häftlinge, haben einen lebhaften Dialog nach mehreren Seiten hin in
Gang gesetzt. „Dora" und die Mittelbau-Lager sind als Thema für den
historisch-politischen Diskurs wiederentdeckt worden. Die Gefahr, sie
könnten endgültig in Vergessenheit geraten, scheint gebannt.

Ermutigend sind in diesem Zusammenhang auch Aktivitäten von und
mit Jugendlichen. Seit 1993 führen Lehrkräfte von Gymnasien in Clausthal-Zellerfeld und Göttingen Jugendliche ihrer Schulen sowie aus Belgien,
Luxemburg und Frankreich mit Überlebenden des KZ Mittelbau zusammen. Schülerinnen und Schüler des Collège Saint-Louis in Waremme (Belgien) haben unter der Leitung ihrer Lehrerin Claire Materne 1994/95 ein
ganzes Jahr lang die Geschichte „Doras", seiner Befreiung und den weiteren
Lebensweg der zurückgekehrten belgischen Häftlinge erforscht. Für Schul-
klassen und Jugendgruppen aus ihrem Bundesland finanziert die Landes-

211

Abb. 7.2 *Ein „Workcamp" auf dem Gelände der Gedenkstätte Mittelbau-Dora –*
August 1998
Quelle: Jugendverein „Jugend für Dora"

zentrale für Politische Bildung Thüringen Projekttage und -wochen in der
Gedenkstätte Mittelbau-Dora. 1996 schließlich hat sich ein Verein „Jugend
für Dora" mit Sitz in Nordhausen konstituiert, der seither jeden Sommer
gut besuchte internationale „Workcamps" für Jugendliche auf dem Gelände
des ehemaligen Konzentrationslagers und seiner Außenlager organisiert.
Hieran beteiligen sich vor allem auch Jugendliche aus den neuen Bundes-
ländern und aus Osteuropa.

So scheint gesichert, daß es für „Dora" und die anderen Lager Mittelbaus
auch nach dem Ableben der Generation der ehemaligen Häftlinge kein
„Ende der Geschichte" geben wird, daß „die Erinnerung an Dora wachge-
halten wird, um sie in den Dienst der Geschichte zu stellen: zur Mahnung
daran, daß das Schreckliche jederzeit mitten unter uns gegenwärtig werden
kann, aber auch um begründete Hoffnung zu wecken, daß man dem vorbeugen und die Auswüchse begrenzen kann", wie es Jean Mialet, der Präsi-
dent des „Comité Européen" in seiner Ansprache zum 51. Jahrestag der
Befreiung „Doras" am 11. April 1996 formuliert hat.[14]

14 La Mémoire de Dora-Mittelbau No. 22/1996, S. 9; Übersetzung aus dem Französischen
d. Verf.

8. Anhang

8.1. Danksagung

Die vorliegende Arbeit wäre nicht entstanden, wenn dem Verfasser nicht viele Menschen durch Ermunterung, Unterstützung und Hilfestellung zur Seite gestanden hätten, die namentlich aufzuzählen den Rahmen dieses Bandes sprengen würde: Mitarbeiterinnen und Mitarbeiter von Bibliotheken, Archiven und KZ-Gedenkstätten, vor allem aber zahlreiche ehemalige Häftlinge, die mir geduldig Fragen beantwortet, mir eigenes biographisches Material oder solches von Kameraden zur Verfügung gestellt, Kontakte vermittelt und manch seltenes Exemplar Literatur beschafft haben. Ihnen allen sei an dieser Stelle aufrichtig gedankt.

Mein besonderer Dank gilt Manfred Bornemann, Hamburg, für vielerlei Hilfe und Anregungen sowie dafür, daß er mir manches schwer zugängliche Quellenmaterial überlassen hat, sowie nicht zuletzt Peter Reif-Spirek, Erfurt, als kritischem, geduldigem und unermüdlichem Lektor.

8.2. Bildnachweis

Manfred Bornemann, Hamburg
    Abb. 3.1; 4.1
Gedenkstätte Buchenwald
    Abb. 1.1
Westermann Schulbuch-Verlag, Braunschweig
(Diercke Weltatlas 144. Auflage 1968)
    Abb. 4.3; 4.15 (Kartengrundlagen)
Gedenkstätte Mittelbau-Dora:
    Abb. 2.1; 2.2; 3.4; 3.5; Lageplan „Dora"; 5.1; 5.2; 7.1; 7.2

Der Verfasser dankt allen natürlichen oder juristischen Personen für die freundliche Genehmigung zum Abdruck bzw. zur Verwendung als Grundlage zur Erstellung eigener Karten. Fur samtliche übrigen Abbildungen liegt das Urheberrecht beim Verfasser dieser Arbeit.

8.3. Zitierte Quellen und Literatur

8.3.1. Unveröffentlichte Quellen

Archivmaterialien aus folgenden Archiven (Signatur ist jeweils beim Zitat im Text angegeben) bzw. Privatsammlungen:

Bundesarchiv

Dokumentationsstelle der KZ-Gedenkstätte Mittelbau-Dora, Nordhausen (DokSt Mi-Dora)

Institut für Zeitgeschichte, München (IfZ)

Oberbergamt Clausthal-Zellerfeld (OBA CLZ)

Zentrale Stelle der Landesjustizverwaltungen, Ludwigsburg

Sammlung Manfred Bornemann, Hamburg

Sammlung Ruth Monicke, Walkenried

Sammlung Joachim Neander, Clausthal-Zellerfeld

Sammlung Uli Jungbluth, Nauort

CIOS: Investigation of 13 Underground Factories in Central Germany, DokSt Mi-Dora, o. O., 1945

CIOS: Investigation of Group 2 Targets in Nordhausen Area, DokSt Mi-Dora, o. O., 1945

Höß, Rudolf: Handschriftliche Aufzeichnungen, Bd. 8, IfZ München 1946

Kornetzki, Paul: Erinnerungen an das KZ in Ellrich, 1980, Sammlung R. Monicke

Polak, Edmund: Kalendarium von Buchenwald, DokSt Mi-Dora o. J

Scholz, Erich: Die Baubrigade 4, 1986, Sammlung J. Neander

Van Dijk, Albert: Das Außenkommando Nüxei, 1986, Sammlung J. Neander

8.3.2. Veröffentlichte Quellen

Association des Déportés du Jura (Hrsg.) (1988): Les Jurassiens dans les Camps de Concentration; Lons-le-Saunier

Béon, Yves: La planéte Dora, Paris 1985; Dt. Übersetzung: Planet Dora, Gerlingen 1999

Boelcke, Willi A. (Hrsg.): Deutschlands Rüstung im Zweiten Weltkrieg, Frankfurt a. M. 1969

Bortot, Antonio: Oltre il tunnel la speranza, Silea/Treviso 1994

Brovedani, Osiride: Da Buchenwald a Belsen, Trieste 1971

CICR – Comité International de la Croix-Rouge: Documents sur l'activité du Comité International de la Croix-Rouge en faveur des civils détenus dans les camps de concentration en Allemagne (1939–1945), Genève 1947

Dornberger, Walter: V 2 – Der Schuß ins Weltall, Esslingen 1955

Filipčič, Milan (Hrsg.): DORA – KL Mittelbau, Ljubljana 1989

Hoegh, Leo A./Doyle, Howard J.: Timberwolf Tracks, Washington D.C. 1946

Hofstein, Jules: D'évacuation à évacuation; in: Témoignages Strasbourgeois, Paris 1947, S. 511–518

Höß, Rudolf: Kommandant in Auschwitz, München 1963

Hubatsch, Walter (Hrsg.): Hitlers Weisungen für die Kriegführung 1939–1945, Frankfurt a. M. 1962

IMT: Der Prozeß gegen die Hauptkriegsverbrecher vor dem Internationalen Militärgerichtshof Nürnberg; 42 Bände, Nürnberg 1947–1949

ITS: Internationaler Suchdienst (Hrsg.), Verzeichnis der Haftstätten unter dem Reichsführer-SS (1933–1945), Arolsen 1979

JuNSV: Justiz und NS-Verbrechen; 22 Bände, Amsterdam 1968–1981

Keller, Rolf: KZ Bergen-Belsen: Chronologische Übersicht der Transporte, Bergen-Belsen 1993

Kochheim, Friedrich: Bilanz, Hannover 1952

Kuhlbrodt, Peter (Hrsg.): Schicksalsjahr 1945 – Inferno Nordhausen, Nordhausen 1995

Levi, Primo: I sommersi e i salvati, Torino 1995 (dt. Übersetzung: Die Untergegangenen und die Geretteten, München 1993)

Michel, Jean: DORA, Paris 1975

National Archives (Hrsg.) (1979): The United States vs. Kurt Andrae et al., Washington D.C. (M 1079)

Phillips, Raymond (Hrsg.): Trial of Josef Kramer and forty-four others, London u. a. 1949

Pialli, Gregorio: Una voce da Buchenwald, Vicenza 1973

Sadron, Charles: A l'usine de Dora, in: Témoignages Strasbourgeois, Paris 1947, S. 177–231

Speer, Albert: Erinnerungen, Berlin 1969

Speer, Albert: Der Sklavenstaat, Frankfurt a. M. 1984

Verbraeken, G.: Ellrich, het Doodenkamp, Boechout 1945

Wormser, Olga/Michel, Henri (Hrsg.): Tragédie de la déportation 1940–1945, Paris 1954

8.3.3. Zitierte Literatur

Aalmans, William J.: The „Dora"-Nordhausen War Crimes Trial, Dachau 1947

Bartel, Walter: Wehrwirtschaftsführer – Geheimwaffen – KZ, Frankfurt a. M. 1970

Barthel, Rolf: Zur Geschichte der Außenkommandos des faschistischen Konzentrationslagers Buchenwald in Niederorschel, Mühlhausen und Duderstadt, in: Eichsfelder Heimathefte 24 (1984), S. 23–41

Bornemann, Manfred: Schicksalstage im Harz, Clausthal-Zellerfeld 1980

Bornemann, Manfred: Ilfeld 1940–1950, Hamburg 1984

Bornemann, Manfred: Geheimprojekt Mittelbau, Bonn 1994

Bornemann, Manfred: Aktiver und passiver Widerstand im KZ DORA und im Mittelwerk, Berlin/Bonn 1994

Bornemann, Manfred/Broszat, Martin: Das KL Dora-Mittelbau, in: Studien zur Geschichte der Konzentrationslager, Stuttgart 1970, S. 154–198

Bower, Tom: Verschwörung Paperclip, München 1988

Brednich, Wilhelm: Die Maus im Jumbo-Jet, München 1991

Broszat, Martin: Nationalsozialistische Konzentrationslager, in: Hans Buchheim u. a., Anatomie des SS-Staates, Band II, S. 9–160, Olten/Freiburg i. Br. 1965

Burghoff, Ingrid/Burghoff, Lothar/Pelny, Kurt: „Mittelbau-Dora", Nordhausen o. J.

d'Hainaut, Brigitte/Somerhausen, Christine: DORA 1943–1945; Bruxelles 1991

Demps, Laurenz: Zum weiteren Ausbau des staatsmonopolistischen Apparates der faschistischen Kriegswirtschaft in den Jahren 1943 bis 1945 und zur Rolle der SS und der Konzentrationslager im Rahmen der Rüstungsproduktion, dargestellt am Beispiel der unterirdischen Verlagerung von Teilen der Rüstungsindustrie; Phil. Diss., Humboldt-Universität zu Berlin 1970

Dieckmann, Götz: Existenzbedingungen und Widerstand im Konzentrationslager Mittelbau-Dora unter dem Aspekt der funktionalen Einbeziehung der SS in das System der faschistischen Kriegswirtschaft, Phil. Diss., Humboldt-Universität zu Berlin 1968

Eisfeld, Rainer: Die unmenschliche Fabrik, Erfurt 1993

Eisfeld, Rainer: Der Ingenieur in der deutschen Rüstung. Die Rolle Wernher von Brauns; in: Torsten Heß/ T. A. Seidel (Hrsg.), Vernichtung durch Fortschritt, Berlin/Bonn 1995, S. 32–42

Eisfeld, Rainer: Mondsüchtig, Reinbek 1996

Enzyklopädie des Holocaust, München 1998

Fiedermann, Angela u. a.: Das Konzentrationslager Mittelbau DORA, Berlin/Bonn 1993

Freund, Florian: Arbeitslager Zement, Wien 1989

Georg, Enno: Die wirtschaftlichen Unternehmungen der SS, Stuttgart 1963

Gilbert, Martin: The Holocaust, London 1986

Grieger, Manfred: „Vernichtung durch Arbeit" in der deutschen Rüstungsindustrie; in: Torsten Heß/T. A. Seidel (Hrsg.): Vernichtung durch Fortschritt, Berlin/Bonn 1995, S. 43–60;

Henke, Klaus-Dietmar: Die amerikanische Besetzung Deutschlands, München 1995

Hein, Wincenty: Zagłada więźniów obozu Mittelbau (Dora), in: Biuletyn Głównej komisji Badania Zbrodni Hitlerowskich, Bd. XVI, S. 65–157, Warszawa 1967

Heß, Torsten/Jaeger, Markus: Das Mittelwerk; in: U. Brunzel: Hitlers Geheimobjekte in Thüringen, Zella-Mehlis/Meiningen 1994

Hillegeist, Hans-Heinrich: Die Schickert-Werke in Bad Lauterberg und Rhumspringe, in: Arbeitsgemeinschaft Südniedersächsischer Heimatfreunde e. V. (Hrsg.), Rüstungsindustrie in Südniedersachsen während der NS-Zeit, Mannheim 1993, S. 142–247

Hoffmann, Christa: Aufklärung und Ahndung totalitären Unrechts, in: Aus Politik und Zeitgeschichte. Beilage zur Wochenzeitung Das Parlament 4, 1993, S. 35–45

Hölsken, Heinz Dieter: Die V-Waffen, Stuttgart 1984

Hottas, Joachim/Seifert, Karl-Dieter: Raketen in Dora, Berlin 1984

Hunt, Linda: Secret Agenda, New York 1991

Jacobeit, Wolfgang: Die „Todesmärsche" von Ravensbrück in nordwestlicher Richtung und das Erlebnis der Befreiung durch die Rote Armee, in: Sigrid Jacobeit (Hrsg.): „Ich grüße Euch als freier Mensch", S. 80–129, Berlin 1995

Janssen, Gregor: Das Ministerium Speer, Berlin u. a. 1969

Kaienburg, Hermann: „Vernichtung durch Arbeit" – Der Fall Neuengamme, Bonn 1990

Kaienburg, Hermann: Wie konnte es soweit kommen?, in: ders. (Hrsg.), Konzentrationslager und deutsche Wirtschaft 1939–1945, Opladen 1996, S. 265–278

Kárný, Miroslav: Das SS-Wirtschafts-Verwaltungshauptamt, in: Hamburger Stiftung zur Förderung von Wissenschaft und Kultur (Hrsg.), „Deutsche Wirtschaft", Hamburg 1991, S. 153–169

Klee, Ernst: Persilscheine und falsche Pässe, Frankfurt a. M. 1992

Klee, Ernst/Merk, Otto: Damals in Peenemünde, Oldenburg/Hamburg 1963

Klewitz, Bernd: Die Arbeitssklaven der Dynamit Nobel, Schalksmühle 1986

Kogon, Eugen: Der SS-Staat, München 1974

Kolb, Eberhard: Bergen-Belsen, Hannover 1962

Kolb, Eberhard: Bergen-Belsen, Göttingen 1985

Konieczny, Alfred: Das Konzentrationslager Groß Rosen, in: Dachauer Hefte 5 (1989), S. 15–27

Kooger, Björn: Das KZ-Außenlager Beendorf, in: Jahresschrift der Museen des Ohrekreises, Bd. 2, S. 50–70, Haldensleben/Wolmirstedt 1995

Kuhlbrodt, Peter: Nordhausen unter dem Sternenbanner, Nordhausen 1995

Kühnrich, Heinz: Der KZ-Staat, Berlin 1988

KZ-Gedenkstätte Neuengamme (Hrsg.): Kriegsende und Befreiung, Bremen 1995

Ludwig, Karl-Heinz: Technik und Ingenieure im Dritten Reich, Düsseldorf 1974

Mader, Julius: Geheimnis von Huntsville, Berlin 1963

Mantelli, Bruno: Untermenschen ed industria di guerra, in: F. Cereja/B. Mantelli (Hrsg.): La deportazione nei campi di sterminio nazisti, Milano 1986, S. 127–143

Müller, Ingo: Furchtbare Juristen, München 1989

Neander, Joachim: Das Konzentrationslager Mittelbau in der Endphase der NS-Diktatur, Clausthal-Zellerfeld 1997, 3. Aufl. 1999

Neufeld, Michael J.: The Rocket and the Reich; New York u. a. 1995; dt. Übersetzung: Die Rakete und das Reich, Potsdam 1997

Niethammer, Lutz: Der gesäuberte Antifaschismus, Berlin 1994

Ordway III, Frederick Ira/Sharpe, Mitchell R.: The Rocket Team, Cambridge, Mass. 1982

Pachaly, Erhard/Pelny, Kurt: Das ehemalige KZ „Mittelbau-Dora", Berlin 1990

Pelny, Kurt: Dora darf nicht schweigen, Berlin 1988

Pingel, Falk: Häftlinge unter SS-Herrschaft, Hamburg 1978

Raim, Edith: Die Dachauer KZ-Außenkommandos Kaufering und Mühldorf, Landsberg a. L. 1992

Saft, Ulrich: Krieg in der Heimat … bis zum bitteren Ende im Harz, Walsrode 1994

Schwarberg, Günther: Die Mörderwaschmaschine, Göttingen 1990

Seidler, Franz W.: Die Organisation Todt, Bonn 1998

Sellier, André: Histoire du camp de Dora, Paris 1998

Sigel, Robert: Im Interesse der Gerechtigkeit, Frankfurt a. M./New York 1992

Sofsky, Wolfgang: Die Ordnung des Terrors, Frankfurt a. M. 1993

Strzelecki, Andrzej: Endphase des KL Auschwitz, Oświęcim 1995

Tuchel, Johannes: Die Inspektion der Konzentrationslager 1933–1945, Berlin 1994

Wormser-Migot, Olga: Le Système Concentrationnaire Nazi (1933–1945), Paris 1968

8.3.4. Weitere Literatur zu Mittelbau-Dora

Siehe Literaturverzeichnis bei Neander, Das Konzentrationslager Mittelbau in der Endphase der NS-Diktatur. Lieferbare Titel und Neuerscheinungen sind in der KZ-Gedenkstätte Mittelbau-Dora, Nordhausen, vorrätig.

Joachim Neander, Jg. 1938, Dr. phil., Dipl.-Math., studierte Physik, Mathematik, Italienisch und Russisch an den Universitäten Göttingen und Saarbrücken. Tätigkeit als Operations Analyst in Wehrtechnik und Zivilluftfahrt. Ab 1970 im Schuldienst. Studium der Schulpädagogik in Dortmund, Hebräisch in Bochum, Geschichte und Soziologie in Göttingen und Bremen. 1997 Promotion über das KZ „Mittelbau". Zahlreiche Veröffentlichungen zur Geschichte der nationalsozialistischen Konzentrationslager. Mitglied des Comité Européen Dora-Ellrich-Harzungen et Kdos, Boulogne bei Paris, der German Studies Association, Tempe FL, USA, und des Arbeitskreises „Interdisziplinäre Gewaltforschung" beim Max-Planck-Institut für Geschichte, Göttingen. Erhielt 1998 den Kulturpreis des Regionalverbandes Harz. Freier Mitarbeiter des Staatlichen Museums Auschwitz-Birkenau.